化工产品
市场营销实务

干冀春 主编

Chemical Products Marketing

·北京·

内 容 简 介

本书为高职高专化工及其相关专业的教材。教材基于课程标准进行编写，符合化工产品市场营销岗位的人才需求，以化工产品营销主要岗位的工作过程为主线，以典型工作任务驱动知识和技能的学习，共设计12个项目，分别为认识化工产品、认识化工产品市场营销、化工产品市场营销环境分析、化工产品购买行为分析、化工产品市场营销调研与预测、化工产品目标市场营销战略、化工产品策略、化工产品价格策略、化工产品渠道策略、化工产品促销策略、化工产品推销实战、化工产品国际市场营销与网络营销。本教材遵循"做中学、学中做"的现代职业教育理念，在内容设置上侧重对化工产品推销技术及市场营销策略的训练，力争突出具体工作岗位要求，将理论与实践有机结合。

本教材可作为高职高专院校化工相关专业的专业课教材，也可作为化工企业市场营销人员及相关在职员工的培训、自修教材。

图书在版编目(CIP)数据

化工产品市场营销实务/干冀春主编. —北京：
化学工业出版社，2022.7
ISBN 978-7-122-41680-3

Ⅰ.①化… Ⅱ.①干… Ⅲ.①化工产品－市场营销学
－高等职业教育－教材　Ⅳ.①F724.77

中国版本图书馆CIP数据核字（2022）第102406号

责任编辑：王　可
责任校对：赵懿桐　　　　　　　　　　装帧设计：张　辉

出版发行：化学工业出版社（北京市东城区青年湖南街13号　邮政编码100011）
印　　装：北京七彩京通数码快印有限公司
787mm×1092mm　1/16　印张12½　字数320千字　2024年9月北京第1版第1次印刷

购书咨询：010-64518888　　　　　　　　　　售后服务：010-64518899
网　　址：http://www.cip.com.cn
凡购买本书，如有缺损质量问题，本社销售中心负责调换。

定　　价：38.00元　　　　　　　　　　　　　　　　　　版权所有　违者必究

前言

化学工业是国民经济的重要组成部分，从衣、食、住、行等物质生活，到文化艺术、娱乐等精神生活，都需要化工产品为之服务。随着我国化学工业的快速发展，化工产品的市场竞争日益激烈，化工产品市场营销受到越来越多企业的高度重视。因此，既懂化工专业知识又掌握市场营销技能的毕业生越来越受到化工企业的青睐。

本教材以化工企业市场营销岗位需求为主线，以典型工作任务为导向，按照"工学结合、任务驱动"的现代职业教育理念，紧跟市场营销发展趋势，在内容的安排上更加突出课程思政建设，强调学生的主体地位以及对学生实际应用能力的培养。同时，为了满足化工企业人才需求现状及相关岗位要求，本教材在内容选择、案例选取以及编写体例等各方面做了大量细致工作，将教材内容分为 12 个项目，每个项目由学习目标、案例导入、知识学习、任务实施、延伸阅读等部分构成，旨在强化理论与实践的有机结合，让化工专业的学生能够更加深入地学习本行业的市场营销知识，更好地胜任化工产品市场营销工作。

本教材由河北化工医药职业技术学院干冀春担任主编，河北化工医药职业技术学院孟高飞、张向旺担任副主编，河北科技大学许永权担任主审。项目一、二、三、四、六、七、八、十、十一、十二由干冀春编写，项目九由孟高飞编写，项目五由张向旺编写。

本教材在编写的过程中，参考了大量国内外优秀的市场营销教材、专著，在此向有关学者、专家表示由衷感谢。由于编写时间紧张，编者水平有限，教材中难免有不妥之处，敬请广大读者和同行批评指正，以便进一步修改和完善。

编　者
2022 年 2 月

目录

项目一　认识化工产品 …… 1

【学习目标】 …… 1
【知识学习】 …… 1
　一、化学工业与化工产品 …… 1
　　（一）化学工业 …… 1
　　（二）化工产品 …… 4
　二、典型化工产品 …… 5
　　（一）无机化工产品 …… 5
　　（二）高分子材料 …… 6
　　（三）精细化工产品 …… 8
【项目实施】 …… 15

项目二　认识化工产品市场营销 …… 16

【学习目标】 …… 16
【知识学习】 …… 16
　一、市场及市场营销的概念 …… 16
　　（一）市场的概念 …… 16
　　（二）市场的功能 …… 17
　　（三）市场营销的概念 …… 17
　　（四）市场营销的核心概念 …… 18
　　（五）市场营销观念的演变 …… 20
　二、化工产品市场营销的概念 …… 23
　　（一）化工市场的概念 …… 23
　　（二）化工产品市场营销概念 …… 23
　　（三）化工产品市场营销学的研究对象、内容、方法 …… 24
【项目实施】 …… 26

项目三　化工产品市场营销环境分析 …… 27

【学习目标】 …… 27
【知识学习】 …… 27
　一、市场营销环境的概念与特征 …… 27
　　（一）市场营销环境的概念 …… 27
　　（二）市场营销环境的特征 …… 28
　二、微观市场营销环境 …… 29
　　（一）企业内部环境 …… 29
　　（二）供应商 …… 29
　　（三）营销中介 …… 29
　　（四）目标用户 …… 30
　　（五）竞争者 …… 30
　　（六）社会公众 …… 30
　三、宏观市场营销环境 …… 31
　　（一）人口环境 …… 31
　　（二）经济环境 …… 32
　　（三）自然环境 …… 33
　　（四）政治、法律环境 …… 34
　　（五）科学技术环境 …… 36
　　（六）社会文化环境 …… 36
　四、化工产品市场营销环境分析 …… 37
　　（一）全球化工行业发展特点 …… 37
　　（二）化工产品宏观市场营销环境 …… 38

（三）化工产品微观市场营销
　　　　环境 ……………………… 39
五、化工产品市场营销环境
　　分析方法 …………………… 40
　　（一）优势与劣势分析 ……… 40
　　（二）机会与威胁分析 ……… 41
　　（三）化工企业对环境机会和市场
　　　　威胁的反应 ……………… 41
　　（四）成功应用SWOT分析法的
　　　　简单规则 ………………… 42
【项目实施】 ………………………… 42

项目四　化工产品购买行为分析　　　　　　　　　　　　　　　　　44

【学习目标】 ………………………… 44
【知识学习】 ………………………… 44
一、化工产品生产者市场购买行为
　　分析 ………………………… 44
　　（一）化工产品生产者市场的
　　　　概念 ……………………… 44
　　（二）化工产品生产者市场的
　　　　特点 ……………………… 45
　　（三）影响化工产品生产者市场
　　　　购买决策的因素 ………… 45
二、化工产品消费者市场购买行为
　　分析 ………………………… 47
　　（一）消费者市场的概念 …… 47
　　（二）化工产品消费者市场的
　　　　特点 ……………………… 48
　　（三）化工产品消费者购买行为
　　　　分析 ……………………… 50
三、化工产品生产者市场与消费者
　　市场的特征比较 …………… 55
【项目实施】 ………………………… 55

项目五　化工产品市场营销调研与预测　　　　　　　　　　　　　　57

【学习目标】 ………………………… 57
【知识学习】 ………………………… 57
一、化工产品市场营销调研 …… 57
　　（一）市场营销调研的含义及
　　　　作用 ……………………… 57
　　（二）化工产品市场营销调研的
　　　　内容 ……………………… 58
　　（三）化工产品市场调研的主要
　　　　方法 ……………………… 58
二、化工产品市场预测 ………… 62
　　（一）化工产品市场预测的概念与
　　　　作用 ……………………… 62
　　（二）化工产品市场预测的
　　　　内容 ……………………… 63
　　（三）化工产品市场预测的步骤与
　　　　方法 ……………………… 65
【项目实施】 ………………………… 66

项目六　化工产品目标市场营销战略　　　　　　　　　　　　　　　68

【学习目标】 ………………………… 68
【知识学习】 ………………………… 68
一、化工产品市场细分 ………… 69
　　（一）市场细分的概念 ……… 69
　　（二）化工产品市场细分的必要
　　　　性和作用 ………………… 69
　　（三）化工产品市场细分的
　　　　原则 ……………………… 70
　　（四）化工产品市场细分
　　　　标准 ……………………… 70
　　（五）化工产品市场细分的
　　　　步骤 ……………………… 72

二、化工产品目标市场选择 ………… 73
　　（一）化工产品目标市场选择应
　　　　考虑的因素…………… 73
　　（二）化工产品目标市场选择的
　　　　意义 …………………… 74
　　（三）选择化工产品目标
　　　　市场 …………………… 74
三、化工产品目标市场定位 ………… 79
　　（一）市场定位的概念和
　　　　前提 …………………… 79
　　（二）化工产品市场定位的
　　　　方式 …………………… 79
　　（三）化工产品市场定位
　　　　策略 …………………… 80
　　（四）化工产品市场定位
　　　　步骤 …………………… 80
【项目实施】……………………………… 82

项目七　化工产品策略　　84

【学习目标】……………………………… 84
【知识学习】……………………………… 84
一、产品及产品整体概念 …………… 84
　　（一）产品的概念……………… 84
　　（二）产品整体概念…………… 85
　　（三）产品整体概念的意义…… 85
　　（四）化工产品分类…………… 86
二、化工产品组合策略 ……………… 88
　　（一）化工产品组合的含义及其
　　　　要素 …………………… 88
　　（二）化工产品组合的宽度、长度、
　　　　深度和关联度 ………… 88
　　（三）化工企业产品组合
　　　　策略 …………………… 89
三、化工产品生命周期策略 ………… 90
　　（一）产品生命周期的概念…… 90
　　（二）产品生命周期各阶段的特点
　　　　及营销策略…………… 91
　　（三）产品生命周期的应用
　　　　价值 …………………… 96
四、化工产品品牌与包装策略 ……… 97
　　（一）化工产品品牌策略……… 97
　　（二）化工产品包装策略 …… 100
五、化工新产品开发策略 ………… 104
　　（一）化工新产品的概念与
　　　　分类 ………………… 104
　　（二）化工新产品开发的
　　　　必要性 ……………… 104
　　（三）化工新产品开发的基本
　　　　原则 ………………… 105
【项目实施】…………………………… 106

项目八　化工产品价格策略　　108

【学习目标】…………………………… 108
【知识学习】…………………………… 108
一、影响化工产品定价的因素 …… 109
　　（一）化工企业定价目标 …… 109
　　（二）产品成本 ……………… 110
　　（三）市场因素 ……………… 110
　　（四）消费者心理因素 ……… 111
　　（五）国家有关政策法规 …… 111
二、化工产品基本定价方法 ……… 112
　　（一）成本导向定价法 ……… 112
　　（二）需求导向定价法 ……… 114
　　（三）竞争导向定价法 ……… 115
三、化工产品的定价策略 ………… 116
　　（一）折扣定价策略 ………… 116
　　（二）地区定价策略 ………… 117
　　（三）心理定价策略 ………… 118
　　（四）差别定价策略 ………… 119
　　（五）化工新产品定价策略 … 120

四、化工产品价格调整策略 ……… 121
　（一）降价策略 …………………… 121
　（二）提价策略 …………………… 121
　（三）价格调整引起的市场反应 …………………… 122
【项目实施】 …………………………… 123

项目九　化工产品渠道策略　124

【学习目标】 …………………………… 124
【知识学习】 …………………………… 124
一、化工产品分销渠道概述 ……… 124
　（一）化工产品分销渠道的概念、特征与功能 ………… 124
　（二）化工产品分销渠道的类型 ………………………… 125
　（三）化工产品分销渠道构成 ………………………… 126
二、化工产品分销渠道设计 ……… 127
　（一）影响化工产品分销渠道设计的因素 ……………… 127
　（二）化工产品分销渠道设计的原则 …………………… 127
　（三）化工产品分销渠道设计的内容 …………………… 128
三、化工产品分销渠道管理 ……… 129
　（一）化工产品分销渠道管理 ………………………… 129
　（二）化工产品分销渠道冲突管理 ………………………… 130
四、化工产品中间商 ……………… 132
　（一）经销商和代理商 …………… 132
　（二）批发商和零售商 …………… 132
【项目实施】 …………………………… 133

项目十　化工产品促销策略　135

【学习目标】 …………………………… 135
【知识学习】 …………………………… 135
一、化工产品促销的概念与作用 … 135
　（一）促销的概念 ………………… 135
　（二）促销的作用 ………………… 136
　（三）化工产品促销组合 ………… 136
二、化工产品广告策略 …………… 137
　（一）广告的概念与作用 ………… 137
　（二）广告的类型 ………………… 138
　（三）广告媒体的选择 …………… 138
　（四）广告制作的步骤 …………… 139
三、化工产品营业推广策略 ……… 140
　（一）营业推广的概念与作用 ………………………… 140
　（二）营业推广的方式 …………… 141
　（三）化工企业营业推广的决策过程 …………………… 142
四、化工品公共关系策略 ………… 143
　（一）公共关系的概念与特征 …………………… 143
　（二）公共关系的主要类型 …… 144
　（三）公共关系的实施步骤 …… 144
五、化工产品人员推销策略 ……… 145
　（一）人员推销的概念与特点 …………………… 145
　（二）人员推销的作用与步骤 …………………… 145
　（三）推销人员应具备的素质 …………………… 146
【项目实施】 …………………………… 147

项目十一 化工产品推销实战　149

【学习目标】 …………………………… 149
【知识学习】 …………………………… 149
　一、化工产品推销准备 ………… 149
　　（一）化工产品推销前准备
　　　　　工作 …………………… 149
　　（二）寻找化工产品潜在
　　　　　用户 …………………… 151
　　（三）接近准备用户 ………… 154
　　（四）约见用户 ……………… 154
　　（五）拜访用户 ……………… 155
　　（六）化工企业客户关系
　　　　　管理 …………………… 156
　二、化工产品推销洽谈 ………… 157
　　（一）化工产品推销洽谈的目标与
　　　　　内容 …………………… 157
　　（二）化工产品推销洽谈的原则与
　　　　　步骤 …………………… 159
　　（三）化工产品推销洽谈的
　　　　　方法 …………………… 161
　　（四）化工产品推销洽谈的策略与
　　　　　技巧 …………………… 163
　三、化工产品推销成交 ………… 166
　　（一）化工产品推销成交的基本
　　　　　策略 …………………… 166
　　（二）化工产品推销成交的
　　　　　方法 …………………… 168
　　（三）化工产品销售合同的签订与
　　　　　履行 …………………… 169
　　（四）化工产品售后管理与
　　　　　服务 …………………… 171
【项目实施】 …………………………… 173

项目十二 化工产品国际市场营销与网络营销　175

【学习目标】 …………………………… 175
【知识学习】 …………………………… 175
　一、化工产品国际市场营销 …… 175
　　（一）国际市场营销的内涵 … 175
　　（二）国际市场营销与国内
　　　　　市场营销 ……………… 176
　　（三）化工企业开展国际营销的
　　　　　作用 …………………… 176
　　（四）化工企业开展国际市场
　　　　　营销的方式 …………… 176
　　（五）影响化工企业进入国际
　　　　　市场的因素 …………… 179
　二、电子商务 …………………… 180
　　（一）电子商务的概念与
　　　　　功能 …………………… 180
　　（二）电子商务对社会的影响与
　　　　　变革 …………………… 183
　　（三）电子商务的类型 ……… 184
　三、化工产品网络营销 ………… 186
　　（一）网络营销的概念与
　　　　　特点 …………………… 186
　　（二）化工产品网络营销
　　　　　策略 …………………… 187
　　（三）我国化工行业 B2B 电子商务
　　　　　平台建设 ……………… 189
【项目实施】 …………………………… 191

参考文献　192

项目一　认识化工产品

学习目标

【知识目标】

1. 掌握化学工业及化工产品的内涵；
2. 熟悉典型化工产品。

【能力目标】

1. 能够分析化学工业对国民经济的重要作用；
2. 能够分析典型化工产品的基本用途。

【价值目标】

1. 培养爱岗敬业精神；
2. 树立安全生产意识；
3. 树立绿色环保理念；
4. 培养创新精神。

知识学习

一、化学工业与化工产品

（一）化学工业

1. 化学工业的概念

化学工业（chemical industry）又称化学加工工业，泛指在生产过程中化学方法占主要地位的过程工业。

化学工业是属于知识和资金密集型行业。随着科学技术的发展，它由最初只生产纯碱、硫酸等少数几种无机产品和主要从植物中提取茜素制成染料的有机产品，逐步发展为多行业、多品种的生产部门，出现了一大批综合利用资源和规模大型化的化工企业，包括基本化学工业和塑料、合成纤维、石油、橡胶、药剂、染料工业等。

2. 化学工业的分类

（1）按原料分，化学工业可分为石油化学工业、煤化学工业、生物化学工业和农林化学工业。

（2）按产品吨位分，化学工业可分为大吨位产品和精细化学品两类。前者指产量大、对国民经济影响大的一些产品，如氨、乙烯、甲醇；后者指产量小、品种多但价值高的产品，如药品、染料等。在这两类产品之外，还有大宗专用产品，其产量也很大，但可根据要求改变产品的技术性能，价格随品质变化很大，炭黑就属于这类产品。

（3）按化学特性分，化学工业可分为无机化学工业和有机化学工业。前者又可分为基本无机工业、硅酸盐工业、无机精细化学品等；后者包括石油炼制、石油化学工业、基本有机化学工业、高分子化学工业、有机精细化学品工业、生物化学品工业、油脂工业等。

3. 化学工业在国民经济中的地位与作用

（1）化学工业是国民经济的支柱产业之一

化学工业自形成之日起，就为各个工业部门提供必需的基础物质。例如，采矿工业需要的炸药，金属冶炼需要的硫酸、纯碱，纺织工业需要的合成纤维染料，汽车工业需要的橡胶、塑料制品等。近年来，航空、电子、信息、能源等新技术领域所需的复合材料、纳米材料以及高温超导材料的设计和制备，也大量运用化工技术和工艺。

（2）化学工业是发展农业的支柱

自20世纪化学工业为农业提供化肥和农药以来，农作物单位面积产量显著提高。实践证明，在农业的各项增产措施中，化肥的作用约占40%~65%。氮、磷、钾复合肥料和微量元素肥料的开发，进一步满足了不同土壤结构、不同农作物的需求。近年来，各种植物生长调节剂、多品种农药的生产和应用，对于农作物防治病虫害起到了不可替代的作用。

（3）化学工业是改善人们生活的重要手段

化学工业在向人们提供丰富多彩的产品外，还让人们的生活质量得到显著提升。例如，防治疾病用的各种合成药物，用于食品防腐、调味、强化营养的食品添加剂，生产化妆品、香料、香精的各种助剂，房屋家具用的各种涂料，洗涤用的表面活性剂，信息产业使用的各种磁记录材料等。

（4）化学工业对加速国防建设具有重大意义

火箭、导弹、人造卫星、原子能工业和计算机技术的发展，需要多种特殊性能的合成材料、燃料、铀、重水和硼化物等，这些都需要化学工业提供。例如，炸药是国防工业的重要产品，而制造炸药的主要原料是硫酸、硝酸和苯的化合物；现代化的战争工具如飞机制造，需要使用大量的铝，而铝是用纯碱分解铝矿石得来的。

总之，化学工业与国民经济、国防、文化与生活的各个领域都有着广泛的联系。在我国现代化建设中，化学工业是保证其他工业、农业、交通、运输、国防部门运转以及科学技术发展所需材料和产品的基础。

阅读材料

二氧化碳成为北京冬奥制冰主力军

"世界期待中国，中国做好了准备"。随着冬奥会的闭幕，北京也成为首个举办过夏季与冬季奥林匹克运动会的"双奥之城"。绿色是北京2022年冬季奥运会的底色。此次冬奥会以低碳、环保为核心，贴合我国当下社会经济发展策略，将现代化科学技术与低碳理念完美结合，实现绿色办冬奥的目标。其中，二氧化碳制冰技术在冬奥赛场中的完美运用，给体育场馆兼顾常规体育运动项目和冰雪体育运动项目多元化开展提供了新的思路和方向。

二氧化碳跨临界直冷制冰系统除了绿色环保，最大优点就是冰温均匀。该系统通过加压的形式让二氧化碳变成液态，然后减压让液体挥发，在液体挥发的过程中，它会从周围的介质（比如水）中吸收热量，以达到制冷的效果。

过去历届冬奥会制冰都是用氟利昂或氨，但氟利昂容易造成臭氧层破坏、地球暖化，氨具有微毒、易燃易爆的特性。和传统制冰方式相比，二氧化碳直冷制冰系统具备优良的制冷性能，二氧化碳直接被传送到场地制冷盘管中进行热交换，传热性能好，整个制冰系统换热效率更高。使用二氧化碳制冰，不仅使场馆碳排放趋近于零，还可以将场地冰面温差控制在0.5摄氏度以内，冰面质量更优，不会出现各个部位温度不一样的情况，这对于冰上赛事十分重要。

更为重要的是，二氧化碳制冰自带环保属性，没有污染，相对于传统制冰方式造成的环境污染，碳排放量接近于零。这项技术的运用减少了北京冬奥会的总体碳排放量。据了解，北京冬奥会的15块冰场中有7块采用低碳的二氧化碳跨临界直冷制冰技术，相当于减少了近3900辆汽车的年度二氧化碳排放量。

除了制冰之外，室外造雪中也运用到了二氧化碳制雪技术。传统的造雪其实就是在低温的环境里，用高压空气把水打成小水花、水滴，从而凝结成雪。传统的造雪机都是0度以下才能造雪，最高温度不能超过2℃。在冬奥会期间，雪上项目场地采取零上高品质动态人工造雪和储雪一体化技术，当气温处于0℃～15℃时，利用二氧化碳超临界制冷技术以及新型优化的造雪设计，实现安全、高效、低成本、高品质的人工造雪。

在创新的背后，环保考量是最重要的因素。以往利用传统方式生产1立方米的雪量大约需要30度电，而零上人工造雪技术仅耗电18度～22度，同时造雪产生的热量将全部回收，用于提供热水与比赛供热。

"环保制冰、低碳造雪"举措在北京2022年冬奥会体育场馆中的具体实践，不仅是对中国绿色办奥理念的贯彻，更是中国体育人和中国体育场馆助力"碳达峰""碳中和"的行动体现。

（资料来源：二氧化碳成为北京冬奥制冰主力军，二氧化碳制冰的优点．中国网．）

4. 化学工业的特点

（1）化工生产属于过程工业的范畴

所谓过程工业，也称流程工业，是指通过物理变化和化学变化进行的生产过程。除化工外，炼油、冶金、材料、轻工、制药等行业也属于过程工业，其原料和产品多为均一相（气、液、固）物料，产品质量多由纯度和各种物理、化学性质来判断。因此，化学工业具有过程工业的典型特点。例如，生产过程中物质流和能量流都是连续的、稳定的；生产工序紧密衔接，一套装置往往只生产固定产品，开车、停车程序十分复杂且代价很大，一般不允许轻易停车；工段间和设备间的耦合十分突出。

（2）生产技术具有多样性、复杂性和综合性

化工产品品种繁多，每一种产品的生产不仅需要一种至几种特定的技术，而且原料来源

多种多样，工艺流程也各不相同。即使生产同一种化工产品，也有多种原料来源和多种工艺流程。由于化工生产技术的多样性和复杂性，任何一个大型化工企业生产过程的正常进行都需要多种技术的综合运用。

（3）具有综合利用原料的特性

化学工业的生产往往是通过化学反应来实现的，在大量生产一种产品的同时，往往会生产出许多关联产品和副产品，而这些关联产品和副产品又是化学工业的重要原料，可以进行再加工和深加工。

（4）生产过程要求严格的比例性和连续性

化工产品的生产对各种物料都有一定的比例要求，生产过程中，上下工序之间、各车间、各工段之间往往需要有严格的物料比例，否则，不仅影响产量、造成浪费，甚至可能中断生产。化工生产主要是装置性生产，从原材料到产品加工的各环节都是通过管道输送，采取自动控制进行调节，形成首尾连贯、各环节紧密衔接的生产系统，客观上要求生产长周期运转，连续进行。任何一个环节发生故障，都有可能使生产过程中断。

（5）耗能高

因为煤炭、石油、天然气既是化工生产的燃料动力，又是重要的原料。有些化工产品的生产，需要在高温或低温条件下进行，这都需要消耗大量能源。

（二）化工产品

1. 化工产品的概念

化工是"化学工艺""化学工业""化学工程"等的简称。凡是运用化学方法改变物质组成、结构或合成新物质的技术所生产的产品均被称为化学品或化工产品。化工产品主要分无机化工产品、有机化工产品、生物化工产品和精细化工产品四大类。

2. 化工产品的特点

（1）产品的功能性和专用性

化工产品的特点主要表现在其具有某种特定的化学作用、物理作用和生物活性。如在一定条件或环境下的染色、去污、增稠、阻燃、聚合等化学作用，同时也可伴有物理作用，如绝缘、超导、吸热、吸声等，也有的表现为光电、激光、磁性等物理效应。

（2）化工产品的多品种和关联性

人们对物质和文化生活需求的多样性带来化工产品的多样性，故其类别复杂，品种众多，有的功能虽相同或相近，但应用对象不同，品种呈现出多种多样的特点。如洗涤剂分为餐具洗涤剂、金属洗涤剂、衣物洗涤剂等。从生长过程以及用户使用消费的角度来看，化工产品具有内在关联性，如有些产品是起始原料，有的产品属于基本原料，有的属于中间产品，有些则属于终端产品。如各类无机盐、烃类、醇醛、酮酸、有机胺等通常是中间产品，而各种精细化学品，如医药、染料、农药、塑料、合成纤维、合成橡胶、胶黏剂、涂料等则是不同用户直接使用消费的终端产品。

（3）技术密集，大量采用复配技术

化工产品经研发生产后进入市场，涉及多学科、多领域的知识和技术，通常包括产品的分子筛选与分子设计，合成路线及方法研究，应用性能的研究与开发，工业生产技术的开发、应用、技术研究和服务等。分子筛选与分子设计是研究分子化学结构与其应用性能的关系。合成路线及方法的研究是寻找具有工业生产价值的合成路线，以及高选择性、高效率、低成本和可操作的合成方法。工业生产技术开发是为提高产品质量、降低消耗以及适应环保要求，大量采用高新技术的工业技术开发。产品应用技术研究和技术应用服务是为进一步开发市场而进行的。因此，化工产品的知识技术密集度很高。

化工产品的技术密集性主要表现在生产工序多、工艺流程长、涉及单元反应多、原料复杂、中间控制严格、产品纯度要求高、纯化技术复杂等方面。

（4）商业性强

化工产品用来满足用户特定功能和专门用途，用户对化工产品的选择性很强，对其质量和品种不断提出新要求。化工产品的技术密集、高附加值和高利润使其技术保密性、专利垄断性较强，因而导致产品市场竞争激烈。因此，以市场为导向研发新产品，加强应用技术研究、推广和服务，不断开拓新市场，提高市场信誉是增强化工产品商业竞争性的有力举措。

化工产品的特点要求化工产品的营销人员既要有一定的专业技术知识，也要有一定的营销知识。只有掌握了化工产品的配方、生产工艺、生产流程，才能更好地了解产品的性能、功能、特色，更好地做好技术、售后服务工作。

二、典型化工产品

（一）无机化工产品

大宗的无机化工产品有硫酸、硝酸、盐酸、纯碱、烧碱、合成氨以及由氮、磷、钾等合成的化学肥料。无机化工产品中无机盐类品种众多，是由金属离子或铵离子与酸根阴离子组成的物质，是通用性很强的产品，如硫酸铝、硝酸锌、碳酸钙、硅酸钠、高氯酸钾等，多数为用途广泛的基本化工原料。

1. 硫酸、硝酸和盐酸

（1）硫酸

硫酸工业的主要产品有浓硫酸、稀硫酸、发烟硫酸及液体二氧化硫、液体三氧化硫和亚硫酸铵等。硫酸的最大用途是生产化学肥料，主要用于生产磷铵、重过磷酸钙、硫铵等。在化学工业中，硫酸是生产各种硫酸盐的原料，是塑料、人造纤维、染料、涂料、制药等生产中不可缺少的化工原料。在农药、除草剂、杀鼠剂的生产中也都需要硫酸。在石油的精炼过程中使用大量硫酸作为洗涤剂，以除去石油产品中的不饱和烃和硫化物等杂质。有机合成工业中用硫酸做脱水剂和磺化剂。

在冶金工业中，如钢材加工及其成品的酸洗、炼铝、炼铜、炼锌等都需要使用硫酸。国防工业中，浓硫酸用于制取硝化甘油、硝化纤维、三硝基甲苯炸药。

（2）硝酸

硝酸是一种重要的化工原料，在各类酸中产量仅次于硫酸。工业产品分为浓硝酸和稀硝酸。稀硝酸大部分用于制造硝酸铵、硝酸磷肥和各种硝酸盐。浓硝酸是火炸药、有机合成工业和硝化纤维素的原料。在染料、制药、塑料、有色金属冶炼等方面也都用到硝酸。

（3）盐酸

盐酸也是一种重要的基本化工原料，应用十分广泛，主要用于生产各种氯化物。在湿法冶金中用于提取各种稀有金属；在有机合成、纺织、漂染、石油加工、制革、造纸、电镀、熔焊、金属酸洗中是常用酸；在有机药物生产中，用于制普鲁卡因、盐酸硫胺、葡萄糖等；在科学研究、化学实验中，盐酸是用量较多的化学试剂之一。

2. 纯碱与烧碱

(1) 纯碱

纯碱学名碳酸钠。纯碱用途非常广泛,是一种重要的化工基本原料。主要生产方法有氨碱法、侯氏联合制碱法和天然碱加工法等。目前,世界上生产的纯碱中,用氨碱法生产的约占68%,天然碱加工法约占25%,侯氏联合制碱法约占5%,其他方法约占2%。

(2) 烧碱

烧碱学名氢氧化钠,是化学工业基础的产品之一。当电解食盐水溶液时,可同时制取氯和烧碱,故称氯碱工业。

3. 氨与尿素

(1) 氨是一种含氮化合物,是化学工业中产量最大的产品之一。氨的用途很广,除本身可用作化肥外,氨还是制造氮肥的主要原料,可以加工成各种氮肥和含氮复合肥料。

氨还是用途广泛的基本化工原料,在国民经济中起着重要作用。氨与多种无机酸反应,可以制成硫酸铵、硝酸铵等,可用来制造硝酸、纯碱、氨基塑料、聚酰胺纤维、丁腈橡胶、磺胺类药物及其他有机和无机化合物。国防和尖端科学部门用氨制造硝化甘油、硝化纤维、三硝基甲苯、三硝基苯酚等炸药,以及导弹火箭的推进剂和氧化剂等。氨还是常用的冷冻剂之一。

(2) 尿素

尿素又称脲、碳酰二胺,是由碳、氮、氧、氢组成的有机化合物,是一种白色晶体,无色、无味。尿素易溶于水和液氨,其溶解度随着温度的升高而增加。尿素也能溶于醇类,几乎能与所有的直链有机化合物作用。

尿素是一种高浓度氮肥,属中性速效肥料,可用于生产多种复合肥料。尿素适用于各种土壤和植物,易于保存,使用方便,在土壤中不残留任何有害物质,长期施用没有不良影响。畜牧业中,尿素可用作牛、羊等反刍动物的辅助饲料,在微生物作用下,可将铵态氮转化为蛋白质。

(二) 高分子材料

高分子材料也称聚合物材料,是以高分子化合物为基体,再配以其他添加剂(助剂)所构成的材料。高分子材料按来源不同,可分为天然高分子材料和合成高分子材料。

天然高分子材料是存在于动物、植物以及生物体内的高分子物质,可分为天然纤维、天然树脂、天然橡胶、动物胶等。合成高分子材料主要是指塑料、合成橡胶和合成纤维等三大合成材料,此外还包括胶黏剂、涂料以及各种功能性高分子材料。合成高分子材料具有天然高分子材料所没有的或较为优越的性能——较小的密度、较强的附着力、耐磨性、耐腐蚀性、电绝缘性等。

1. 塑料

塑料是以单体为原料,通过加聚或缩聚反应聚合而成的高分子化合物,其抗形变能力中等,介于纤维和橡胶之间,由合成树脂及填料、增塑剂、稳定剂、润滑剂、颜料等添加剂组成。塑料的主要成分是合成树脂。合成树脂是人工合成的某些性能与天然树脂相似的高分子聚合物。

(1) 根据不同的使用特性,塑料可分为通用塑料、工程塑料和特种塑料三种类型。

通用塑料。通用塑料一般指产量大、用途广、成型性好、价格便宜的塑料。通用塑料有五大品种，即聚乙烯、聚丙烯、聚氯乙烯、聚苯乙烯及丙烯腈-丁二烯-苯乙烯共聚合物。

工程塑料。工程塑料一般指能承受一定外力作用，具有良好的机械性能和耐高、低温性能，尺寸稳定性较好，可以用作工程结构的塑料。如聚酰胺、聚砜等。工程塑料在机械性能、耐久性、耐腐蚀性、耐热性等方面能达到更高的要求，而且加工更方便并可替代金属材料。工程塑料被广泛应用于电子电气、汽车、建筑、办公设备、机械、航空航天等行业，以塑代钢、以塑代木已成为国际流行趋势。

特种塑料。特种塑料一般是指具有特种功能，可用于航空、航天等特殊应用领域的塑料。如氟塑料和有机硅具有突出的耐高温、自润滑等特殊功用；增强塑料和泡沫塑料具有高强度、高缓冲性等特殊性能。这些塑料都属于特种塑料的范畴。

（2）根据不同的理化特性，可以把塑料分为热固性塑料和热塑性塑料两种类型。

热固性塑料。热固性塑料是指在受热或其他条件下能固化或具有不溶（熔）特性的塑料，如酚醛塑料、环氧塑料等。热固性塑料热加工成型后形成不溶不熔的固化物，其树脂分子由线型结构交联成网状结构，再加强热则会分解破坏。典型的热固性塑料有酚醛、环氧、氨基、不饱和聚酯、呋喃、聚硅醚等材料。它们具有耐热性高、受热不易变形等优点。

热塑性塑料。热塑性塑料指加热后会熔化，可流动至模具冷却后成型，再加热后又会熔化的塑料。即可运用加热及冷却使其产生可逆变化（液态⟷固态）。热塑性塑料又分烃类、含极性基因的乙烯基类、工程类、纤维素类等多种类型。受热时变软，冷却时变硬，能反复软化和硬化并保持一定的形状。可溶于一定的溶剂，具有可熔可溶的性质。热塑性塑料具有优良的电绝缘性，特别是聚四氟乙烯、聚苯乙烯、聚乙烯、聚丙烯都具有极低的介电常数和介质损耗，宜于作高频和高电压绝缘材料。

2. 合成纤维

合成纤维是指长度比直径大很多倍，并具有一定柔韧性的纤维物质。合成纤维由单体小分子聚合而成，用作纤维的聚合物必须有很高的拉伸强度，这就要求聚合物分子排成直线而不是网状结构。合成纤维的种类很多，其中最重要的是聚酯纤维、聚酰胺纤维、聚丙烯腈纤维等。

（1）聚酯纤维。聚酯纤维是由二元酸和二元醇经缩聚生成聚酯树脂，再经树脂熔融纺丝而制得。聚酯纤维具有弹性好、强度大、吸水性小、耐热性好，织物易于清洗、易干、保形性好等优点，因此，是理想的纺织材料。它可纯纺或与其他纤维混纺制成服装及针织品。在工业上，可作为绝缘材料、运输带、渔网、绳索及人造血管等。

（2）聚酰胺纤维。聚酰胺纤维是指分子主链含有酰胺基的一类合成纤维，尼龙是聚酰胺纤维的总称。聚酰胺纤维具有耐磨性好、强度高、耐冲击性能好、弹性高、密度低等优点，特别适合制造单丝、复丝、弹力丝袜等。在工业上主要用来制作轮胎、渔网、运输绳、降落伞及宇宙飞行服等。

（3）聚丙烯腈纤维。聚丙烯腈纤维是以丙烯腈为原料聚合成聚丙烯腈，而后纺制成合成纤维，其商品名为腈纶。聚丙烯腈纤维具有很高的化学稳定性，对酸、氧化剂及有机溶剂极为稳定，其耐热性能也较好。它的性能最接近于羊毛，称为"人造羊毛"，有较高的柔软性和保暖性，能染成各种颜色，可用来生产毛衣、毛毯或与其他纤维混纺。

3. 合成橡胶

合成橡胶又称为合成弹性体，是用人工合成方法制成的高弹性聚合物。合成橡胶具有优良的耐热性、耐寒性、防腐蚀性且受环境因素影响小。因此，合成橡胶在工业上有着广泛的用途，如轮胎、电线电缆、传送带等。合成橡胶的种类如下。

（1）按用途和性能，可分为通用合成橡胶和特种合成橡胶。

通用合成橡胶是指性能与天然橡胶相近，物理机械性能和加工性能较好，能广泛用于轮胎和其他橡胶制品生产的品种。如丁苯橡胶、聚丁二烯橡胶、聚异戊二烯橡胶、丁基橡胶、乙丙橡胶、氯丁橡胶、丁腈橡胶等七大类。

特种合成橡胶是指具有耐寒、耐热、耐油、耐臭氧等特殊性能，在特定条件下使用的橡胶制品。如氟橡胶、硅橡胶、聚硫橡胶、聚氨酯橡胶、丁吡橡胶等品种。

（2）按成品状态，可分为液体橡胶、固体橡胶、乳状橡胶和粉末橡胶等。

（3）按形成过程，可分为热塑性橡胶（如可反复加工成型的三嵌段热塑性丁苯橡胶）、硫化型橡胶（需经硫化才能制得成品，大多数合成橡胶属此类）。

（三）精细化工产品

精细化工是精细化学品工业的简称，是指生产精细化学品的工业。精细化工具有投资效益高、利润率高、附加值高等特点。我国将精细化工产品定义为，凡能增进或赋予一种产品以特定功能，或本身拥有特定功能的小批量、高纯度的化工产品。

每种精细化工产品都因其特定的功能、专用性质和独特的应用范围，满足不同的使用要求。与大化工产品性能不同，精细化工产品更着重于产品所具有的特定功能，因而产品应用范围较窄，通用性较弱。

1. 精细化工行业特点

（1）产品门类繁多，应用领域广泛

不同的精细化工产品具有不同的化学特性，如稳定性、润滑性、成膜性、增稠性、防腐性等，因此在诸多行业产业链上的某个环节具有不可替代的作用。其品种繁多，甚至同一种产品可以应用在截然不同的行业中作为合成原料或者辅助材料。

（2）技术服务模式独特，下游客户黏性高

精细化工产品生产工艺复杂多样，化学反应环节多，中间工艺过程需要严格控制，对产品稳定性要求较高。在生产过程中，一旦时间、温度及原料配比、催化剂选择等方面发生细微的改变，都可能在某些程度上改变最终产品的化学特性。下游客户一般对精细化工产品的质量稳定性要求较高，一旦选定了供应商，很少轻易更换。

（3）质量控制体系严格

提供可靠、安全、稳定的精细化工产品是精细化工企业核心优势所在，精细化工企业一般对产品质量有一套严格的控制体系。从实验室研发出产品，经小试、中试再经化学工程放大到规模化生产，中间涉及多领域、多学科的理论和专业技能，以及精益求精、经验积累的生产过程。基于已积累的工艺技术经验，并充分利用现有的生产设施，企业才能根据下游市场的需求变化开发不同系列的精细化工产品，保持企业的持续发展和增长。

2. 精细化工产品分类

精细化工产品种类繁多，范围很广。我国将精细化工产品分为12个大类，即化学农药、涂料、油墨、颜料、染料、化学试剂及各种助剂、专项化学品、信息化学品、放射化学品、食品和饲料添加剂、日用化学品、化学药品。

（1）化妆品

根据我国《化妆品标识管理规定》，化妆品是指以涂抹、喷洒或者其他类似方法，散布于人体表面的任何部位，如皮肤、毛发、指甲、唇齿等，以清洁、保养、美容、修饰和改变外观，或者修正人体气味，保持良好状态为目的的化学工业品或精细化工产品。

化妆品的种类、剂型较多，产品更新快，用户要求产品的刺激性低、功能多、功效好。

按用途和性能，化妆品原料可分为基质原料（表1-1）和辅助原料（表1-2）两大类。

表1-1 化妆品的基质原料及主要功能

基质原料	主要功能
油脂类	护肤，使皮肤柔软光滑，滋润保水
蜡类	护肤，使皮肤柔软光滑，滋润保水
粉类	遮盖、爽滑、收敛、吸收
溶剂（乙醇）	溶剂作用、杀菌、清凉
香料	清心明目，产生一种舒适愉快的感觉

表1-2 化妆品的辅助原料及主要功能

辅助原料	主要功能
乳化剂	使化妆品稳定，阳离子乳化剂有杀菌防腐作用
助乳化剂	对乳化剂有辅助作用，并可以调节pH值
色素	辅助作用，赋予化妆品一定的颜色
防腐剂	抑制细菌产生，防止氧化分解
滋润剂	滋润保水
收敛剂	收敛皮肤毛孔及汗腺
发泡剂	产生泡沫
pH值调节剂	调节化妆品的pH值
其他	赋予化妆品某种特殊功能，如抗过敏、减少斑点、防止出汗过多、增白、防臭

根据不同标准，化妆品可分为以下类型。

肤用化妆品。肤用化妆品指面部及皮肤用化妆品，包括洁肤用品和护肤用品。如清洁霜、面霜、浴剂、乳液、化妆水、润肤油等。

发用化妆品。发用化妆品指头发专用化妆品，包括清洁毛发用品、护发用品、美发用品。如香波、护发素、发油、焗油、发乳、润发啫喱、摩丝、发蜡、定型啫喱、喷雾发胶等。

美容化妆品。美容化妆品主要指面部美容产品，包括唇和鼻美容用品、眼部美容用品、指甲美容用品等。

特殊功能化妆品。特殊功能化妆品指添加有特殊作用药物的化妆品，主要包括生发水、育发剂、染发剂、烫发剂、脱毛剂、健美霜、除臭剂、祛斑剂、防晒品等。

（2）食品添加剂

食品添加剂是指为改善食品品质和色、香、味以及防腐和加工工艺的需要而加入食品中的化学合成或天然物质。食品添加剂可以起到提高食品质量和营养价值、提高食品感观性质、防止食品腐败变质、延长食品保藏期、便于食品加工和提高原料利用率等作用。

按来源不同，食品添加剂可分为天然食品添加剂和化学合成食品添加剂两大类。天然食品添加剂是指以动植物或微生物的代谢产物为原料加工提纯而获得的天然物质。化学合成食品添加剂是指采用化学手段，通过化学反应合成的食品添加剂。

按用途不同，食品添加剂可分为生产过程中使用的食品添加剂、提高食品品质使用的食品添加剂、特定食品生产用的食品添加剂。

① 防腐剂

防腐剂是指能抑制微生物活动，防止食品腐败变质的一类食品添加剂。添加食品防腐剂并配合其他食品保存方法对防止食品腐败变质具有显著效果。

按成分和来源，防腐剂可分为天然防腐剂和化学防腐剂。化学防腐剂分为有机化学防腐剂和无机化学防腐剂。

目前，常用的有机化学防腐剂主要有苯甲酸及其盐类、山梨酸及其盐类、丙酸及其盐类和对羟基苯甲酸酯类。常用的无机化学防腐剂主要有亚硫酸及其盐类、亚硝酸盐类等。

苯甲酸及其钠盐水溶性好，常代替苯甲酸作防腐剂使用，是使用量较大的一类防腐剂，主要用于饮料、酱油、果酱和果子露。其优点是成本低，在酸性食品中使用效果好，属于酸性防腐剂。缺点是毒性较大，且防腐效果受 pH 值影响大。

山梨酸及其钾盐是目前工业化生产的毒性最低的一种防腐剂，是国际公认的最好的食品防腐剂。山梨酸属于酸性防腐剂，pH 值越低，防腐能力就越强，其对霉菌、酵母菌、细菌等均有抗菌作用，且抑菌作用比抗菌作用强。山梨酸钾具有很强的抑制腐败菌和霉菌的作用，在酸性条件下其防腐作用好，在中性条件下作用会差一些。

对羟基苯甲酸酯类。对羟基苯甲酸酯类又称为尼泊金酯，对霉菌、酵母菌、革兰氏阳性杆菌作用较强。其抗菌能力比苯甲酸、山梨酸强，适用于弱酸或弱碱性食品。

② 抗氧化剂

除了微生物的作用外，氧化作用也是导致食品变质的重要因素之一。例如，油脂的氧化降解、维生素及色素的氧化等。食品氧化可以使食品出现变色、褪色、产生异味等现象，使食品质量下降，营养物质受到破坏，甚至产生有害物质而引起食物中毒等。

抗氧化剂是指能防止或延缓食品氧化，提高食品的稳定性，延长贮存期的食品添加剂。正确使用抗氧化剂不仅可以延长食品的贮存期、货架期，给生产者带来良好的经济效益，而且给消费者带来更好的食品安全。抗氧化剂可分为以下类型：

按来源不同，抗氧化剂可分为天然抗氧化剂和化学合成抗氧化剂。天然抗氧化剂是从动植物体或其代谢物中提取的具有抗氧化能力的物质，如生育酚混合浓缩物、茶多酚、植酸等。

按溶解性不同，可分为油溶性抗氧化剂和水溶性抗氧化剂。油溶性抗氧化剂是指能溶于油脂，对油脂和含油脂的食品起到良好抗氧化作用的物质。常用的有丁基羟基茴香醚（BHA）、二丁基羟基甲苯（BHT）和没食子酸丙酯（PG）等人工合成的油溶性抗氧化剂，混合生育酚浓缩物及愈创树脂等天然的油溶性抗氧化剂。水溶性抗氧化剂能够溶于水，主要用于防止食品氧化变色，以及因氧化而影响食品的口味和质量。常用的水溶性抗氧化剂包括抗坏血酸及其钠盐、异抗坏血酸及其钠盐等。

③ 食用色素

食用色素是色素的一种，即能被人适量食用的、可以使食物在一定程度上改变原有颜色的食品添加剂。食用色素分为天然色素和合成色素两种。

天然色素是指存在于自然资源中的有色物质。按来源不同，分为植物色素、动物色素和微生物色素；按化学结构不同，可分为四吡咯衍生物、异戊二烯衍生物、多酚类色素、酮类衍生物、醌类衍生物等；按溶解性质不同，可分为水溶性色素和脂溶性色素。天然色素不仅对人体安全性高，而且还具有维生素活性或某种药理功能。天然色素一般难溶于水，着色不方便也不均匀，在不同酸度下呈现不同色调，有的会在食品加工过程中变色。常用的天然色素有胡萝卜素、红花黄、红曲色素、姜黄素、紫胶色素等。合成色素实际上是食用合成染料，主要用于糕点、饮料、酒类、农畜水产加工、医药及化妆品中。

④ 调味剂

调味剂是指改善食品的感官性质，使食品更加美味可口，并能促进消化液的分泌和增进食欲的食品添加剂。主要包括甜味剂、酸味剂、增味剂、咸味剂及辛香剂等。

甜味剂。甜味剂是指能够赋予食品甜味的物质。一些甜味剂不仅赋予食品甜味，而且具有较高的营养价值并供给人体热量，称为营养型甜味剂。有些甜味剂不提供或提供很少热量，称为非营养型甜味剂，如糖精钠、甜蜜素、甜味素、甜叶菊糖苷、甘草等。非营养型甜味剂和一部分营养型甜味剂（如糖醇、木糖）在人体内的代谢与胰岛素无关，适用于糖尿病患者食用。营养型甜味剂中的蔗糖、果糖、葡萄糖、麦芽糖等属于食品原糖，因此，对其使用没有限制。中国食品添加剂使用卫生标准中列入的甜味剂有，糖精钠、甜叶菊糖苷、甜蜜素、麦芽糖醇、D-山梨糖醇、甘草、木糖醇、帕拉金糖、乙酰磺胺酸钾。

酸味剂。酸味剂是以赋予食品酸味为主要目的的化学添加剂。酸味给味觉以爽快的刺激，能增进食欲，另外酸还具有一定的防腐作用，又有助于钙、磷等营养物质的消化吸收。酸味剂主要有柠檬酸、酒石酸、苹果酸、乳酸、醋酸等。柠檬酸在所有的有机酸中酸味最缓和可口，它广泛应用于各种汽水、饮料、果汁、水果罐头、蔬菜罐头等。苹果酸是国外产量较大的酸味剂之一，广泛用于食品和饮料中，具有酸味浓、口感接近天然果汁、有天然水果香味等优点。酒石酸为稍有涩味、爽口的酸味剂，主要用于清凉饮料、果汁、果酱、糖果等食品中，大多与柠檬酸、苹果酸混合使用。

增味剂。增味剂可增强食品的鲜味，引起强烈食欲。常用的增味剂有谷氨酸钠（味精）、核苷酸及其盐类、天冬酰氨酸钠以及琥珀酸二钠盐等。

(3) 染料

染料是指能将纤维或其他被染物质染成其他颜色的有机化合物。染料分子中常含有发色团（如偶氮基、硝基、羟基等）和助色团（如氨基、羟基、甲基、磺酸基等），当光线射入后发生选择性吸收，并发射一定波长的光线，从而显示出颜色。染料化学结构的共同特征是必须拥有一个共轭双键，在吸收光线后产生电子跃迁，使最大吸收波长在 400～760nm 范围内，这样才能反射出人们视觉所感受的各种颜色。有些基团还能与纤维起到化学结合的作用，以增加染料与纤维的结合能力。染料的种类主要有：

① 按反应方法和应用性能，可分为分散染料、酸性染料、直接染料、还原染料、冰染染料、活性染料、碱性染料、硫化染料等类型。

分散染料。分散染料分子中不含有离子化集团，在水中呈分散微粒状态，是憎水性染料，一般很难溶于水，需用阴离子型或非离子型分散剂使其成为低水溶性的胶体分散液在高温下染色。由于染料不溶于水，耐洗牢度好，这种染料适合于染憎水性纤维，如聚酯纤维涤纶、锦纶、乙酸纤维等人造纤维。

酸性染料。酸性染料分为强酸性和弱酸性染料。强酸性染料染色均匀，但易损伤羊毛纤维，着色不够牢固。弱酸性染料对羊毛有较大的亲和力，牢固度高且不损伤羊毛，但染料的溶解度较低。酸性染料在酸性介质中可染羊毛、聚酰胺纤维及皮革等。

直接染料。直接染料不需要依赖其他药剂可直接染着于棉、麻、丝、毛等各种纤维。其染色方法简单，色谱齐全，成本低廉，但耐洗和耐晒牢度较差。

还原染料。还原染料大部分是蒽醌衍生物。不溶性蒽醌衍生物很容易被亚硫酸钠的碱性溶液还原成为可溶性的隐色体，织物浸于隐色体溶液，在空气中暴露后又氧化为不溶性蒽醌。由于其不溶性，又在纤维空隙中形成色淀，因此，还原染料耐洗、耐光及色牢，但其颜色较暗。还原染料主要用于染棉织物。

冰染染料。冰染染料是一种不溶性的偶氮染料，因有重氮组分和耦合组分，在棉织物纤维上发生化学反应，生成不溶性的偶氮染料而染色。由于重氮化与偶合过程都是在加冰冷却下进行的，所以这种染色法称冰染法，生成这些染料的化合物称为冰染染料。冰染染料色泽鲜艳，色谱齐全，耐晒和耐洗性好，价格低廉，但耐摩擦度较差。主要用于棉织物的染色和印花。

活性染料。活性染料的染料分子中含有能与纤维素中羟基和蛋白质纤维中氨基发生反应的活性基团，染色时与纤维形成化学键结合，生成"染料—纤维"化合物。活性染料具有色泽鲜艳、匀染性好、耐洗性好、色谱齐全、应用方便和成本较低等优点，被广泛用于棉、黏胶、丝绸、羊毛等纤维及混纺织物的染色和印花。

② 按照染料的化学结构，可分为偶氮染料、羰基染料、硝基及亚硝基染料、多次甲基染料、芳甲烷染料、醌亚胺染料、酞菁染料、硫化染料等。

（4）涂料

涂料是指涂覆于底材料表面并形成坚韧连续涂膜（漆膜）的液体或固体高分子材料，俗称油漆、漆。涂料主要是对被涂物体表面起到保护与装饰作用。

① 涂料的作用

保护作用。金属、木材等材料长期暴露在空气中，会受到水分、气体、微生物、紫外线的侵蚀，涂料漆膜可以防止材料磨损以及隔绝外界的有害影响，延长使用期限。此外，有些涂料还能对金属起到缓蚀作用，如磷化底漆可使金属表面钝化。

装饰作用。房屋、家具、日常用品涂上涂料能起到良好的视觉感受。

色彩标志。应用涂料作为标志的色彩在国际上已逐渐形成标准化。各种化学品、危险品的容器可利用涂料的颜色作为标志；道路画线、交通运输也需要用不同色彩的涂料来表示警告、危险、停止、前进等信号。

特殊用途。涂料的特殊用途日益广泛，船底被海洋生物附着后就会影响航行速度，用船底防污漆就可使生物不再附着；导电的涂料可移去静电；导弹外壳的涂料进入大气层时，在消耗掉自身的同时也能使摩擦生成的强热消散，从而保护了导弹外壳。

② 涂料的种类

溶剂型涂料。溶剂型涂料包括颜料、高聚物和溶于溶剂中的添加剂。涂料工业大量使用溶剂，有一半以上是烃类，其余是酮、醇、乙二醇醚、酯、硝基直链烃以及少量的其他物质。溶剂型涂料有利于薄膜生成，当溶剂蒸发时，高聚物就相互结合，形成平滑和连续的薄膜。

水溶性涂料。水溶性涂料是一种以水为溶剂或分散介质的涂料。相对于溶剂型涂料，水溶性涂料具有以下特点：以水作为溶剂，易于净化；消除了施工时的火灾危险性；降低了对大气的污染；仅采用少量的毒性醇醚类有机溶剂，改善了作业环境条件。水溶性涂料在湿表面和潮湿环境中可以直接涂覆施工，对材质表面适应性好，涂层附着力强。电泳涂膜均匀、平整、展平性好；内腔、焊缝、棱角、棱边部位都能涂上一定厚度的涂膜，有很好的防护性；电泳涂膜有较好的耐腐蚀性。此外，水溶性涂料具有无色、无味、无毒、低黏度、快干性、丰满度好、高固含量、成本低、来源广、无有机挥发物、硬度高、可用水稀释和清洗、对操作要求相对较宽等优点。

（5）胶黏剂

胶黏剂又称黏合剂，是指通过界面的黏附和内聚等作用，能使两种或两种以上的制件或材料连接在一起的天然的或合成的、有机的或无机的一类物质。

① 胶黏剂的组成

黏料。黏料亦称基料，是起黏接作用的主要成分。常用的基料有天然聚合物、合成聚合物和无机化合物。常用的合成聚合物有合成树脂（环氧树脂、酚醛树脂、聚酯树脂、聚氨酯、硅树脂等）及合成橡胶（氯丁橡胶、丁腈橡胶和聚硫橡胶等）。常用的无机化合物有硅酸盐类、磷酸盐类等。

固化剂。固化剂亦称硬化剂，是胶黏剂中最主要的配体材料，它直接或者通过催化剂与主体胶黏物进行反应，使低分子聚合物或单体经过化学反应生成高分子化合物，或使线型高分子化合物交联成体型高分子化合物，从而使黏接具有一定的机械强度和稳定性。常用的固化剂有胺类、有机酸酐和分子筛等。

填料。填料是一种不和主体材料作用，但可以改变其性能、降低成本的固体物质。填料可以减少膨胀系数和收缩率，提高导电性以及胶层形状的稳定性，增加耐热性和机械强度，改变胶液的流动性和调节黏度等。

增塑剂。增塑剂是指能够增进固化体系的塑性物质，能使胶黏剂的刚性下降，提高弹性，改进耐寒性。增塑剂通常是高沸点的液体，一般不与高聚物发生反应。按化学结构可分为邻苯二甲酸酯类、脂肪类二元酸酯类、磷酸酯类、聚酯类、偏苯三酸酯类。

增韧剂。增韧剂能够改进胶黏剂的脆性，提高胶层的抗冲击强度和伸长率，改善胶黏剂的抗剪强度、剥离强度、低温性能和柔韧性等。通常增韧剂是一种单官能团或多官能团的化合物，能与胶反应成为固化体系的一部分结构。常用的增韧剂主要有不饱和聚酯树脂、聚酰胺树脂、缩醛树脂、聚砜树脂和聚氨酯树脂。

稀释剂。稀释剂是一种能降低胶黏剂黏度的易流动的液体，可以使胶黏剂具有更好的渗透力，改善胶黏剂的工艺性能。稀释剂可分为活性稀释剂和非活性稀释剂。

② 胶黏剂的种类

按基料分，胶黏剂可分为无机胶黏剂和有机胶黏剂。以无机物为基料的称为无机胶黏剂，以聚合物为基料的称为有机胶黏剂。有机胶黏剂又分为天然胶黏剂和合成胶黏剂两大类。

按物理形态分，胶黏剂可分为溶液型、乳液型、膏状或糊状型、固体型、膜状型。

按用途分，胶黏剂可分为结构胶、非结构胶以及专门用于木材、金属、塑料、纤维、橡胶、建筑、玻璃、汽车车辆、电气和电子工业、生物体和医疗等部门的特种胶黏剂。结构胶黏剂是用于受力结构件胶接，并能长期承受较大动、静负荷的胶黏剂。非结构胶黏剂适用于非受力结构件胶接。

（6）农药

农药是指具有杀灭农作物病、虫、草害和鼠害以及其他有毒生物或能调节植物或昆虫生长，从而使农业生产达到保产、增产作用的化学物质。

农药的种类主要有：

① 按用途分，农药可分为杀虫剂、杀菌剂、除草剂、植物生长调节剂。杀虫剂用来防治害虫，可分为杀螨剂、昆虫引诱剂、不育剂和驱避剂。杀菌剂用来防治病害，包括杀线虫剂、内吸治疗剂等。除草剂是用以消灭或控制杂草生长的农药。植物生长调节剂是人工合成的、对植物的生长发育具有调节作用的化学物质。

② 按组成成分，农药可分为化学农药（有机氯、有机磷农药等）、植物性农药（除虫菊、硫酸烟碱等）和生物性农药。

阅读材料

"十四五" 将大力发展化工新材料和精细化学品

工业和信息化部、发展改革委、科技部、生态环境部、应急管理部、能源局日前联合发布《关于"十四五"推动石化化工行业高质量发展的指导意见》（简称《意见》），提出到2025年，石化化工行业要基本形成自主创新能力强、结构布局合理、绿色安全低碳的高质量发展格局，高端产品保障能力大幅提高，核心竞争能力明显增强，高水平自立自强迈出坚实步伐。

《意见》提出大力发展化工新材料和精细化学品，加快产业数字化转型，提高本质安全和清洁生产水平，将加速石化化工行业质量变革、效率变革、动力变革，推进我国由石化化工大国向强国迈进。

一是加快创新发展。到2025年，规模以上企业研发投入占主营业务收入比重达1.5%以上，突破20项以上关键共性技术和40项以上关键新产品。

二是调整产业结构。大宗化工产品生产集中度进一步提高，产能利用率达到80%以上。乙烯当量保障水平大幅提升，化工新材料保障水平达75%以上。

三是优化产业布局。城镇人口密集区危险化学品生产企业搬迁改造任务全面完成，形成70个左右具有竞争优势的化工园区。到2025年，化工园区产值占行业总产值70%以上。

四是推动数字化转型。石油化工、煤化工等重点领域企业主要生产装置自控率95%以上，建成30个左右智能制造示范工厂、50家左右智慧化工示范园区。

五是坚守绿色安全。大宗产品单位产品能耗和碳排放明显下降，挥发性有机物排放总量比"十三五"降低10%以上，本质安全水平显著提高，有效遏制重特大生产安全事故。

我国是石化化工大国，但行业创新能力不足、结构性矛盾突出、产业布局不尽合理、绿色安全发展水平不高等问题依然存在。"十四五"时期，行业结构调整、转型升级将进一步加快，产业发展模式正在从以规模扩张为主的产能建设转向以"精耕细作"为主的精细化、专用化、系列化细分市场拓展渗透。

当前，安全环保已成为业界坚守的从业生存底线和发展基本要求。同时，以绿色循环低碳为基本特征的化工园区逐步成为行业结构调整、转型升级、腾挪发展的主要载体。

在推动产业结构调整方面，《意见》强化分类施策，科学调控石油化工、煤化工等传统化工行业产业规模，有序推进炼化项目"降油增化"，促进煤化工产业高端化、多元化、低碳化发展。同时，优化烯烃、芳烃原料结构，加快煤制化学品、煤制油气向高附加值产品延伸，提高技术水平和竞争力。

在加快绿色低碳方面，《意见》强调发挥碳固定碳消纳优势，有序推动石化化工行业重点领域节能降碳，推进炼化、煤化工与"绿电""绿氢"等产业耦合以及二氧化碳规模化捕集、封存、驱油和制化学品等示范。同时，发展清洁生产，构建全生命周期绿色制造体系，提高资源循环利用效率。

（资料来源："十四五"将大力发展化工新材料和精细化学品．中国产业经济信息网．）

 项目实施

1. 思考与练习

（1）简述化学工业在国民经济中的地位与作用。

（2）简述化工产品的特点。

（3）典型的化工产品包括哪几种类型？

2. 案例分析

麻烦给我的生活来一罐"立邦"！

谁是中国的"刷新一代"？按出生年代，他们是中国的Z世代（1995—2009年出生）。这个态度在线、智商在线、技能在线的群体在刷新中国社会的同时，也在刷新世界对中国的认知。Z世代的年轻人摆脱黑白窠臼，偏爱丰富的色彩。

洞悉到这种消费趋势，立邦向年轻人发出了一封封"邀请函"。

立邦调研发现，原来涂料与"快乐"相关。在人生每一个具有重大意义的时刻，比如买新房、婚嫁、创业，人们都会进行刷新。上色是这么一件具有仪式感的事，人们把自己的梦想和期许都注入了色彩之中。

在开学季这样一个身份转换或升级的时间节点，立邦希望能够陪伴、见证学生的人生阶段转换，同时在B站这个"后浪的后花园"里进一步建立起年轻群体对于品牌的认知。为此立邦选取了4个B站头部UP主，通过视频创作，从刷新生活、刷新态度、刷新情感与刷新技能来诠释"刷新青春"的品牌精神。

为了迎接全新的生活，他们用立邦的小罐漆刷掉"肥宅""游戏""颓废""熬通宵"四个词，并写下自己2020下半年的新目标——"享受生活""积极健身"的阳光生活主张。才华满满的清华理工男，以科普的方式分享色彩的各种知识，并用立邦小罐漆和投影漆实践出"色彩可以改变心情"。这也是立邦希望给年轻人带来的快乐，其传递出的自我改变、自我创造、自我成就的观念与"刷新一代"的价值观深深契合。

虽然涂料在家庭中是低频消费的品类，但这丝毫阻挡不住立邦征服"后浪"的雄心。

（资料来源：麻烦给我的生活来一罐"立邦"．凤凰网．）

结合上述案例，分析：

（1）传统化工企业如何应对市场需求的新变化？

（2）结合行业特点，化工企业应如何更好实施创新发展？

项目二　认识化工产品市场营销

学习目标

【知识目标】
1. 掌握化工产品市场及市场营销的含义；
2. 熟悉化工产品市场营销学的研究对象、内容和方法；
3. 了解化工产品市场营销观念的演变。

【能力目标】
1. 能够阐述市场的功能；
2. 能够根据化工企业行为分析其采用的市场营销观念；
3. 能够分析化工企业市场营销活动的重要意义。

【价值目标】
1. 培养爱岗敬业精神；
2. 培养创新精神；
3. 培养法律意识和职业道德；
4. 树立绿色环保理念。

知识学习

一、市场及市场营销的概念

（一）市场的概念

经济学家从揭示经济实质角度提出市场的概念。他们认为市场是一个商品经济范畴，是商品内在矛盾的表现，是社会分工和商品生产的产物，是以商品供求和商品交换为基本经济内容的各主体经济联系的形式。通过这一角度的定义，可以了解到：

（1）市场属于商品经济的范畴，哪里有社会分工和商品生产，哪里就有市场。社会分工、商品生产的发展程度决定着市场的发展水平。

（2）由于市场的基本关系是商品供求关系，基本活动是商品交换活动，因此，市场是商品经济条件下联结各市场主体的基本形式,是整个社会经济活动得以正常运行的基本条件。

(3) 市场的基本经济内容是商品供求与商品交换,因此,市场的形成就必须具备以下基本条件:

① 存在着具有购买动机与购买能力的买方;

② 存在着提供商品的卖方及可供交换的商品;

③ 商品的交易条件符合买卖双方的利益要求,并能同时被双方接受。

现代营销之父菲利普·科特勒(Philip Kotler)认为,"市场是由那些具有特定需求或欲望,愿意并能够通过交换来满足这种需求或欲望的全部潜在用户所组成。"具体来讲,市场由人口、购买力和购买欲望三者有机构成。这是站在卖方的角度,从买方的行为出发的。它包含了三个构成市场的主要因素,即有某种需要的人、有满足这种需要的购买能力和购买欲望。用公式来表示为:市场=人口+购买力+购买欲望。

(二)市场的功能

1. 交换功能

这是指通过市场进行商品收购和商品销售活动,能实现商品所有权与货币持有权之间的相互转移,最终把商品送到用户手中,使买卖双方都得到满足。

2. 供给功能

这是指商品的运输和储存等方面的活动,商品的运输和储存是实现商品交换功能的必要条件。由于商品的生产与消费往往不在同一地点,这就要求通过运输把商品从生产地转移到消费地。另外,将商品通过储存设施加以保管留存,以保证市场上商品的及时供应。

3. 价值实现功能

商品的价值是人们在生产劳动过程中创造的,其价值的实现是在市场上通过商品交换完成的。任何商品都会受到市场的检验,市场是企业营销活动的试金石。市场状况良好,商品能顺利地在卖者和买者之间转换,最终送到消费者手里实现消费,价值才能最终实现。

4. 反馈功能

市场能客观反映商品供求的状况,它把供求正常和供求失调的信息反馈给企业,为企业制定经营决策提供依据。

5. 调节功能

市场的调节功能是通过价值规律、供求规律和竞争规律来体现的。人们从市场上获得有关市场供求、商品价格和市场竞争情况的信息后,可以通过一定的调节手段和措施使生产的商品适应市场的需求。

6. 便利功能

这是指为了保证交换和供给功能能够顺利实现而提供的各种便利条件。包括资金融通、风险承担、商品标准化和市场信息系统等。

市场的这些功能是通过参与市场活动的企业和个人的经济行为来实现的,它们之间存在互相制约、互相促进的关系。

(三)市场营销的概念

Marketing一词在英语中有双重含义。当Marketing表示一种经济行为、一种实践活动时译为"市场营销",主要指企业等组织所进行的市场营销活动;而Marketing表示一门科学时译为"市场营销学",主要是研究企业等组织的市场营销活动及其规律性的科学。

国内外学者从不同角度对市场营销下了不同的定义。美国学者基恩·凯洛斯曾将各种市场营销定义分为三类:一是将市场营销看作是一种为消费者服务的理论;二是强调市场营销是对社会现象的一种认识;三是认为市场营销是通过销售渠道把生产企业同市场联系起来的过程。

麦卡锡(E.J. Mclarthy)把市场营销定义为一些社会经济活动过程,其目的在于满足社会或人类需要,实现社会目标。美国市场营销协会(AMA)于1985年对市场营销下了定义:市场营销是对思想、产品及劳务进行设计、定价、促销及分销的计划和实施的过程,从而产生满足个人和组织目标的交换。

目前,国内市场营销界普遍认同并接受的是菲利普·科特勒在《营销管理》(第九版)中对市场营销所作的定义:市场营销是个人或集体通过创造、提供出售,并同别人进行交换产品和价值,以获得其所需所欲的社会和管理过程。

根据这一定义,可以将市场营销的概念具体归纳为:

(1)市场营销的最终目标是"满足需求和欲望";

(2)"交换"是市场营销的核心,交换过程是一个主动、积极寻找机会满足双方需求和欲望的社会过程和管理过程;

(3)交换过程能否顺利进行,取决于营销者创造的产品和价值满足用户需求的程度和交换过程管理的水平。

(四)市场营销的核心概念

1. 需要、欲望和需求

需要是指没有得到某些基本满足的感受状态,是人类与生俱来的。如人们为了生存,需要食品、空气、水、衣服和住所,这些是人类最基本的生理需要。除此之外,人类还需要健康、安全、归属、受人尊重以及自我实现。需要不是社会和营销者所能创造的,它们存在于人类自身生理和心理结构之中。

欲望是指想得到能够满足基本需要的具体产品的愿望。欲望受个人所处的文化及社会环境的影响,如为满足"口渴"的生理需要,人们可以选择喝水、茶、果汁等。市场营销者无法创造需要,但可以影响欲望,开发及销售特定的产品和服务来满足欲望。

需求是指有能力购买并愿意购买某个具体产品的欲望。需求实际上是对某种特定产品及服务的市场需求,当有购买能力时,欲望便转化成需求。市场营销者总是通过各种营销手段来影响需求,并根据对需求的预测结果决定是否进入某一市场。

从上述概念可知,人类的需要可以通过不同方式来满足。欲望是需要的一种,是明确了具体满足物或满足方式的一种需要。需求是一种特定的欲望。需要的基本性质是存在于营销活动之前,无法靠营销活动创造,但市场营销者连同社会上的其他因素可以影响人们的欲望,进而通过营销努力,使欲望转化为需求。

因此,企业并不创造需要,需要早就存在于营销活动出现之前,企业以及社会上的其他因素只是影响了人们的欲望,他们向用户建议什么样的商品可以满足哪方面的要求,如一套豪华住宅可以满足消费者对居住与社会地位的需要。优秀的企业总是力图通过使商品富有吸引力、适应消费者的支付能力和容易得到来影响需求。

2．产品

产品是指能够满足人的需要和欲望的任何东西。产品的价值不在于拥有它，而在于它能带来的对欲望的满足。产品从形态上可以分为有形产品和无形产品，如人们购买冰箱不是为了观赏，而是用以冷藏和保存食品；当人们心情烦闷时，为满足轻松解脱的需要，可以去旅游，也可以去听音乐会。市场营销者必须清醒地认识到，其创造的产品不管形态如何，如果不能满足人们的需要和欲望，就必然会失败。

3．交换和交易

交换是指从他人处取得所需之物，而以某种东西作为回报的行为。一般来说，人们对满足需求或欲望之物的取得可以通过各种不同的方式，如自行生产、强制取得、乞讨和交换。其中，市场营销活动产生于交换。交换的发生，必须具备五个条件：

（1）至少有交换双方；

（2）每一方都拥有被对方认为有价值的东西；

（3）每一方都能沟通信息和传递货物；

（4）每一方都可以自由接受或拒绝对方的产品；

（5）每一方都认为与另一方进行交易是适当的或是称心如意的。

具备了上述条件才有可能发生交换行为，而交换能否真正产生，取决于买卖双方能否通过交换而获得比交换前更多的满足。因此，交换是一个包括寻找交换对象和谈判等内容的创造价值的过程，而不是一个事件。如果双方正在进行谈判，并趋于达成协议，这意味着他们正在进行交换。当双方通过谈判达成协议，交易便产生。

交易是交换活动的基本单元，是由双方之间的价值交换所构成的行为，交易的形式通常包括货币交易以及以物易物、以服务易服务等非货币形式。一次交易涉及的实质内容有：

（1）至少有两件有价值的东西；

（2）买卖双方所同意的条件；

（3）协议时间和地点；

（4）有法律制度来维护和强制交易双方执行承诺。

4．价值和满意

消费者通常都面临一大批能满足其某一需要的商品，消费者在这些不同商品之间进行选择时，一般都是依据商品所能提供的最大价值而做出购买决定的。这里所谓的价值（Value）就是消费者付出与所得之间的比率。一般来说，消费者在获得利益的同时也需要承担成本。消费者所获得的利益包括功能利益和情感利益，而成本则包括金钱、时间、精力以及体力，因此，价值可用以下公式来表达：

$$价值 = \frac{利益}{成本} = \frac{功能利益 + 情感利益}{金钱成本 + 时间成本 + 精力成本 + 体力成本}$$

企业可以通过以下方法来提高购买者所得价值：

（1）增加利益；

（2）降低成本；

（3）增加利益同时降低成本；

（4）利益增加幅度比成本增加幅度大；

（5）成本降低幅度比利益降低幅度大。

满意是指人们通过对一种产品的可感知效果与他的期望相比较后，所形成的愉悦或失望的感觉状态。当可感知效果与期望相符合时,用户就会满意;当效果低于期望时,就会失望。如果某企业的产品能够给目标购买者带来价值并使其满意,那么,该企业的产品就是成功的。

(五)市场营销观念的演变

所谓市场营销观念,是指导企业经营活动的理念或指导思想,并由其来统括企业的一切经营活动。即企业以什么为中心组织经营活动,始终是企业发展过程中的一个核心问题。随着生产力水平的不断提高、市场供求关系的变化、市场竞争的激化,以及市场营销管理从粗放到细化、由低级向高级的发展,企业经营的指导思想也在相应地发展演变,至今,已经历了六种不同观念的发展阶段。

1. 生产观念

生产观念是一种最古老的营销观念,在西方盛行于19世纪末20世纪初。当时,资本主义国家处于工业化初期,市场需求旺盛,但产品供应量少且价格偏高,企业只要提高产量、降低成本便可获得丰厚的利润。因此,企业的中心问题就是扩大生产价廉物美的产品,而不必过多关注市场上的需求差异。在这种情况下,生产观念被众多企业所接受。生产观念认为,消费者总是喜欢可以随处买到价格低廉的产品,企业应当集中精力提高生产效率、扩大分销范围、增加产量、降低成本。

生产观念是一种"以产定销"的经营指导思想,它在以下两种情况下显得有效:

第一,市场上商品需求大于供给,卖方竞争较弱,买方争购,选择余地不大;

第二,产品成本和售价较高,只要提高效率、降低成本,从而降低售价,就能扩大销路。

显而易见,生产观念是一种重生产、轻市场的观念。在物资紧缺的年代给企业带来了丰厚的利润,但是随着生产的发展、市场供求形势的变化,这种观念也必然会使企业陷入困境。

2. 产品观念

产品观念认为,消费者喜欢高质量、多功能和具有某种特色的产品,企业应在产品质量上有所突破并不断加以改进。持产品观念的企业认为消费者欣赏精心制作的产品,相信他们能鉴别产品质量和功能,并愿意出较高的价格购买质量上乘的产品。这些企业常常迷恋于自己的产品,而不太关注产品在市场上是否受欢迎。

相比于上一阶段,产品观念阶段社会生活水平已有了较大幅度的提高,消费者已不再仅仅满足于产品的基本功能,而是开始追求产品在功能、质量和特点等方面的差异性。因此,如何比其他竞争对手在上述方面为消费者提供更优质的产品就成了企业的当务之急。在产品供给不太紧张或稍微宽裕的情况下,这种观念常常成为一些企业经营的指导思想。在20世纪30年代以前,不少西方企业广泛奉行这一观念。

与生产观念一样,产品观念也是一种"以产定销"的观念。由于过分重视产品质量而忽视消费者需求,在市场中缺乏远见,很容易导致"营销近视症"。他们很少深入市场研究,不了解用户的需求意愿,不考察竞争者的产品情况。正如科特勒所言,某些企业深深迷恋上了自己的产品,以至于没有意识到其在市场上可能并不那么迎合时尚,甚至市场正朝着不同的方向发展。如果说,生产观念强调"以量取胜,以廉取胜",那么产品观念强调的就是"以质取胜,以优取胜"。

3. 推销观念

推销观念产生于由卖方市场向买方市场的过渡阶段。1920—1945年间,由于科学技术的进步、科学管理和大规模生产的推广,产品产量迅速增加,逐渐出现了市场上产品供过于求,卖方之间竞争激烈的新形势。在这个阶段，许多企业深刻感到，即使有质量上乘、物美价廉的产品，也未必能卖出去。另外，这种观念还认为，市场中的消费者都会存在一定的惰性，他们在选购商品时不可能一次将所需商品全部购齐，因而，企业管理的中心就是积极推销和大力促销。

在推销观念的指导下，企业相信产品是"被卖出去的，而不是被买去的"，消费者只有在企业促销活动的刺激下才会购买。企业要销售已经生产出来的产品，必须大力开展推销活动，千方百计吸引消费者产生兴趣，进而促使他们购买。因此，强力推销是企业扩大销售，增加利润的必由之路。

自从产品供过于求，卖方市场转变为买方市场以后，推销观念就被企业普遍采用，尤其是生产能力过剩和产品大量积压时期，企业常常本能地采纳这种理念。曾经在我国被奉为成功之路的"全员推销"典型地代表了这种理念。

一般而言，消费者购买是存在惰性的，尤其是当产品丰富和销售网点健全的情况下，已不再需要储存大量产品，也不用担心涨价，"够用就行"已成为主导性的消费观念。另外，在买方市场条件下，过多的产品追逐过少的消费者也是事实。因此，加大推销力度以扩大企业和产品的知名度，劝说消费者选择购买本企业产品，都是非常必要的。

然而，推销观念注重的仍然是企业的产品和利润，不注重市场需求的研究和满足，不注重消费者利益和社会利益。强行推销不仅会引起消费者的反感，而且还可能使消费者在不自愿的情况下购买了不需要的产品，严重损害了消费者利益，这样，反过来又给企业造成不良的后果。正如科特勒指出，感到不满意的用户不会再次购买该产品，更糟糕的情况是，感到满意的用户仅会告诉其他三个人其美好的购物经历，而感到不满意的用户会将其糟糕的经历告诉其他十个人。

由于推销观念的立足点是对已生产出的产品加强推销，因而它与生产观念、产品观念并没有本质的区别，都是先有产品，后有用户，都表现为"我生产什么，就销售什么，你就买什么"，只是从生产观念发展到推销观念，提高了销售在企业经营管理中的地位，促使企业更多地了解市场情况，为后续的市场营销观念的产生创造了条件。

实践证明，奉行推销观念，着力推销与广告，对企业的销售工作具有积极的促进作用。但若生产出的产品在市场上的需求已经饱和，或不适销对路，即使下大力进行推销也无济于事，这就促使企业必须进行营销观念的转变。

4. 市场营销观念

市场营销观念是一种以用户需求和欲望为导向的经营哲学，它把企业的生产经营活动看作是一个不断满足用户需求的过程，而不仅仅是制造或销售某种产品的过程。该观念认为，实现企业各项目标的关键，在于正确确定目标市场的需要和欲望，并且比竞争者更有效地进行产品或服务的传送。

市场营销观念产生于 20 世纪 50 年代，随着科学技术水平的提升，企业更加重视产品研发，技术不断创新、新产品竞相上市。此外，大量军工企业转向民用产品的生产，使社会产品供应量迅速增加，为消费者提供了更多的选择；同时，随着消费者收入水平的提高，其需求也更为多样化。市场上，大部分产品出现了供大于求的局面，竞争日益激烈，企业的营销管理活动变得格外复杂。不少企业虽然经过大力推销，但销量仍未有大的起色，以致影响到企业的生存与发展。在这种情况下，许多企业逐渐领悟到，生产必须考虑市场环境的变化，考虑消费者的需求，只有这样，才能在市场竞争中取得优势。

市场营销观念的核心是以满足消费者需求为企业经营活动的中心，即以用户需求为导向。它要求企业的营销管理活动贯彻"用户至上"的原则，将管理重心放在发现和满足目标用户的需求，从而实现企业目标。

从推销观念到市场营销观念的转变，是企业经营思想上的一次质的飞跃，具有重大意义。

（1）促使企业的市场营销工作由以生产者为中心转向了以消费者或用户为主，促进了用户至上思想的实现。

（2）改变了企业的组织结构，提高了市场营销部门在企业中的地位，建立了以市场营销为中心的新的企业管理体制。

（3）改变了企业的经营程序和方法，企业对营销环境的调查研究，由流通领域扩大到生产、流通、分配、消费的全过程。

（4）销售工作由过去的高压式"硬卖"转变为诱导式的"软卖"，通过满足用户的需求来获取利润。

由于市场营销观念符合"生产是为了消费"的基本原理，既能较好地满足市场需求，同时也提高了企业的环境适应能力和生存发展能力，因而自从被提出后便引起了广泛的关注，为众多企业所追捧。

5. 社会营销观念

进入20世纪60年代以后，市场营销观念在西方国家受到质疑。

首先，不少企业为了最大限度获取利润，迎合消费者，忽视环境保护，促使环境恶化、资源短缺等问题变得相当突出。如清洁剂生产企业满足了人们洗涤衣服的需要，但同时严重污染了环境，破坏了生态平衡。

其次，一些标榜自己奉行市场营销理念的企业以次充好、大搞虚假广告、牟取暴利，损害了消费者的利益。

第三，一些企业只注重消费者眼前需求而不考虑长远需求。如某些化妆品金属元素超标，虽然短期内能美容，但长期使用会对身体有害。

社会营销观念就是对市场营销观念的一种修正与补充。社会营销观念产生于20世纪70年代，1971年由杰拉尔德·扎特曼和菲利普·科特勒最先提出。社会营销观念认为，企业的任务是确定各个目标市场的需求，并以保护或提高消费者和社会福利的方式，比竞争者更有效、更有利地向目标市场提供所期待的满足物。社会营销观念要求企业在开展市场营销活动时，要兼顾企业利润、消费者满足和社会利益三方面的关系，承担起社会责任，而不能为了实现企业的营销目标而损害了社会整体利益。

社会营销观念是市场营销观念的进一步扩展，被许多企业主动采纳，主要原因是将其作为改善企业声誉、提升品牌知名度、增加用户忠诚度、提高产品销量的有利机会。

6. 大市场营销观念

大市场营销观念是指企业不应消极被动地顺从和适应外部营销环境，应当采取适当和有效的措施，积极主动地影响外部环境，促使其向着有利于企业的方面转化，并在一定程度上对其加以控制，以确保企业营销活动的成功。

20世纪70年代末期，西方经济发达国家生产过剩，市场竞争日趋激烈。此外，伴随着资本主义国家的经济不景气，许多国家政府不断加大了对国内经济生活的干预力度，贸易保护主义日渐强盛，贸易摩擦不断加剧。在这种情况下，即使企业的产品适销对路，市场营销组合中的其他因素安排适当，产品销量也未必增加。为了保证营销活动的成功，企业不能再消极被动地接受和适应外部营销环境，而必须采取适当而有效的措施，积极主动地影响外部营销环境，使之朝着有利于企业的方面转化。

二、化工产品市场营销的概念

（一）化工市场的概念

狭义的化工市场，是指化工产品聚集和交换的场所。广义的化工市场，包括化工产品的买方、卖方、中间商之间的关系，物流、仓储、批发、零售等一切与化工产品营销活动相关联的机构之间的关系。化工市场既可以是实物市场，也可以是虚拟市场，交易并不局限于某一具体的时间和地点。

化工市场必须具备以下基本条件：存在可供交换的化工产品（包括有形的产品和无形的服务）；存在提供化工产品的卖方；存在有购买欲望和购买能力的买方；化工产品的价格买卖双方都能接受。

阅读材料

我国石油化工行业产业竞争格局

石油化工指以石油和天然气为原料，生产石油产品和石油化工产品的加工工业。

石油产品又称油品，主要包括各种燃料油（汽油、煤油、柴油等）和润滑油以及液化石油气、石油焦炭、石蜡、沥青等。生产这些产品的加工过程常被称为石油炼制，简称炼油。

目前，我国石油化工行业产业竞争格局呈现以下特点：

1. 区域竞争：格局分布明显

当前，我国石化产业正在迎来产业重构，企业利用国际国内两个市场两种资源的同时，推进工业结构、产业结构，包括经济结构的调整和优化。近年来，我国石油化工产业区域结构在不断提升，落后产能不断淘汰，创新能力不断提升，国际化经营水平也在不断提高。2021年底，石油化工产业拥有355291家相关企业。从企业数量上来看，排在前三位的分别是山东省、陕西省和广东省，分别为41531家、31605家和26789家。

从代表性企业分布情况来看，我国石油化工代表企业分布在辽宁、山东、江苏、浙江、广东等沿海省份，以及新疆维吾尔自治区、湖南省、黑龙江省等内陆省份。

2. 企业竞争：中石油、中石化为行业龙头

目前，布局了石油化工开采、冶炼、精密加工业务的上市企业中，中石油、中石化在石油化工氧化物、石油化工聚合物等产品产量上遥遥领先于其他企业。

按主营业务营收金额来看，2020年，中国石油化工集团以21000多亿元的营业收入位列第一，占中国石化市场份额的比重为19%；中国石油天然气集团排在第二位，以19000亿元占据中国石化市场份额的17%。加上中国海洋石油总公司、中国中化集团有限公司、中国化工集团公司、陕西延长石油（集团）有限公司及荣盛石化五家特大型企业，销售收入总额约占全行业的50%。

[资料来源：预见2022：2022年中国石油化工行业全景图谱（附市场现状、竞争格局和发展前景等）]

（二）化工产品市场营销概念

化工产品市场营销是为了创造思想，完成化工产品、服务的交换（该交换能满足个人和

化工企业的目标）而进行的计划和创意、定价、分销、服务的过程。

（1）化工产品市场营销的目标是满足需求。满足现实或潜在需求是化工产品市场营销活动的出发点和中心。化工企业要重视目标用户的需求，努力为用户提供所需的产品和服务，并以有效的营销手段创造和满足其需求，在此基础上实现企业的营销目标。

（2）化工产品市场营销的主体是个人和化工企业，客体是化工产品。现代市场营销的主体包括一切面向市场的个人和组织，既包括工商企业等营利性组织，还包括社会组织等非营利性组织，以及通过交换获取产品和价值的个人。

（3）化工产品市场营销的核心是价值交换。交换是化工产品市场营销的核心概念，是买方和卖方之间发生价值转移的过程。若要产生交换，至少要有当事人双方（或组织），交换客体符合对方的要求，并在平等交换的原则下达成一致。化工产品市场营销是企业积极、主动寻找机会，满足对方需求和欲望的过程。

（4）化工产品市场营销使用市场营销组合手段来适应和影响需求。化工产品市场营销活动强调从化工企业整体出发，以目标市场的现实需求与潜在需求为中心，把影响市场营销的各种因素与开拓市场的各种手段进行恰当的组合并使之发挥综合作用。

（5）化工产品市场营销是一个过程。化工产品市场营销是由一系列活动构成，包括营销调研、产品开发、价格制定、渠道开发、促销、售后服务、计划控制等，是一项系统工程，需要细致的思考和行动。

从本质上讲，用户从化工产品购买行为中希望得到的并非完全是化工产品本身，还有化工产品品牌带来的满足。化工产品市场营销的本质就是化工企业通过一系列营销手段了解和满足市场需求。

（三）化工产品市场营销学的研究对象、内容、方法

1. 化工产品市场营销学的研究对象

化工产品市场营销学是对化工企业营销活动的总结和概括，并为此提供理论、思路和方法，具有综合性、实践性、应用性等特点。

化工产品市场营销学的研究对象是化工企业市场营销活动及其规律。

首先，化工产品市场营销学研究的是化工产品买方市场。即要求化工企业从研究现实的和潜在的市场入手，通过科学分析，根据用户需求以及企业的资源条件等来选择目标市场，然后确定如何组织生产和整体营销等。

其次，化工产品市场营销学研究卖方如何组织市场营销活动。因为即使化工企业对买方市场需求状况有了较为充分的调查研究，生产出符合目标市场需要的产品，但化工产品从生产领域进入流通领域最终到达消费者手里，还必须有完善的营销系统来承担。

第三，化工产品市场营销学的主要任务是研究市场和行业的现状及变化趋势，把握化工产品行业科技的最新动向，正确制定化工企业发展和营销战略，同时也为化工企业的生存和发展提供重要的理论及实践上的指导。

2. 化工产品市场营销学的研究内容

化工产品市场营销学是一门建立在经济学、行为科学、管理学、化工产品知识等理论基础之上的应用科学，主要研究化工企业如何从满足消费者需求出发，有计划地组织企业的整体活动，通过交换，将化工产品和价值从生产者手中转移到消费者手中，以实现企业的营销目标。化工产品市场营销学的主要研究内容包括：

（1）化工产品市场营销理论研究。化工产品市场营销学是根据市场营销学的原理，运用用户价值原理、竞争优势原理、整体性原理和可持续发展原理等，专门研究化工产品市场营销活动及其发展变化规律的科学。

（2）化工产品市场营销策略研究。化工产品市场营销策略研究是根据市场营销学的方法和策略，主要包括化工产品市场营销组合、化工产品策略、化工产品价格策略、化工产品渠道策略以及化工产品促销策略等，研究化工企业如何运用各种市场营销手段实现企业的预期目标。

（3）化工产品营销组织与营销管理研究。化工产品营销组织与营销管理研究，主要是研究为保证营销活动的成功，化工企业要在组织、调研、计划、控制等方面采用的措施和方法。

3. 化工产品市场营销学的研究方法

（1）产品研究法。产品研究法是以产品为主体，对基本产品诸如化工材料、日用化学品、化学反应用材料、催化剂助剂等进行研究，主要研究这类产品的设计、包装、商标、定价、分销、广告及各类产品的市场开拓。这种研究方法可以详细地分析研究不同产品市场营销中的具体问题，但需耗费较多的人力、物力和财力。

（2）管理研究法。管理研究法又称为决策研究，即从管理决策的角度研究市场营销问题。化工企业按照目标市场需要，分析研究外界不可控的环境因素，同时考虑企业内部的资源条件和目标，权衡利弊，选择最佳的市场营销组合，以满足目标市场的需求，扩大销售，提高市场占有率，增加企业盈利。

（3）系统研究法。系统研究法是将现代系统理论与方法运用于化工产品市场营销学研究的方法。化工产品市场营销管理系统是一个复杂系统，在这个系统中，包含了许多相互影响、相互作用的因素，如企业自身、营销伙伴、目标用户、竞争对手、公众部门（如政府部门、新闻媒体、银行、社团组织、合作者等）、外部宏观环境（技术环境、自然环境、政治法律、社会文化等）。化工企业必须对整个系统进行协调和整合，实现系统优化。

（4）功能研究法。功能研究法是从市场营销的各种职能，诸如交换功能、供给功能、便利功能等方面研究化工产品的市场营销。

（5）社会研究法。社会研究法是研究化工企业营销活动对社会的影响。化工产品的市场营销活动，一方面带来了社会经济繁荣，提高了社会生产力及广大居民生活的便利；另一方面也造成了某些负面效应，如环境污染等。因此，有必要通过社会研究方法，寻求将化工产品营销的负面效应减少到最低限度的方法与途径。

阅读材料

秸秆为原料的可降解餐具走进北京冬奥会

为全面落实"绿色、共享、开放、廉洁"的奥运会举办理念，秉持"可持续·向未来"的愿景，致力于体现赛会环境正影响，北京2022年冬奥会将使用生物可降解餐具。

作为唯一的供应商，北京冬奥会的生物可降解餐具由安徽省蚌埠市丰原生物技术股份有限公司提供。该公司以玉米、薯类、农作物秸秆等为原料生产的可降解餐具生物相容性、光泽度、透明性、手感和耐热性好，同时还有一定的耐菌性、阻燃性和抗紫外线性，具有安全、环保等特点，可以代替塑料生产生活必需品以及工程用品。

由于生物可降解材料具有可靠的生物安全性、生物可降解性、环境友好性、良好的力学性能，以及易于加工成型等优点，在生物医用高分子、纺织行业、农用地膜和包装等行业应用前景广阔。近年来，我国生物基材料正以每年20%至30%的速度增长，并逐步走向工业规模化和产业化阶段。

目前，聚乳酸（PLA）已完全实现国内生产。聚乳酸早期主要采用玉米发酵，为减少粮食消耗，未来只要含有淀粉的物质都可以作为原料，比如农林废弃物秸秆等，可实现变废为宝。我国各类农作物秸秆原料来源充足，价格低廉，可以减少对石油附属物的依赖，对绿色发展具有重要意义。

北京冬奥会的可降解餐具只是开始。长期以来，环境问题在全社会备受关注，借北京冬奥会之契机，大力推广使用可降解餐盒和其他环保耗材，有利于在全世界范围内促进人们观念和行为的转变，将有力地推动环保事业的发展。

（资料来源：秸秆为原料的可降解餐具走进北京冬奥会．中国石油和化工网．）

 项目实施

1. 思考与练习

（1）什么是市场营销，其核心概念有哪些？
（2）什么是化工市场？化工市场应具备的基本条件是什么？
（3）市场营销观念经历了哪六个阶段？用化工企业的实例说明。
（4）现代市场营销观念与传统营销观念的区别是什么？

2. 案例分析

为中华鲟"让路"

2022年4月24日，在深入推动长江经济带发展座谈会召开4周年到来之际，中国石化宣布，所属湖北石油已关停其在湖北沿江8座油库、17座码头，累计投入36.8亿元重修油库、升级环保设施，助力修复长江生态，保护中华鲟，守护一江春水浩荡东流。

位于湖北省宜昌市的王家河江豚观测平台已经成为新晋"网红"景点。然而此前，这里是中国石化湖北石油宜昌王家河油库的码头。该油库是鄂西地区规模最大的成品油基地，年吞吐量达130万吨。1996年，湖北省划定长江湖北宜昌中华鲟省级自然保护区，码头所在的王家河江段是中华鲟洄游的必经之路、江豚重要的栖息地之一。2021年4月8日，运营了63年的王家河码头关闭，占地19.4万平方米的油库整体外迁至枝江新油库，只为中华鲟、江豚畅快洄游"让路"，守护长江水清岸绿。

王家河油库并非唯一被关掉的油库。湖北坐拥1062千米最长长江岸线，由于长江水路的便利，湖北石油油库多数选择沿江而建，毗邻长江、汉江的油库占在营油库数量的70%。为了助力长江大保护，该公司先后关停了荆州柳林洲、宜昌王家河等8座沿江油库，关闭了17座沿江油品收卸码头，搬迁、拆除了12座水上加油站。

（资料来源：中国石化关停湖北沿江8座油库为中华鲟让路．）

结合上述案例，分析：

（1）中国石化采用了何种市场营销观念？
（2）化工企业在市场营销活动中应该如何更好地体现社会价值？

项目三 化工产品市场营销环境分析

【知识目标】
1. 掌握市场营销环境的含义与特点;
2. 掌握化工企业应对营销环境变化的策略;
3. 熟悉市场营销环境的构成;
4. 了解化工企业市场营销环境分析的方法。

【能力目标】
1. 能够识别市场营销环境中的宏观及微观环境因素;
2. 能够评估市场营销环境对化工企业的影响;
3. 能够运用SWOT法对化工企业市场营销环境进行分析。

【价值目标】
1. 培养爱岗敬业精神;
2. 提升交流沟通能力;
3. 增强协调合作能力;
4. 树立环境保护意识。

知识学习

一、市场营销环境的概念与特征

(一)市场营销环境的概念

市场营销环境是指一切影响和制约企业市场营销决策制定和实施的内部条件和外部因素的总和,可分为宏观市场营销环境和微观市场营销环境两大类。

市场营销环境是由一整套相互影响、相互作用的重要参加者、市场和其他相关力量构成,其相互关系如图3-1所示。

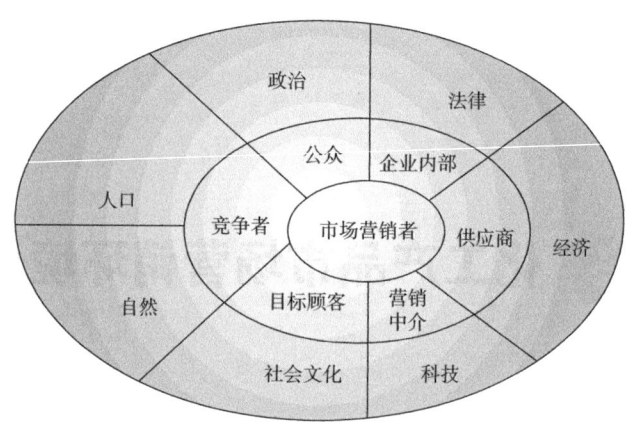

图 3-1 市场营销环境

任何一个企业都是在不断变化的整体经营环境中运行的,都是在与其他组织、目标用户和社会公众的相互协作、竞争、服务和监督中开展市场营销活动的。只有全面、正确地认识市场营销环境,监测、把握各种环境力量的变化,才能审时度势、趋利避害地开展营销活动。因此,化工企业要全面、深入、及时、准确地了解和把握市场营销环境的现状、特点和发展趋势,才能在市场竞争中占据有利地位。

(二)市场营销环境的特征

市场营销环境是一个不断完善和发展的概念,在不同发展阶段,人们对影响企业的市场营销环境的关注点是不同的。一般而言,市场营销环境表现出以下特征:

1. 客观性

客观性是市场营销环境的首要特征。市场营销环境作为一种客观存在,有着自己的运行规律和发展趋势,是不以企业的意志为转移的。企业只要从事市场营销活动,都不可能脱离所处的环境,都会受到各种环境因素的影响和制约。因此,企业必须准备随时应对所面临的各种环境挑战,及时捕捉环境变化给企业带来的机遇。

2. 动态性

动态性是市场营销环境的基本特征。市场营销环境的动态变化性,是指构成市场营销环境的因素是多种多样、复杂多变的,每个因素变动的频率与大小无任何规则。当市场营销环境发生变化时,企业要及时调整市场营销组合,以把握市场机会,降低环境的威胁。市场营销环境动态性的特征,客观上要求企业对环境变化的适应要快,调整营销策略也要及时、迅速。

3. 差异性

市场营销环境的差异性体现在两个方面。其一,不同的企业受到不同市场营销环境的影响;其二,相同的市场营销环境对不同企业产生的影响也是不同的。如日益高涨的环保要求,一方面限制了塑料包装物的生产,另一方面又促进了生产环保产品的企业的发展。环境因素的差异性,要求企业必须采取不同的营销策略去适应。

4. 相关性

市场营销环境的相关性是指营销环境诸因素之间是相互影响和相互制约的,某一因素的变化,会带动其他因素的相应变化,形成新的市场营销环境。例如,竞争者是企业重要的微观环境因素之一，而宏观环境中的政治法律因素或经济政策的变动均能影响一个行业竞争者的数量，从而形成不同的竞争格局。

二、微观市场营销环境

微观营销环境是指与企业紧密相连、直接影响企业营销能力和效率的各种力量和因素的总和，主要包括企业内部环境、目标用户、供应商、营销中介、竞争者和社会公众等。

（一）企业内部环境

企业内部环境包括企业内部各部门的关系及协调合作，主要包括市场营销管理部门、其他职能部门和最高管理层。为了实现企业目标，市场营销部门在制定决策时，不仅要考虑企业外部环境力量，而且要考虑企业内部环境力量。首先，要考虑其他业务部门（如制造部门、采购部门、研究与开发部门、财务部门等）的情况，并与之密切协作，共同研究制定年度和长期计划。其次，要考虑最高管理层的意图，以企业任务、目标、战略和政策等为依据，制定市场营销计划。

1. 企业各职能部门

市场营销部门只是企业众多部门之一，企业的运作是建立在内部各部门分工协作的基础上的，因此，市场营销人员在设计及执行营销计划时，需要兼顾其他部门的要求及彼此的合作。

2. 最高管理层

最高管理层是企业的最高领导核心，负责制定企业的使命、目标及整体战略。市场营销目标从属于企业总目标，市场营销部门在制定计划时必须取得企业决策层的支持与配合，营销经理必须在高层管理层所确定的计划范围内从事营销活动。

（二）供应商

供应商是指向企业及竞争者提供原材料、零配件、设备、能源、劳务及其他生产经营所需资源的企业或个人。原材料的价格会直接影响企业产品的成本、价格以及利润，因此，营销人员应密切关注主要原材料的价格走势，同时，也要关注供应商来源的可靠性，一方面与主要供应商建立长期稳定的合作关系，另一方面又要避免来源的单一化。

（三）营销中介

营销中介是指协助企业推广、销售产品，提供各种营销服务的企业和个人。主要包括：商人中间商、代理中间商、实体分配公司、营销服务机构、金融机构等，这些都是企业营销活动不可缺少的中间环节。产品所有权的转移、产品实体的配送、结算付款、信息沟通、广告促销策略的实施，单靠企业本身的力量是远远不够的，企业必须利用一切可以利用的营销中介，最大限度地把本企业的产品以适当的方式、适宜的价格，在适当的地点、适当的时候销售出去。通过营销中介进行市场调研、促进销售、开拓市场、洽谈业务等可以使企业节省费用，降低风险、成本和售价，提高市场覆盖面和市场占有率，更好地满足目标市场的需求。商品经济越发达，社会分工越细，营销中介机构的作用就越大。

1. 商人中间商

即从事商品购销活动，对其经营的商品拥有所有权的组织或个人，如批发商、零售商。

2. 代理中间商

也称经纪人,是协助买卖成交、推销商品,但对所经营的商品没有所有权的组织或个人。

3. 辅助商

即辅助执行中间商的某些职能,为商品交换和物流提供便利,但不直接经营商品的企业或机构,如物流公司、广告代理、市场营销咨询公司、银行、保险公司等。

(四)目标用户

目标用户是企业的服务对象,是企业产品的购买者和使用者。企业的目标用户主要包括:消费者市场、生产者市场、政府市场、中间商市场、国际市场。

(1)消费者市场。消费者市场是指所有为了个人消费而购买商品或服务的个人和家庭所构成的市场,是企业市场营销研究的主要对象。

(2)生产者市场。生产者市场是指一切购买商品或服务并将其用于生产其他产品或劳务,以供销售、出租或供应给他人的个人和组织。

(3)政府市场。政府市场是指为了履行职责而购买或租用商品的政府机构所构成的市场。

(4)中间商市场。中间商市场是指为了转卖、取得利润而购买商品的批发商和零售商所构成的市场。

(5)国际市场。国际市场即国外的购买者,包括国外的消费者、生产者、中间商和政府机构等所构成的市场。

(五)竞争者

对企业而言,不仅要迎合目标用户的需求,还要通过有效的市场定位,与竞争者产品在用户心目中形成明显差异,从而取得竞争优势。一般说来,企业面临着四种不同层次的竞争者:

(1)欲望竞争者。是指向企业的目标市场提供种类不同的产品或满足消费者不同需要的其他企业。

(2)平行竞争者。是指向企业的目标市场提供能满足消费者同一种需求的产品或服务的其他企业。

(3)产品形式竞争者。是指向企业的目标市场提供种类相同,但质量、规格、型号、款式、包装等有所不同的产品的其他企业。

(4)品牌竞争者。是指向企业的目标市场提供种类相同、产品形式相同,但品牌有所不同的产品或服务的其他企业。

(六)社会公众

社会公众是指对企业实现目标具有实际的或潜在利害关系和影响力的任何组织。通常情况下,一个企业所面临的社会公众主要包括:

(1)政府公众。是指负责管理企业经营活动的有关政府机构。

(2)媒体公众。是指报纸、杂志、广播、电视、网络等具有广泛影响力的大众传媒。

(3)融资公众。是指影响企业取得资金能力的任何组织,如银行、投资公司等。

(4) 社团公众。是指各种保护消费者权益组织、环境保护组织、少数民族组织等。

(5) 当地公众。是指企业附近的居民群众、地方官员等。

(6) 一般公众。一般公众并不是有组织地对企业采取行动，但其对企业的印象却影响着消费者对该企业及其产品的看法。

(7) 内部公众。主要包括企业生产一线的职工、职能部门员工以及中高层管理人员、董事会成员等。当内部公众对自己的企业感到满意时，他们的态度也会影响企业以外的公众。

上述社会公众都与企业的营销活动有着直接或间接的关系，企业必须处理好与各方面的关系，才能在市场竞争中取得优势。

三、宏观市场营销环境

宏观市场营销环境是指企业无法直接控制的因素，是通过影响微观环境来影响企业营销能力和效率的一系列社会力量，包括人口、经济、自然环境、政治法律、科学技术、社会文化等因素。由于这些环境因素对企业营销起着间接影响作用，主要以微观营销环境为媒介影响和制约企业的市场营销活动，所以又称为间接营销环境。

宏观市场营销环境通常反映一个国家经济、社会及其发展变化的状况，对企业的影响是全面的、共同的，不会因为企业使命不同而有差异。一般来说，企业只有通过调整内部的可控因素来适应宏观市场环境的发展变化，才能在复杂的营销环境中求得生存和发展。

（一）人口环境

人口是构成市场的基本要素，企业市场营销活动的最终对象是具有购买欲望和购买能力的消费者，人口数量的多少直接决定市场的潜在容量。影响企业营销活动的人口环境因素是多方面的，主要包括人口的数量和增长速度、人口地理分布及密度、人口构成、家庭单位和家庭生命周期等。

1. 人口规模及增长速度

哪里有人哪里就有衣、食、住、行、用等各种消费需求，人口规模与市场容量有着密切的关系。我国现在人口总量已超过 14 亿，庞大的人口数量使我国成为世界上最大的潜在市场，这也成为吸引国外企业进入中国市场的主要原因。人口规模的迅速增长，在给企业创造市场机会的同时，也给企业的营销活动带来了威胁，如会导致基本生活资料、原材料、运输、能源等的供应出现紧张，增加企业成本，制约企业的市场营销活动。

2. 人口地理分布及密度

人口密度是指一定时间、一定地区的人口数量与该地区的面积之比，通常以每平方千米居民人数表示，即人口密度=该地区的人数/一定的地区面积。我国人口密度的地理分布极不平衡，东部沿海大，西部小；城市大，农村小。市场营销人员不仅要考虑由于地理位置的不同而产生的需求和购买习惯不同，还要考虑到目标市场的人口密度大小，以此确定企业产品的流向和流量。

3. 人口结构

人口结构包括年龄、性别、教育与职业、家庭、社会、民族等诸多因素。不同的人口结构，其收入水平、生理需求、生活方式、价值观念存在较大差异，会形成不同的市场。目前，市场上大多数产品都是提供给某一特定市场的，如金利来领带男人的世界、劳力士表贵族的象征。再以年龄结构为例，有婴儿市场、儿童市场、青少年市场、成年人市场、中年人市场、老年人市场。企业可根据各个市场的容量及自身条件，确定自己的目标市场，从而实现企业目标。

4. 家庭单位和家庭生命周期

现代家庭是社会的细胞，也是商品采购的基本单位，一个国家或地区家庭单位的多少，直接影响着该区域消费品的市场需求量。如果家庭数量多，对家电、家具等生活必需品的需求量就大。同时，家庭生命周期状况对企业的市场营销活动也有重大影响。通常家庭生命周期，一般由七个阶段构成：

（1）未婚阶段。单身一人，空闲时间多，可以进行广泛的社交，对于书籍、名牌服装等的需求量较大。

（2）新婚阶段。夫妇二人，无子女，对家具、电器等耐用消费品和时装等的需求量较大。

（3）"满巢"Ⅰ。年轻夫妇和6岁以下婴幼儿，对婴幼儿的食品、玩具、书籍、服装等的需求量较大。

（4）"满巢"Ⅱ。年轻夫妇和6岁以上儿童，对文教用品、书籍等的需求量较大。

（5）"满巢"Ⅲ。年龄较大的夫妇和经济尚未独立的子女，需求基本与"满巢"Ⅱ相同。

（6）"空巢"。子女已婚独居，家中只剩夫妇二人，需要医疗用品、保健食品、老年健身器材等。

（7）单身。丧偶独居，需求要方便、营养、卫生的食品和保健品等。

（二）经济环境

经济环境是指影响企业市场营销方式与规模的经济因素，是企业进行市场营销时所面临的外部社会经济条件。一个国家社会经济运行状况及发展变化趋势会直接或间接地对企业市场营销活动产生影响。经济环境主要包括以下内容：

1. 消费者收入水平

消费者收入水平是指消费者个人从各种来源所得到的货币收入，通常包括个人的工资、奖金、其他劳动收入、退休金等。消费者并非将其全部收入都用来购买商品，消费者的购买力只是其收入的一部分。因此，企业要区别消费者可支配个人收入和可任意支配个人收入。

可支配个人收入是指扣除消费者个人缴纳的各种税款和交给政府的非商业性开支后可用于个人消费和储蓄的那部分个人收入。可支配收入是影响消费者购买力和消费者支出的决定性因素。可任意支配个人收入是指可支配个人收入中减去消费者用于购买生活必需品的固定支出（如房租、水电、食物等）后剩余的那部分个人收入。可任意支配个人收入一般用来购买高档耐用消费品、娱乐、教育、旅游等。

2. 消费者支出模式的变化

消费者支出模式主要受消费者收入的影响。随着消费者收入的变化，消费者支出模式也会发生相应变化，这种变化一般用"恩格尔系数"来反映。恩格尔系数是指食物支出占个人消费支出总额的比重，即，恩格尔系数＝食物支出/总支出×100%。恩格尔系数越小，食品支出所占比重越小，表明生活富裕，生活质量高；恩格尔系数越大，食品支出所占比重越高，表明生活贫困，生活质量低。恩格尔系数是衡量一个国家、地区、城市、家庭生活水平高低的重要参数。企业从恩格尔系数可以了解当前市场的消费水平，也可以推知今后消费变化的趋势及对企业营销活动的影响。恩格尔系数一般表述如下：

(1) 随着家庭收入的增加,用于购买食物的支出占家庭总支出的比重呈下降趋势。

(2) 随着家庭收入的增加,用于住宅建筑和家务经营的支出占家庭总支出的比重大体不变。

(3) 随着家庭收入的增加,用于其他方面的支出(如服装、交通、娱乐、卫生保健、教育)和储蓄占家庭收入的比重会上升。

3. 消费者储蓄和信贷情况的变化

社会购买力、消费者支出不仅受消费者收入的影响,而且受消费者储蓄和信贷情况的影响。一般情况下,消费者并非将其全部收入完全用于当前消费,而是会把收入中的一部分以各种方式储存起来,如储蓄、债券、股票等,以用于保值增值或日后的消费。随着市场经济的发展和人们消费观念的转变,消费者不仅以货币收入购买他们需要的产品,而且可以用贷款来购买商品,达到消费的目的,即消费信贷。所谓消费信贷,是指消费者凭借信用先取得商品使用权,然后通过按期归还贷款完成商品购买的一种方式。目前,消费者的消费信贷主要有短期赊销、分期付款、信用卡信贷等方式。

(三)自然环境

自然环境是指自然界提供给人类各种形式的物质资料,如阳光、空气、水、森林、土地等。随着人类社会进步和科学技术发展,世界各国都加速了工业化进程,一方面创造了丰富的物质财富,满足了人们日益增长的需求;另一方面,面临着资源短缺、环境污染等问题。对企业营销活动而言,要分析和研究自然环境带来的威胁与机会,主要涉及以下几个方面:

1. 自然资源日益短缺

自然资源可分为两类,一类为可再生资源,如森林、农作物等,这类资源是有限的,可以被再次生产出来,但必须防止过度采伐森林和侵占耕地。另一类资源是不可再生资源,如石油、煤炭、银、锡、铀等,这种资源蕴藏量有限,随着人类的大量开采,有的矿产已经处于枯竭的边缘。自然资源短缺使许多企业面临原材料价格大涨、生产成本大幅度上升的威胁,但另一方面又迫使企业研究更合理地利用资源的方法,开发新的资源和代用品,这些又为企业提供了新的资源和营销机会。

2. 环境污染严重

世界经济的高速发展,不仅极大地消耗自然资源,而且使人类的生存环境受到前所未有的挑战,如土壤沙化、温室效应、臭氧层破坏等,环境的恶化正在使人类付出惨重的代价。但另一方面也给企业创造了新的市场机会,一些有利于环境保护的新产品的研发与生产将会给企业带来更多的利润。

3. 政府对环境保护干预力度加大

自然资源短缺和环境污染加重的问题,使各国政府加强了对环境保护的干预,颁布了一系列有关环保的政策法规,这将制约一些企业的营销活动。我国政府明确表示,将改变经济增长方式,避免资源的过度开发和环境的恶化。因此,加强环保意识,在营销过程中自觉遵守环保法令,担负起环境保护的社会责任逐渐成为企业的共识。同时,企业要制定有效的营销策略,既要消化环境保护所支付的必要成本,又要在营销活动中挖掘潜力,保证营销目标的实现。

> 📖 **阅读材料**

让白鹭告诉你——镇海炼化建设绿色企业探索与实践

中国石化镇海炼化公司是首批八家国家环境友好企业之一，因为"厂区环境好"引得白鹭来"筑巢"。约在 2007 年，厂区液化气装瓶站边上有一片小树林，自然形成了鹭鸟生息繁衍的"白鹭园"，成为白鹭的栖息地。但 2010 年前后，化工"邻避效应"席卷全国，镇海炼化深受困扰。鉴于生物监测为环境质量监测和评价提供依据，对社会公众来说更直接和可信，白鹭栖息地无疑具有说服力。白鹭是候鸟，被称为"大气和水质状况的监测鸟"，对环境要求苛刻。镇海炼化提出了"让白鹭告诉你"的理念，旨在培育企业与自然的命运共同体，表明企业环境友好、绿色发展的坚定意志，切实履行中国石化品牌承诺。

全生命周期"绿企行动"护白鹭"安家"

镇海炼化始终坚持"能源与环境和谐共生"的绿色追求，建成了国内首屈一指的全加氢流程，构建了以"高利用型内部产业链""废弃物零排放"为基本架构的内部循环经济模式，是中国石化"绿色企业行动计划"首批承诺的十家企业之一。全生命周期"绿企行动"涵盖绿色发展、绿色科技、绿色生产、绿色储运、绿色检修、绿色采购、绿色销售、绿色家园"八大绿色"，使生产活动由传统的"资源——产品——污染排放"向较为先进的"资源——产品——再生资源"反馈式转变。当前，镇海炼化公司正在实施的"无废无异味工厂"建设工程，更将持续推进废弃物源头减量和资源化利用，为中国石化可持续发展品牌主张提供最好的注脚。

深育文化 + 广泛传播　塑白鹭"名片"

"让白鹭告诉你"是镇海炼化环保专项文化的核心理念。公司十分注重文化积淀，通过"以理念来引导、以制度来规范、以机制来保障、以行为来养成"，引导员工内心认同、代代传承。公司建立健全环保管理制度，把环保管理要求融入企业各项经营管理活动之中，"人人要环保、人人干环保、人人查环保"蔚然成风。围绕白鹭，职工还创作了一大批歌曲、舞蹈、故事、诗画等文艺作品；炼化白鹭先后登录央视，飞进"鸟巢"，多次出现在人民日报、新华网等中央媒体，为中国石化绿色发展代言。

如今，每年春夏季，上千只鹭鸟在空中自由飞翔，和炼塔油罐相映成趣。镇海炼化在推动自身科学发展的同时，始终坚持奉献国家、回馈地方、回报社会的初心不变，始终把绿色作为企业的"底色"。

(资料来源：镇海炼化建设绿色企业探索与实践——让白鹭告诉你．宁波晚报．)

（四）政治、法律环境

政治、法律环境是企业宏观环境的一个重要组成部分。世界各国有着不同的政治制度和法律制度，存在着各种各样的条约、公约和约定，这些都会直接或间接地影响企业的市场营销活动。因此，分析政治和法律环境，是企业制定市场营销决策的重要一环。

1. 政治环境

政治环境是指一个国家的政治制度、政治倾向以及政府的方针政策会对企业的营销活动产生直接或间接影响的因素。一个国家的政局稳定与否，会给企业营销活动带来重大的影响。如果政局稳定，人民安居乐业，就会给企业营造良好的环境。相反，政局不稳，社会矛盾尖锐，秩序混乱，就会影响经济发展和市场的稳定。企业在市场营销中，特别是在对外贸易活动中，一定要考虑东道国政局变动和社会稳定情况可能造成的影响。

2. 法律环境

法律环境是指国家或地方政府颁布的各项法规、法令、条例等。它是企业营销活动的准则，企业只有依法进行各种营销活动，才能受到国家法律的有效保护。法律环境不仅对企业的营销活动，而且对市场消费者需求的形成和实现具有一定的调节作用。企业研究法律环境的目的，一方面是要守法经营、合法经营，另一方面是懂得保护自己的合法权益。

阅读材料

我国精细化工行业政策环境分析

"十四五"期间，国家制定相关政策鼓励引导精细化工行业稳健发展，未来行业前景较好。分析认为，对于精细化工行业来说，政策一方面促进精细化工行业整合，另一方面引领精细化工技术发展方向，继而推动社会资本加大对精细化工技术的创新研发投入，精细化工行业技术活跃度将有所上升。

1. 精细化工产品门类繁多，应用领域广泛

目前，各国对精细化学品的分类方法不尽相同，其包括的范围也不完全一致。我国精细化学品大体上包括：农药、染料、涂料（包括油漆和油墨）、颜料、试剂和高纯物质、信息用化学品（包括感光材料、磁性材料等能接受电磁波的化学品）、食品和饲料添加剂、黏合剂、催化剂和各种助剂、（化工系统生产的）化学药品（原料药）和日用化学品、高分子聚合物中的功能高分子材料（包括功能膜、偏光材料等）等 11 类。随着国民经济的发展，精细化学品的开发和应用领域将不断拓展，新的门类将不断增加。

2. 精细化工制备工艺复杂，细分领域所处研发层次不一

精细化工是综合性较强的技术密集型工业，生产过程中工艺流程长、单元反应多、原料复杂、中间过程控制要求严格，而且应用涉及多领域、多学科的理论知识和专业技能，其中包括多步合成、分离技术、分析测试、性能筛选、复配技术、剂型研制、产品化加工、应用开发和技术服务等。

当前，我国整体精细化工行业处于优化层次，大部分精细化工企业仅能掌握少数的有机合成反应，这是因为在未达到平台级的精细化工合成能力之前，每生产一个新品类的化学品，都需要面对并攻克大量并不熟悉的化学反应，短期研发的性价比较低，因此相对于改进工艺降低成本这样短平快的研发方向，大部分企业并不愿意下这样的"笨功夫"。但从长远来看，通过研发以及在生产中不断强化、提升自身的技术水平，是精细化工企业突破少数产品市场空间有限的天花板，从而获得广阔发展空间的有效途径。未来中国精细化工行业研发创新潜力仍非常大。

3. 政策规范精细化工行业稳健发展

我国对精细化工行业采取宏观调控和行业自律管理相结合的管理体制，围绕调结构、转方式的重要任务和节能减排的工作重点，进一步开展精细化工行业国家标准化体系工程建设，解决行业标准体系结构不尽合理、体系功能不够完善、一些标准缺失、老化和滞后的问

题，初步建立一个与精细化工行业发展相适应的标准体系、标准化技术组织体系。

——"十四五"规划进一步促进精细化工行业产能整合

未来我国将从两大方面入手促进精细化工行业健康发展。一是继续推进产能整合，淘汰落后产能；二是通过清洁生产、绿色发展以及技术创新来实现产业价值链提升。

——"碳中和、碳达峰"战略对精细化工行业技术驱动分析

"双碳"战略实际上通过带有约束条件的发展，不断优化行业结构，提升行业技术水平，促进经济朝更高质量和更可持续的方向发展。未来"双碳"战略的提出将对精细化工行业的运营模式、产品结构等将产生颠覆式影响，也将推动业内细分市场景气度提升。

（资料来源：中国精细化工行业市场前瞻与投资战略规划分析报告．前瞻产业研究院．）

（五）科学技术环境

科学技术的发展对市场营销有着显著的、多方面的影响，人类历史上的每一次技术革命，都在某种程度上改变着社会经济生活。一种新技术的应用，可以为企业创造一个新产品，产生巨大的经济效益，也可以迫使企业的某一传统优势产品退出市场，因此，如何及时把握新技术的发展趋势，将是企业未来的营销重点。企业必须要密切关注技术环境的发展变化，了解技术环境和知识经济的发展变化对企业营销活动的影响，以便及时采取适当的对策。科学技术环境对企业的影响主要表现在以下方面：

1. 科技创新推动产业结构调整升级

每一种新技术的发现、推广都会给某些企业带来新的市场机会，导致新行业的出现。同时，也会给某些行业、企业造成威胁，使这些行业、企业受到冲击甚至被淘汰。如数码相机的出现夺走了胶卷的绝大部分市场。

2. 科技发展加速产品更新换代

随着科技创新速度加快，产品创新的速度也在加快。20世纪前10年，一种新产品出现需要40年，二战后需要15年，20世纪80年代需要3~5年，而现在有的产品只需2~3个月，如电脑软件。科技的创新给企业带来压力是巨大的，要求企业要么创新，要么衰亡，因此，企业必须加大新产品研发力度。

3. 科学技术发展引发市场营销创新

新技术、新材料的运用，降低了产品成本，促使产品价格下降，要求企业及时做好价格调整工作。科技发展推动了广告媒体的多样化、信息传播的快速化、市场范围的广阔性、促销方式的灵活性。因此，企业必须不断分析科技新发展，创新营销组合策略，适应市场营销的新变化。

4. 科技发展促使消费者购买行为的改变

随着多媒体和网络技术的发展，"电视购物""网上购物"等新型购买方式日益普及。人们可以在家中订购车票、购买商品，企业也可以利用这种系统进行广告宣传、营销调研和推销商品。

（六）社会文化环境

社会文化环境是指由价值观念、生活方式、职业与教育程度、相关群体、风俗习惯、社会道德风尚等因素构成的环境。各国、各地区、各民族的文化背景不同，风俗习惯、教育水平、语言文字、价值观念等差异均很大，这些环境因素会对消费者的市场需求和购买行为产

生强烈而持续的影响,进而影响企业的市场营销活动。

1. 价值观念

价值观念是关于价值的一定信念、倾向、主张和态度的系统观点,对人们起着行为取向、评价标准、评价原则和尺度的作用,进而影响人们的消费行为。价值观念受社会历史条件、社会地位、教育水平等诸多因素的影响,具有较大的差异性,因此,企业应对持有不同价值观的消费者采取不同的市场营销策略。

2. 民族特征

民族是人们在历史上形成的拥有共同语言、共同地域、共同经济生活以及表现为共同文化上的共同心理素质的稳定共同体。中国有56个民族,每个民族都有自己的节日,在每个民族节日中,消费者的购买行为具有显著的特色。

3. 语言文字

语言文字是人类最重要的交际工具,对人类文明的发展起着巨大的促进作用。语言同人的思维有密切联系,是人类形成和表达思想的手段,是人类社会最基本的信息载体。文字是记录和传达语言的书写符号,是扩大语言在时间和空间上交际功用的文化工具。

由于语言文字在不同国家或地区在表达上的差异性,因此,企业品牌名称的使用必须选择符合国际市场乐于接受的语言文字。

4. 教育水平

教育水平是指消费者受教育的程度,其高低反映人们的文化素养,影响消费者的购买行为和审美观。一般来讲,教育水平高的消费者对产品的鉴别能力强,经济收入也高,容易受广告宣传等促销工具的影响,是新产品、技术含量高、高质高价产品的目标市场;反之,教育水平低地区的消费者,很难开展科学的市场营销,一般不宜采用文字宣传,应更多地使用广播、电视、现场表演等方式促销产品,产品的操作要简单便利。

5. 风俗习惯

消费习俗是指人们在长期经济与社会活动中所形成的一种消费方式与习惯。不同的消费习俗具有不同的产品要求。风俗习惯不同,消费者的消费偏好、消费行为都有很大差异,因此,企业了解目标市场的风俗习惯,不但有利于组织好消费品的生产与销售,而且有利于正确、主动地引导健康的消费。

四、化工产品市场营销环境分析

化工产品市场营销环境是指影响化工企业营销活动的各种内外部因素和相关条件的集合,主要包括化工产品宏观市场营销环境和化工产品微观市场营销环境。

(一)全球化工行业发展特点

1. 行业发展呈现周期性

化学工业是全球经济发展的一部分。近年全球经济增速放缓,化工行业增速也逐渐放缓。中国、印度等新兴经济体的发展,已经在过去几年持续推动全球化学工业保持一定发展态势。未来,这些经济体将以庞大的人口基数和强大的内需增长动力继续推动化工行业前进。

2. 原料来源多元化

无论是供给侧还是需求侧,全球化工格局都在不断演变。目前石油化工仍是现代化工的主导产业。但以煤、生物资源为原料的替代路线随着关键技术的不断突破，在成本上对石油原料逐渐具有竞争力，同时美国页岩气冲击着全球石化生产体系，对国际化工产业格局也产生了重要影响，化工行业的原料多元化成为化工行业发展现状。

3. 下游需求高端化

能源、交通、建筑、医药、信息产业等主要下游行业对化工行业提出了更多新产品、新性能、新应用的要求，而能源、信息、交通产业又与化工行业相互结合和渗透，促进了化工产业工艺、装备、集成度和智能化水平的提高。同时，现实生活水平与未来对生活质量进一步改善的需求，又给化工产品带来更多样化、更高质量水准的新发展方向。这些都将推动全球化工行业不断向前发展。

4. 发展模式趋于规模化和一体化

经过数年巨变，全球化工行业大规模兼并重组降温。国际上已形成以埃克森美孚等为代表的综合性石油石化公司、以巴斯夫等为代表的专用化学品公司，以及科迪华、拜耳等从基础化学品转向现代生物技术化学品的三类跨国集团公司的巨头竞争格局，这些公司在相应领域中占据了绝对竞争优势。随着工艺技术、工程技术和设备制造技术的不断进步，全球石化装置将加速向大型化和规模化方向发展。此外，炼化一体化技术日趋成熟，产业链条不断延伸，基地化建设成为必然，化工园区成为行业发展的主要模式。

5. 产业集群逐步向上游原料和下游市场靠拢

西方发达国家保留发展高新技术化工领域，而能源密集型和劳动密集型的大宗化工产品的生产逐步从西欧、北美向亚太、拉美、中东和东欧地区转移，北美和西欧地区占世界石化市场的比重也因此逐渐下降。中东是近年来化工行业发展最快的地区之一，中东在产能迅速扩张的同时，也开始向下游石化产品延伸发展。另外，由于印度和中国下游市场的巨大吸引力，巴斯夫等企业积极在印度和中国布点，就地生产上游原料以供应当地市场。

（二）化工产品宏观市场营销环境

1. 人口环境

人口数量与市场容量有着密切的关系。收入水平的高低，表现在市场上就是实际购买力，特别是面向终端消费的化工产品，如洗涤剂、化妆品等消费量受这些因素的影响更大。随着中国经济的高速发展和消费水平的不断提升，人们对家电、汽车、装饰材料、日化用品、服装等生活必需品的需求不仅在数量上增加了，而且更加关注产品质量，这一切都将直接或间接使用化工产品，将大力推动化工产品的消费增长。

2. 经济环境

经济发展阶段不同，消费者收入不同，对产品的需求也不一样，从而在一定程度上影响企业的营销活动。对化工企业而言，一方面要处理好与政府部门的关系，另一方面则要根据与本企业联系紧密的行业或部门的发展情况，制定切实可行的市场营销方案。化工产品的市场营销活动除了与当地GDP、个人收入、个人可支配收入、个人可任意支配收入、消费支出模式等密切相关外，还与化工行业的另一特点——资金密集程度有关。例如，一个化工企业投资可达百亿元以上，一旦建成，可运行数十年。而一条化工产品生产线由于技术更新速度快，一般寿命不会超过15年。因此，化工行业资金密集的另一个含义就是每年投入的资金多。化工企业进行市场营销的重点就是节约投资，提高资金使用效率。

3. 科学技术环境

科技进步对化工产品市场营销的影响是显而易见的。化工行业及其他行业的新技术、新工艺的应用都会给化工企业带来新效率和新的市场机会。例如，化工装备自动化程度的提高，有力地推进了化工产品的生产效率和质量的稳定性。新技术、新材料的使用，拓展了化工产品生产工艺流程的多样化、高效性。

4. 政治法律环境

化工产品具有一定的特殊性，部分产品是国家战略性物资，如化肥、农药、医药、高新材料等，直接对国家的安全与经济发展构成重大影响。国家方针政策的变化，对化工行业的发展方向和速度起着决定性作用，并直接影响到社会购买力水平以及消费者需求的变化，从而间接地影响企业的经营目标、经营决策和经营成果。

（三）化工产品微观市场营销环境

1. 化工企业

化工企业本身包括市场营销管理部门、职能部门和最高管理层。营销部门在制定和执行市场营销计划时，必须获得企业最高管理层的批准和支持，并与其他部门分工协作。

首先，要考虑最高管理层的意图。化工企业的营销经理只能在最高管理层所规定的范围内进行决策，以最高管理层制定的企业任务、目标、战略和相关政策为依据，制定市场营销计划，并得到最高管理层批准后方可执行。

其次，化工企业营销部门要考虑其他业务部门，如生产部门、采购部门、研究与开发部门、财务部门等的情况，并与之密切协作，共同研究制定年度和长期计划。

2. 供应商

化工企业需要供应商提供的资源包括生产用原材料、设备、配件、能源、劳务等。供应商对企业营销活动的影响主要表现为供货的稳定性与及时性、供货的质量水平以及供货的价格变动等。因此，化工企业在选择供应商时应充分考虑供应商的信用状况，选择与那些信誉良好、货源充足、价格合理、交货及时的供应商合作，并且要与这些供应商建立长期稳定的合作关系。此外，必须使供应商多样化，避免对某一供应商的过分依赖。

3. 营销中介

（1）中间商

中间商是协助化工企业寻找用户或直接与用户进行交易的商业组织和个人。中间商是联系化工企业与消费者的桥梁，协调化工企业与消费者之间在数量、地点、时间、品种以及持有方式之间的矛盾。因此，中间商的工作效率和服务质量直接影响到化工企业产品的销售状况。

（2）实体分配公司

实体分配公司是协助化工企业储存、运输产品的专业组织，负责将产品从供应地运往销售地。实体分配公司的作用在于使市场营销渠道中的物流畅通无阻，为化工企业创造时间和空间效益。化工企业要综合考虑成本、运送速度、安全性和方便性等因素，选择合适的实体分配公司。

（3）营销服务机构

营销服务机构协助化工企业选择最恰当的市场，并帮助其向选定的市场推销产品。营销服务机构提供的专业服务会对化工企业营销活动产生直接的影响，如市场调研公司通过市场调研为化工企业经营决策服务、广告公司为化工企业产品进行市场宣传等。面对众多的营销服务机构，化工企业要广泛比较，选择最适合本企业，并能有效提供所需服务的机构。

（4）金融机构

金融机构的主要功能是为化工企业营销活动提供融资及风险保险服务。化工企业的信贷来源、银行的贷款利率和保险公司的保费变动都会对其市场营销活动产生直接影响。化工企业应在动态变化中与这些营销中介建立起相对稳定的协作关系，以提高企业的营销能力。

4. 用户

化工企业的一切营销活动都是以满足用户的需求为中心的。用户是化工企业的服务对象，也是企业的目标市场。化工企业要认真分析不同类型目标用户的需求特点和购买行为，制定切实可行的营销策略与方案，以取得市场竞争的优势。

5. 竞争者

任何化工业在目标市场开展营销活动时，都不可避免地会遇到竞争对手的挑战，即使某个企业已经垄断了整个目标市场，竞争对手仍然有可能参与进来，因为市场上只要存在着需求向替代产品转移的可能性，潜在的竞争对手就会出现。有远见的化工企业不应仅关注某一层次的竞争，而应持续关注市场发展趋势，在恰当的时候积极维护和扩大基本需求。

6. 社会公众

社会公众是指对化工企业的生存和发展具有实际的或潜在的利害关系或影响力的一切团体或个人。社会公众可以助力企业实现自己的目标，也可能会妨碍目标的实现。因此，化工企业需要建立公共关系部门，专门负责处理与社会公众之间的关系。化工企业面对社会公众的态度，会促进或妨碍企业营销活动的正常开展。因此，化工企业应当采取积极措施，树立良好的企业形象，力求保持和社会公众之间的良好关系。

五、化工产品市场营销环境分析方法

国际上，通常使用的营销环境分析方法为SWOT法。即：通过分析市场营销环境的优势（Strength）、劣势（Weak）、机会（Opportunity）和威胁（Threat），开展有针对性的市场营销活动。化工企业应熟悉掌握SWOT分析法，有针对性地开展市场营销活动。

（一）优势与劣势分析

1. 劣势

所谓劣势，是指化工企业的内部因素，具体包括：设备老化、管理混乱、缺少关键技术、研究开发落后、资金短缺、经营不善、产品积压、竞争力差等。

2. 优势

所谓优势，是指化工企业超越其竞争对手的能力，这种能力有助于实现企业的主要目标——赢利。竞争优势可以指消费者眼中的企业或其产品有别于竞争对手的任何优越的东西，也可以是产品线的宽度、产品的大小、质量、可靠性、适用性、风格和形象以及服务的及时、态度的热情等。

由于企业是一个整体，而且竞争性优势来源十分广泛，所以，在进行优劣势分析时必须从整个价值链的每个环节上，将企业与竞争对手做详细的对比。如产品是否新颖、制造工艺是否复杂、销售渠道是否畅通以及价格是否具有竞争性等。如果化工企业在某一方面或几个方面的优势正是该行业企业应具备的关键成功要素，那么，该企业的综合竞争优势也许就强一些。需要指出的是，衡量化工企业及其产品是否具有竞争优势，只能站在现有潜在用户角度上，而不是站在企业的角度上。

（二）机会与威胁分析

化工企业所处的环境基本上有两种发展变化趋势，环境威胁与市场机会。企业进行市场营销环境分析的目的就是寻找机会、规避威胁。

1. 环境威胁

所谓环境威胁，是指市场营销环境中不利于化工企业营销活动甚至限制企业营销活动开展的因素，并且已对企业形成挑战，如果置之不理将会对企业的市场地位造成伤害。例如，新的竞争对手、替代产品增多、市场紧缩、行业政策变化、经济衰退、客户偏好改变、突发事件等。环境威胁主要包括以下三个方面：

（1）直接威胁化工企业生产经营目标的各种环境因素。

（2）化工企业的目标与任务或企业资源与环境因素相矛盾。

（3）来自国际经济形势的变化。

2. 市场机会

所谓市场机会，是指对化工企业营销活动有利的各种环境因素的总和。例如，新产品、新市场、新需求、外国市场壁垒解除、竞争对手失误等。在市场营销活动中，众多的市场机会中仅有一部分具有实际意义，如何发现适合企业的市场机会对化工企业的营销活动至关重要。对市场机会的分析、评价主要有两个方面，一是考虑机会给企业带来潜在利益的大小，二是考虑成功的可能性。

（三）化工企业对环境机会和市场威胁的反应

任何化工企业都面临着若干环境威胁和市场机会。根据机会与威胁程度的高低，可将化工企业面临的营销环境划分为四种类型，如图3-2所示。

根据矩阵图，化工企业在对市场营销环境分析的基础上还要针对不同的威胁和机会采取不同的措施。如表3-1所示。

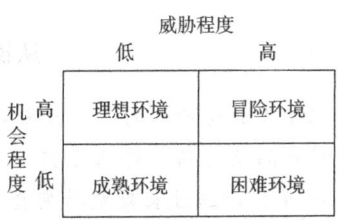

图3-2 机会与威胁分析矩阵图

表3-1 不同威胁和机会应对措施表

序号	机会和威胁	反应
1	理想环境	这是威胁程度低、机会程度高的环境，收益大于风险。化工企业应该牢牢抓住机会，及时制定业务发展计划并付诸实践
2	成熟环境	这是威胁程度低、机会程度高的环境，是比较平稳发展的环境，可作为企业的常规经营环境。化工企业应稳妥把握，利用此环境作为企业持续发展的保证
3	冒险环境	这是威胁程度和机会程度均高的环境，这种环境既可能蕴含很大的机会也可能蕴含很大的威胁，一般高科技产品市场这环境最多。必须提醒注意的是，化工企业对这种市场机会要进行慎重评估
4	困难环境	这是威胁程度高、机会程度低的环境，企业尽量要避免遭遇。但如果已经面临，化工企业有三种可能选择的对策：①促变；②减轻；③转移

（四）成功应用SWOT分析法的简单规则

优劣势分析主要着眼于化工企业自身的实力及其与竞争对手的比较，而机会和威胁分析将注意力放在外部环境的变化及对化工企业的可能影响上。在分析时，应把化工企业所有的内部因素（即优劣势）集中在一起，然后用外部的力量来对这些因素进行评估。

（1）进行SWOT分析时，必须对公司的优势与劣势有客观的认识。

（2）进行SWOT分析时，必须区分公司的现状与前景。

（3）进行SWOT分析时，必须考虑全面。

（4）进行SWOT分析时，必须与竞争对手进行比较。

（5）保持SWOT分析法的简洁化，避免复杂化与过度分析。

（6）SWOT分析法因人而异。

 项目实施

1. 思考与练习

（1）市场营销的宏观、微观环境包括哪些内容？

（2）化工企业应如何适应和调节市场需求？

（3）化工行业发展的特点有哪些？

（4）如何使用SWOT法对化工企业所处市场营销环境进行分析？

2. 案例分析

从德国化学工业看行业发展趋势

化学工业是德国的支柱产业之一。德国化学工业的三大优势领域是基础有机化学品、初级塑料产品及药品，这三个产品领域占到德国化工生产总量的15%～20%。20世纪80年代—90年代，通过长期坚持安全环保标准和公开透明的沟通机制，德国化工企业最终取得了全社会的信任。民众的支持，是化工企业能良好发展的外部重要影响因素。

全球化工企业40强中德国至少占6家，巴斯夫（BASF）、拜耳（Bayer）、汉高（Henkel）、赢创（Evonik）、林德（Linde）和默克（Merck）享誉全球。如今，该行业在过去20年瞬息万变的全球市场环境中业已完成重大的结构转型。其中的因素是多方面的。

亚洲化学工业增长势头强劲，其生产份额占全球一半左右，且国内消费强劲增长，为德国化工业结构改革起到了推波助澜的作用。国际竞争压力不断加剧，石油化工与大宗塑料等行业纷纷将工厂迁至原材料加工大国，其中包括中东国家和中国。欧洲于2015年之前关闭了42家蒸汽裂化厂中的1/4，反映了欧洲化工行业的东迁趋势。与此同时，德国的精细化工与特种化工生产份额稳步增长。2010年，德国化工产品出口额占全球市场份额的11.5%，位居全球第一。德国化工产品主要出口目的地包括欧盟27国、亚洲和北美洲（北美自由贸易区），分别占62%、12%和10%。

石油时代已过100年，原油带给我们的不仅仅是能源，还有基于原油的各类化工产品，它极大地丰富了我们的生活，包括塑料、合成纤维、合成橡胶、涂料、胶黏剂、有机玻璃、医药等。在这100多年中，许多企业抓紧行业发展的先机，利用技术或资源优势，成为化工行业的开创者，又在全球化时代下通过成立合资公司、收购兼并等方式，进一步优化产品线，进入新的市场和新的行业，逐渐成为综合性的化工生产企业。

化工行业的发展趋势，无论是一体化和平台化，还是集聚化和高端化，都是企业为了保持健康发展、维持公司产品线盈利能力、降低产业链风险和行业波动风险所做的有益措施。它们的共通之处，就是优化产品结构，提高盈利能力。

（资料来源：从化工三巨头看行业发展趋势．搜狐网．）

结合上述案例，分析：

（1）德国化学工业能够长盛不衰的主要原因是什么？

（2）我国化工企业应该如何更好地适应市场营销环境？

项目四 化工产品购买行为分析

【知识目标】
1. 掌握化工产品消费者市场的特点及影响因素；
2. 熟悉影响化工产品生产者市场的因素；
3. 熟悉化工产品生产者市场的特点；
4. 了解化工产品消费者市场购买决策过程。

【能力目标】
1. 能够对化工产品消费者购买行为进行分析；
2. 能够对化工产品生产者市场购买模式进行分析；
3. 能够对化工产品消费者市场购买行为类型进行分析。

【价值目标】
1. 培养团队合作能力；
2. 树立诚信意识；
3. 树立文化自信；
4. 培养创新意识。

一、化工产品生产者市场购买行为分析

（一）化工产品生产者市场的概念

现代市场营销学将市场分为组织者市场和消费者市场。组织者市场主要包括生产者市场、中间商市场和政府市场。化工产品生产者市场是指为了再生产而采购化工产品的组织形成的市场。

（二）化工产品生产者市场的特点

1. 购买者数量少，购买规模大

对化工产品而言，生产者市场不仅购买人数少而且购买次数也少。化工企业所需原材料、助剂和材料的采购相对集中。化工企业的主要设备若干年购买一次，原材料、零配件以及日常办公用品等也常常是采用集中购买的方式。购买次数少就决定了每次采购量较大。特别是在生产比较集中的行业里更为明显，通常少数几家大企业的采购量就占该产品总销售量的大部分。

2. 购买者在地域上相对集中

由于国家的产业政策、资源和区位条件、社会分工与协作等原因，各种产业在地理位置的分布上表现为相对的集聚性。化工产品生产者市场的购买者在地域上也是相对集中的。目前，我国已经建成江苏长江塑料化工交易市场、山东临沂鲁南化工市场、山西太原化工市场等化工类专业市场。这种地理区域上的集中有助于降低产品的销售成本，也形成了化工产品生产者在地域上的相对集中。

3. 以直接销售为主

化工工业品的销售通常是企业之间直接交易，当用户企业有需求时，一般会直接联系生产企业购买。这是因为购买者购买数量多，直接购买能降低成本。生产者市场的购买活动在售前售后有时需要由生产者提供技术服务。因此，直接销售是化工产品生产者市场常见的销售方式。

4. 实行专业购买

化工产品生产者通常比个人消费者更加系统地购买所需要的产品，因为其所购买的产品将被用于生产经营活动，不易替代，且单位产品价值较高，购买的数量较大，其质量好坏、适用性、经济性、供应等会给企业的生产经营过程、满足市场需求、应变能力、竞争能力及盈利能力等方面形成较大的影响，对所购产品在技术经济性等方面有着严格的要求，因此，其采购过程往往是由具有专门知识的专业人员负责。这意味着化工产品营销人员必须具有完备的技术知识，并能提供大量的有关自身及竞争者的数据。

5. 衍生需求，需求波动大

化工产品生产者市场上的购买需求最终来源于消费者的需求，化工企业之所以购买生产资料，归根到底是为了用来作为劳动对象和劳动资料以生产出消费资料。例如，由于消费者购买香皂，导致化工企业需要购买相应的原材料。因此，消费者市场需求的变化将直接影响生产者市场的需求。

衍生需求要求生产者市场的企业不仅要了解直接服务对象的需求情况，而且要了解连带的消费者市场的需求动向，同时企业还可通过刺激最终消费者对最终产品的需求来促进自己的产品销售。

6. 需求缺乏弹性

化工产品生产者市场的需求受价格变化的影响不大。化工企业在工艺、设备、产品结构相对稳定的情况下，生产资料的需求在短期内缺乏弹性。例如，涂料制造商在原材料价格下降时，不会大量采购；同样，原材料价格上升时，也不会因此而大量减少采购量。

（三）影响化工产品生产者市场购买决策的因素

在化工产品生产者市场中，由于采购主体是企业，参与采购的人员相对较多，采购过程相对较长且复杂,影响采购决策的因素也比较多。因此,有必要对影响化工产品生产者市场购买行为的主要因素进行分析,以了解和掌握采购过程中影响决策的关键点,使市场营销工作做到有的放矢,事半功倍。美国的Frederick E. Webster将影响工业品购买行为的因素概括为四类:环境因素,如宏观经济的运行状况;组织因素,如组织的规模大小等;人际因素,如成员的组成和角色等;个人因素,如个人的偏好等。一个优秀的化工产品营销人员应该能够正确地分析上述四个因素,从而在产品、价格、渠道、促销等策略上做出及时、准确的判断。如图4-1所示。

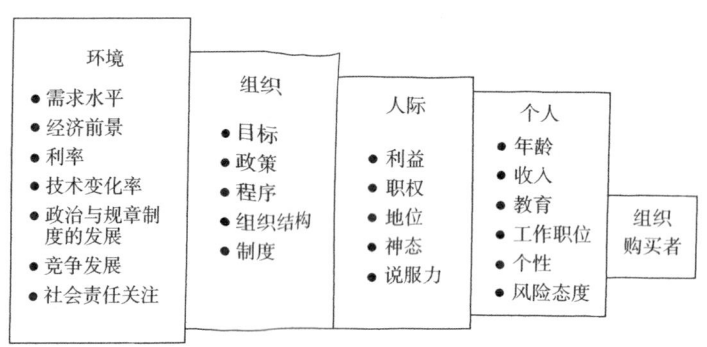

图4-1 影响生产者购买行为的主要因素

1. 环境因素

环境因素包括经济发展状况,政治、法律制度,市场需求水平,技术发展,竞争态势等。

化工企业必须密切关注经济环境因素,同时预测经济环境变化,包括经济状况、生产水平、投资、消费开支和利率等,从而在不同的经济发展状况下,合理安排投资结构、进行有效的存货管理。化工企业的购买行为也会受到技术因素,政治、法律因素,以及竞争发展状况的影响。例如,对环境的关注会改变化工企业的购买行为。在竞争激烈的行业中,企业更加注重提升自身的相对竞争优势,同时不断保持、改善与供应商的合作关系,使其与供应商讨价还价的能力更优于竞争对手。

2. 组织因素

组织因素是指与购买者自身有关的因素,包括组织的经营目标、战略、政策、程序、组织结构和制度等。化工企业营销人员必须了解采购组织的经营目标和战略、采购的产品、采购的方式和程序、参与采购的人员及其对采购的影响、评价采购的标准等。

化工企业的经营目标和战略的差异,会使其对所需采购的产品的款式、功效、质量和价格等因素的重视程度、衡量标准不同,从而导致采购方案的差异化。

3. 人际因素

人际因素主要是指化工企业内部人际关系。生产者购买决策过程比较复杂,参与决策的人员较多,这些参与者在企业中的地位、职权、说服力以及他们之间的关系都会影响购买决策。化工企业营销人员应尽量了解参与购买者在购买决策过程中所扮演的角色,以及他们的相互关系,充分地利用这些因素促成与采购组织的合作。

4. 个人因素

化工产品市场的购买行为虽然多为理性活动,但参与购买决策的仍然是具体的个人,而每个人在做出购买决定和采取行动时，都有个人动机、直觉和偏好，都会受年龄、收入、教育、专业、个性、偏好、风险意识等因素的影响。个人因素是指购买决策中每个参与采购的相关人员明显表现出其不同的购买类型。有些是"简练"型购买者，有些是"外向"型购买者，有些是"完美"型购买者，有些是"理智"型购买者，有些是"强硬"型购买者。

二、化工产品消费者市场购买行为分析

（一）消费者市场的概念

1. 消费者市场的含义

消费者市场又称最终消费者市场、消费品市场及生活资料市场，是指为满足个人或家庭需要而购买产品和服务的市场。现代市场营销理论的核心是满足消费者的需求，这是化工企业营销活动的起点和归宿。

2. 消费者市场的购买对象

（1）根据消费品的耐用程度和使用期限分类

① 耐用品。耐用品是指能多次使用、寿命较长的商品，如电视、冰箱、音响、电脑等。消费者购买这类商品时，决策较为慎重。生产这类商品的企业要注重技术创新，提高产品质量，同时要做好售后服务，大力满足消费者的购后需求。

② 非耐用品。非耐用品是指使用次数较少、消费者需经常购买的商品，如化妆品、食品、文化娱乐品等。生产这类产品的企业，除应保证产品质量外，要特别注意销售网点的设置，以方便消费者的购买。

（2）根据消费者购买行为的差异分类

① 日用品。日用品是指消费者日常生活中必需而且重复购买的价格低廉的商品。消费者在购买这类商品时，一般不愿花费太多的时间比较价格和质量，愿意接受其他任何代用品。因此，企业应注意分销渠道的广泛性和经销网点的合理分布，以便消费者能及时就近购买。

② 选购品。选购品是指消费者往往要花费较多的时间对所选商品的质量、价格、样式、适用性、厂商等进行比较之后才会做出购买决策的商品。选购品又可分为同质品和异质品。同质品是指质量相似、价格差异大的选购品。这类产品促销的重点是在保证产品质量的前提下采取低价策略。异质品是指产品特色比价格重要的选购品，如服装、电脑等。经营异质品的企业必须备有大量的花色品种，有素质较高的推销人员，以满足消费者的不同爱好，并为其提供咨询服务。

选购品的生产企业应将销售网点设在商业网点较多的商业区，并使同类商品销售点相对集中，以便消费者进行比较和选择。

③ 特殊品。特殊品是指消费者愿意花费特殊精力去购买具有特殊性质或品牌的消费品。消费者在购买此类商品前已有了一定的认识，偏爱特定的厂商和品牌，不愿意接受代用品。因此，企业应注意争创名牌产品，以赢得消费者的青睐，通过广告宣传，扩大本企业产品的知名度，同时要做好售后服务和维修工作。

④ 非渴求品。非渴求品是指消费者绝少知道或者知道也不愿意购买的商品，如墓地、保险等。针对非渴求品的特性，企业要加大广告宣传力度，派人员推销，尤其是价格昂贵的消费品、保险等更需要推销人员与消费者进行面对面的沟通，使消费者了解产品特性以及能给自己带来的利益，使消费者产生购买兴趣，从而扩大产品销售量。

（二）化工产品消费者市场的特点

1. 消费者市场广阔，购买者多而分散

化工产品消费者市场是一个人数众多，幅员辽阔的市场。由于消费者所处的地理环境各不相同，造成购买地点和购买时间表现出分散性的特点。

2. 购买量少，多次购买

化工产品消费者市场是以个人和家庭为购买和消费单位的，受到单位人数、需求量、购买力、储存地点等因素的影响，呈现出购买批量小、购买次数频繁的特点。

3. 购买差异性大

化工产品消费者市场因受年龄、性别、职业、收入、文化程度、民族、宗教等因素影响，需求有很大差异，随着社会经济的发展，消费者的消费习惯、消费观念、消费心理不断发生变化，导致消费者市场需求呈现较大的差异性。

4. 属于非专家购买

化工产品消费者的购买行为具有很大程度的可诱导性，这是因为消费品市场的购买者大多缺乏相应的商品知识和市场知识，其购买行为属于非专家购买。他们对产品的选择受广告宣传的影响较大，在决定采取购买行为时，具有自发性、感情冲动性。由于消费者购买行为的可诱导性，化工企业可加大广告宣传力度，有效地引导消费者的购买行为。

5. 有一定的周期性

对于化工产品而言，有些商品需要消费者常年购买、均衡消费；有些商品需要消费者季节性购买或节日购买；有些商品要等商品的使用价值基本消费完才重新购买。这些使消费者市场呈现出一定的周期性特点。

6. 具有时代性

化工产品消费者的需求不仅受到自身内在因素的影响，还会受到时代精神、风气、习俗的影响。

阅读材料

百雀羚：创新中坚守 国货引新潮

百雀羚在坚守品牌定位的同时，瞄准消费升级趋势，加大创新力度，使优质的国货品牌吸引消费群体回归，引领"新国潮"。

一、紧跟市场潮流

百雀羚又回来了！2020年"双11"预售，百雀羚全员备战，天猫定制精彩礼盒上线仅5分钟即售罄，核心单品多次售罄。

事实上，从前些年一度消失，到如今再次热销，百雀羚一路走来并不容易。

1931年，百雀羚前身上海富贝康化妆品有限公司成立，同年8月18日，公司通过引进和改良德国生产技术和配方，推出中国第一代护肤品百雀羚，成为当时女性消费者护肤首选。

"提起百雀羚，那小圆铁盒勾起了我的回忆。"上海市民刘女士说，一个画着喜鹊的蓝色小铁盒是百雀羚的经典形象，画面清新、吸睛。

20世纪90年代以来,国际美妆大品牌逐渐进入国内市场,国内美妆新品牌不断崛起,行业竞争越来越激烈。受多种因素影响,百雀羚的经典小圆盒在超市货架上几乎难觅踪影。

"当时我们非常着急。随着消费不断升级,美妆市场成为一片广阔蓝海,我们迫切想抓住市场机会,却苦于找不到出路。"百雀羚市场部负责人告诉记者,"百雀羚必须创新,但品牌历史也不能丢。"

2004年,百雀羚下定决心作出改变。公司经调研发现,消费者虽然信赖百雀羚的品质,但又觉得它过时了。如何让品牌摆脱"老气横秋"的印象、抓住年轻消费者注意力,成为创新最初的突破点。

百雀羚管理层发现,当时国内市场开始流行天然配方的产品理念,而百雀羚产品定位原本就是草本护肤,与天然配方的消费新诉求刚好吻合,因此推出的新品一定要秉承原有的产品特色,并在此基础上进行升级改造。最终,新的产品定位出炉:为年轻女性做草本类的天然配方护肤品,产品功能专注于保湿。

在包装上,为了更适应年轻消费群体的审美与使用偏好,百雀羚包装材质从塑料瓶变成玻璃瓶,外观更具质感。在产品细分上,百雀羚实施多品牌战略,面向不同消费群体的各子品牌先后问世。

如今,百雀羚重新被摆放在货架显眼的位置上,在年轻人中具备了一定的品牌影响力。

二、打造优质产品

适应消费升级趋势,满足消费者对多元化、个性化、品质化产品与服务的需求,近年来,百雀羚等国产化妆品在产品创新升级上下足功夫,力争让更多物美价廉的国货"飞入寻常百姓家"。

——瞄准年轻群体。百雀羚管理层认为,产品是品牌营销的核心,如果产品本身不能满足广大消费者尤其是年轻消费群体的需求,品牌传播就是无源之水。

为了消除传统老式品牌形象,百雀羚推出一系列面向年轻人的产品系列:2012年,推出定位于年轻人的品牌三生花,在包装上采用插画形式,符合年轻人的审美偏好;2015年,百雀羚推出"小雀幸"系列面膜,品牌名称契合了年轻女性消费者的心理需求。

——提升科技含量。与国外化妆品相比,"汉方草本护肤"是百雀羚最大的特色。百雀羚一直坚守这一特色,并利用现代科技拓展产品类型。如,百雀羚科技创新研究中心针对东方女性皱纹产生的机理,和德国默克集团合作,从具有抗老功效的天然植物中萃取活性物,研发出帧颜系列产品,一上架即告售罄。

——丰富产品类型。百雀羚除了水嫩精纯和水能量系列等部分高端产品,还保留了其原来价格适中的经典产品,让消费者在接受百雀羚产品创新的同时,还能感受到经典护肤品带来的亲切感。百雀羚多元化的产品满足了多个年龄段、多种职业人群对护肤品的不同需求。

三、创新营销渠道

让供需对接更精准,紧跟直播带货潮流。百雀羚除了在大型连锁商超以及连锁专营店布局外,还加大在电商渠道的投入,不断尝试用户直达生产(C2M)、直播带货、跨界营销等新营销方式,收效良好。

1. 让供需对接更精准

20世纪七八十年代,百雀羚旗下高端爽身粉品牌"蓓丽"曾销售火爆,但随着时间流逝逐渐消失在人们视线中。2020年5月,百雀羚和拼多多合作,借助平台大数据重塑了这个品牌。通过对产品品牌、产品运营数据、竞品数据以及市场趋势的总结与研判,最终,"蓓丽"

的首批产品以洁面乳、面霜和精华水为主。

2. 紧跟直播带货潮流

2020年7月14日，百雀羚和拼多多举行"线下国潮POP—UP"的直播活动，以国潮炫彩巴士开启夏日消费旺季，现场还邀请了百雀羚渠道总监、产品总监及品牌主播一起直播。

"当这一代年轻人，看着陪伴自己成长的国货品牌以一种耳目一新的方式重新出现时，它带来的惊喜能够唤起人们内心的怀旧情愫，引领'新国潮'。"10月22日，在"新品牌计划"上海发布会现场，百雀羚社交电商事业部负责人说。在传播方式上，百雀羚尝试了所有和年轻人有关的社交网络，利用线上传播产生巨大的流量，形成由"流量"向"销量"转化的闭环。

（资料来源：创新中坚守　国货引新潮. 人民网.）

（三）化工产品消费者购买行为分析

1. 化工产品消费者购买行为模式

化工产品消费者购买行为是指消费者在一定的购买欲望（动机）的支配下，为了满足某种需要而购买化工产品和服务的行为。消费者的购买行为是一个复杂的、受一系列相关因素影响的连续行为。营销专家归纳出了6个值得研究的主要问题，被称为6W1H模式。主要包括谁构成市场（Who）、购买什么（What）、为何购买（Why）、谁参与购买（Whom）、何地购买（Where）、何时购买（When）、如何购买（How）。

通过对消费者购买行为模式的剖析，有三个方面对化工产品消费者购买行为是至关重要的，一是影响消费者购买的外部因素；二是影响消费者购买的内在因素；三是消费者购买决策过程。

2. 影响化工产品消费者购买行为的因素

（1）文化因素

① 文化。广义的文化是指人类创造的一切物质财富和精神财富的总和；狭义的文化是指人类精神活动所创造的成果，如哲学、宗教、科学、艺术、道德等。在消费者行为研究中，由于研究者主要关心狭义文化对消费者行为的影响，所以，将文化定义为一定社会经过学习获得的、用以指导消费者行为的信念、价值观和习惯的总和。文化是影响消费者欲望和行为的最深层次的因素，是人类欲望和行为最基本的决定因素。

② 亚文化。亚文化是指某一文化群体所属的次级群体成员共有的独特信念、价值观和生活习惯。每一种亚文化都会影响其所在的更大社会群体中大多数主要的文化信念、价值观和行为模式。同时，每一种文化都包含着能为其成员提供更为具体的认同感和社会化的较小的亚文化。

③ 社会阶层。社会阶层是指一个社会中具有相对的同质性和持久性的群体。每一社会阶层的成员具有类似的价值观、兴趣爱好和行为方式，存在相同的消费需要和购买行为。一般而言，社会阶层可分为上、中、下三层。处于不同社会阶层的人，在需求和购买行为等方面都存在着较大的差异。

（2）社会因素

① 参照群体。参照群体是指直接（面对面）或间接影响人的看法和行为的群体。参照群体分为直接参照群体和间接参照群体。直接参照群体分为首要群体（家庭成员、亲戚朋友、

同事、邻居等）和次要群体（宗教组织、行业协会、学会等）。间接参照群体是指人的非成员群体，即此人虽不属于这个群体，但会受其影响的一群人。

参照群体对消费者购买行为的影响主要表现在四个方面：为消费者提供可供选择的消费行为或生活方式；影响消费者的个人态度和自我观念，导致产生新的购买行为；引起消费者的仿效欲望，产生仿效行为；促进人们的行为趋于某种"一致化"。

② 家庭。家庭是消费者的首要参照群体之一，对消费者购买行为有着重要影响。家庭是社会的重要消费单位，它既有家庭成员共同参与的集体消费，也有不同成员的个人消费，因此，研究家庭是帮助化工企业营销人员从微观角度掌握消费规律的一个重要方法。

在购买决策中，每个家庭成员可能扮演五种不同的角色，即发起者、影响者、决策者、购买者和使用者。

(3) 个人因素

① 年龄。消费者的年龄不同，价值观、生活态度、行为方式、追求目标及身体状况都不一样，在消费上表现出不同的偏好和需求。同时，不同年龄的消费者，其购买方式也各有不同。青年人缺乏经验，容易在各种信息影响下做出冲动性购买；老年人经验较为丰富，常会根据习惯和经验购买，一般不太重视广告等商业信息。

② 职业。消费者的职业不同，其教育水平、职业观念、工作环境、工作性质及收入也会不同，因此，其消费需求和偏好也有较大的差异。

③ 经济状况。消费者的经济状况，取决于可支配收入、储蓄和资产、借贷能力以及对消费与储蓄的态度，在很大程度上影响着购买行为。消费者一般都在可支配收入的范围内考虑以最合理的方式安排支出，更有效地满足自己的需求。收入低的消费者往往比收入高的消费者更关心商品的价格。因此，化工企业应该关注消费者的个人收入、储蓄率的变化以及消费者对未来经济形势、收入和商品价格变化的预期。

④ 生活方式。生活方式不同，消费者的实际需求和购买行为也会有较大的差异，因此，化工企业应了解消费者的生活方式，通过市场营销向消费者提供实现其不同生活方式的产品或服务。

⑤ 个性与自我形象。个性是一个人比较固定的特征，如自信或自卑、冒险或谨慎、倔强或顺从、独立或依赖、合群或孤立、自动或被动、急躁或冷静、勇敢或怯懦等。

自我形象是与个性紧密相关的一个概念，即人们怎么看待自己。从本质上说，人的消费行为是与自我形象相匹配的，人们会自觉或不自觉地购买那些与自己身份、地位相符的产品。

(4) 心理因素

消费者心理是指消费者满足需求活动的思想意识，它支配着消费者的购买行为。影响消费者购买的心理因素主要有：动机、感受、学习、信念和态度。

① 动机

动机是为了使个人需要满足的一种驱动和冲动。消费者购买动机是指消费者为了满足某种需要，产生购买商品的欲望和意念。

马斯洛的需要层次理论对研究动机和需要具有重要的参考价值。马斯洛认为人的需要可分为五个层次，即生理需要、安全需要、社会需要、尊重需要、自我实现的需要。上述五种需要按从低级到高级的层次组织起来的，只有当较低层次的需要得到了满足，较高层次的需要才会出现并要求得到满足。

化工企业营销人员应对消费者购买产品的动机进行全面分析。一般而言，消费者产生购买动机有两个条件，一是内在条件，即主观需要。如个体要满足生理需要（衣、食、住、行、医等）或社会需要（友谊、荣誉、自尊等）；二是外在条件，即外界刺激。当以上两个条件同时具备时，就会产生购买动机。

购买动机可分为两类：

一是生理性购买动机。生理性购买动机指人们因生理需要而产生的购买动机，如饥思食、渴思饮、寒思衣，又称本能动机。包括维持生命动机，保护生命动机，延续和发展生命的动机。生理动机具有经常性、习惯性和稳定性的特点。

二是心理性购买动机。心理性购买动机是指人们由于心理需要而产生的购买动机。根据对人们心理活动的认识，以及对情感、意志等心理活动过程的研究，可将心理动机归纳为以下三类：

第一，感情动机。指由于个人的情绪和情感心理方面的因素而引起的购买动机。根据感情不同的侧重点，可以分为三种消费心理倾向：求新、求美、求荣。

第二，理智动机。指建立在对产品的客观认识的基础上，经过充分的分析比较后产生的购买动机。理智动机具有客观性、周密性的特点。在购买中表现为求实、求廉、求安全的心理。

第三，惠顾动机。指对特定的产品或特定的商店产生特殊的信任和偏好而形成的习惯重复光顾的购买动机。这种动机具有经常性和习惯性特点，表现为嗜好心理。

消费者的购买动机不同，购买行为必然是多样的、多变的。因此，化工企业要深入细致地分析消费者的各种需求和动机，针对不同的需求层次和购买动机设计不同的产品和服务，制定有效的营销策略。

② 感受

消费者购买如何行动，还要看他们对外界刺激物或情境的反应，这就是感受对消费者购买行为的影响。

感受包括感觉和知觉。感觉，是人们通过感官对外界的刺激物或情境的反应或印象。人在感觉的基础上，形成知觉。所谓知觉是人脑对刺激物各种属性和各个部分的整体反应，它是对感觉信息加工和解释的过程，不同消费者对同种刺激物或情境的知觉很可能是不同的，这就是知觉选择性的三个过程：选择性注意、选择性理解、选择性记忆。

第一，选择性注意。消费者在日常生活中面对众多刺激物，但绝大多数没有留下印象。一般来说，人们倾向于注意那些与其当时需要有关的、与众不同的或反复出现的刺激物。

第二，选择性理解。消费者接受了外界的刺激，但却并不一定会像信息发布者预期的那样去理解或客观地解释这些信息，而是按照自己的想法、偏见或先入之见来理解这些信息。

第三，选择性记忆。消费者常常记不住所获悉的所有信息，仅记住某些信息，特别是能够证实他态度和信念的信息。

③ 学习

学习是指消费者在生活过程中，因经验而产生行为或行为潜能的比较持久的变化。一般来说，基本的学习模式可用驱动力、诱因、反应及增强等概念来解释。

驱动力是指存在于人体内部驱使人们产生行动的内在刺激力，即内在需要。驱动力可分为原始驱动力和衍生驱动力。原始驱动力是源于生理需要，如饥饿、口渴等，而衍生驱动力是从学习产生的。

诱因是指刺激物所具有的能驱使消费者产生一定行为的外在刺激，可分为正诱因和负诱因。正诱因是指吸引消费者购买的因素，负诱因是指引起消费者反感或回避的因素。

反应是指驱动力对具有一定诱因的刺激物所发生的反射行为。

增强是指驱动力对具有一定诱因的刺激物发生反应后的效果。若效果良好，则反应被增加以后对具有相同诱因的刺激物就会产生相同的反应。若效果不佳，则反应被削弱，以后对具有相同诱的刺激物不会产生反应。

④ 信念和态度

通过实践和学习，人们获得了自己的信念和态度，又转化成人们的购买行为。不同消费者对同一事物可能拥有不同的信念，而这种信念又会影响消费者的态度。一些消费者可能认为名牌产品的质量比一般产品好很多，能够提供很大的附加利益。另一些消费者坚持认为，随着产品的不断成熟，不同企业生产的产品在品质上并不存在太大的差异，名牌产品提供的附加利益并不像人们想象的那么大。很显然，上述不同的信念会导致对消费者名牌产品不同的态度。

3. 化工产品消费者购买决策过程

化工产品消费者的购买决策过程，包括购买行为的类型和购买决策过程两个阶段。

(1) 购买行为

根据化工产品消费者在购买过程中的介入程度和品牌间的差异程度，可将消费者的购买行为分为四种类型。如图 4-2 所示。

① 复杂型购买行为。化工产品消费者一般对价格较高、偶尔购买、风险较大的产品购买非常仔细。一般来说，消费者对化工产品的类型了解较少，需要大量学习。复杂的购买行为包括三个步骤，首先，购买者产生对产品的信念；其次，对产品形成态度；最后，作出慎重的购买选择。

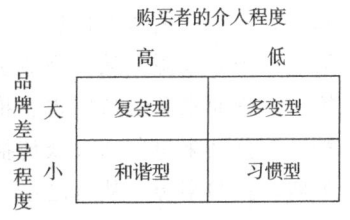

图 4-2　消费者购买行为分类

对于这类购买行为，化工企业应设法帮助消费者了解与该产品有关的知识，并设法让消费者知道和确信本企业产品在比较重要的性能方面的特征及优势，使他们树立起对本产品的信任感。这期间，化工企业要特别注意对购买决策者介绍本企业产品特性的多种形式的广告宣传。

② 和谐型购买。当消费者高度介入某项化工产品的购买，但又看不出各品牌的差异时，对所购产品往往产生失调感。由于品牌的区别不明显，消费者主要关心价格是否优惠和购买时间与地点是否便利。产品购买后消费者容易因发现产品的缺陷或其他品牌更优惠出现心理不平衡。为追求心理平衡，消费者这时才注意寻找有关已购买品牌的有利信息，争取他人支持，设法获得新的信心，以证明自己的购买选择是正确的。

在这种情况下，化工企业营销沟通的主要作用在于增强信念，使购买者对自己选择的品牌在购买之后产生一种满意的感觉。

③ 习惯性购买。许多化工产品在购买时消费者的介入程度较低，由于品牌间无太大差别，这时消费者通常按照自己过去的习惯购买，或选择经常购买的某一品牌，或是固定在某类商店购买。

④ 多变型购买。消费者的某些购买行为是以消费者低介入且介入品牌间的差异性较大为

特征的。这时,消费者并不愿花费太多的时间选择品牌,而且也不专注于某一品牌,而是经常变换品牌。例如,对洗发水的购买,消费者这次买"飘柔",下次买"力士"。品牌选择的变化常常是由于产品的多品种,而不是源于消费者对产品的不满意。

(2) 购买决策过程

研究消费者购买决策过程,目的在于使化工企业营销人员针对决策过程不同阶段的主要矛盾,采取不同的促销措施。现代营销学一般将一个典型的购买决策过程分为确认需要、收集信息、比较选择、决定购买、购后行为5个阶段。如图4-3所示。

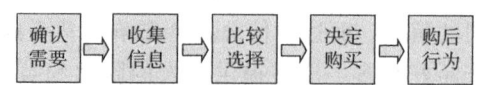

图 4-3 购买决策过程

① 确认需要。当消费者产生一种需求而且准备购买某种产品去满足这种需求时,对该产品的决策过程就开始了。这种需求或源于生理需要或源于外部的刺激,或是两者的结合、共同作用而产生。化工企业应了解消费者产生了哪些需求,是由什么引起的、程度如何、比较迫切的需求是如何被引导到特定的产品上的,从而形成购买动机。

这个阶段,化工企业营销的重点是如何让消费者接受。此时营销策略要解决两个问题,一是要找到需要企业产品的消费者,二是要激活他们的需求。

② 收集信息。消费者在明确了购买目标之后,就要了解市场行情,搜集产品信息,为购买选择做好准备。消费者信息的来源可分为4种:

第一,个人来源。从家庭成员、朋友、邻居、熟人等交往中获得信息;

第二,商业来源。从广告、推销员、经销商、包装、展览会等处获得信息;

第三,公共来源。从大众传播媒体、消费者评审组织等处获得信息;

第四,经验来源。从自己亲身接触、使用产品的过程中获得信息。

上述四种信息来源中,每一种信息都会对消费者的购买决策产生不同程度的影响。商业信息一般起到通知的作用,对消费者的影响最大,也是营销人员所要控制的主要信息来源;个人信息是最有效的信息,对消费者的购买是否合理起到评价的作用。

③ 比较选择。消费者收集到信息之后,要进行分析、整理、提出若干备选方案,并根据自己的购物标准对各种备选产品的质量、效用、款式、价格、品牌、售后服务等进行比较和评价,以选定能满足自己需求的产品。这是购买决策中最重要的阶段。

化工企业在此阶段中要注意做好以下工作:一是要掌握消费者对产品的评价体系;二是要千方百计提高企业形象,特别是目标用户对企业及产品的知晓度;三是要设法纠正消费者对产品的一些不切实际的期望,通过适当的途径纠正消费者的错觉;四是要加强修正自己的产品定位,改变现有产品的某些属性,使其更加接近消费者的期望。

④ 决定购买。消费者经过比较做出选择后就会形成购买意向,购买意向会导致消费者做出购买决策。但是在以下三个因素的影响下,消费者不一定会立即实现购买意向:第一,他人的态度。如果消费者的购买意向受到相关群体的反对,会对购买决策的形成产生负面影响。第二,意外情况。如果出现家庭收入减少,急需在某方面用钱或得知准备购买的品牌令人失望等,消费者也可能改变购买意向。第三,预期风险的大小。在所购产品比较复杂、价格昂贵,预期风险较大的情况下,消费者可能会采取一些避免或减少风险的习惯做法,包括

暂时不实现甚至改变购买意向。

⑤ 购后行为。消费者在购买产品之后会体验某种程度的满意和不满意。在产品被购买后,化工企业营销人员的工作并没有结束,而是进入购后时期。消费者对产品的满意或不满意会影响其以后的购买行为。如果对产品满意,则在下一次购买中,极有可能会继续购买该产品;如果不满意感,则会出现相反的结果。消费者可能会采取公开投诉或私下的行动发泄不满,如向生产企业、新闻媒体单位和消费者团体反映意见,或向家人、熟人抱怨,劝说他们不要购买该产品。这势必会抵消企业为使用户满意所做的大量工作,并影响企业的整体形象和市场销售。

三、化工产品生产者市场与消费者市场的特征比较

化工产品生产者市场与消费者市场的特征比较如表 4-1 所示。

表 4-1 化工产品生产者市场与消费者市场特征比较

特征分类	生产者市场(化学工业品)	消费者市场(化学日用品)
购买的目的	为了生产市场需要的产品,以销定产,决定所需购买产品的数量	为了个人或家庭日常消费所需
购买的理智性	是技术性较强的理智购买,购买时需考虑质量、品种、规格、价格、供货期及售后服务等	非理智型购买受电视、网络等媒体广告,亲友的推荐以及自己以往的购买经验等影响
购买的组织性	根据每个购买组织的目标、政策、程序、组织结构及组织系统的要求进行	一般缺乏组织性,大额购买时由家庭成员讨论或共同购买
购买的环境性	受当时经济、技术、政治环境、文化等竞争环境的影响	很少受购买环境影响
个人动机	参加购买决策的每一个人的年龄、收入、受教育程度、职业、个性及对风险的态度不同,导致购买动机不同	无
成交额	成交额大,成交周期长	成交额小,当场交易
营销渠道	通常是企业与企业直接交易,以直销为主	通过超市、商场等中间商购买
营销对象	企业	消费者个人
营销方式	关系营销、人员推销	品牌促销、价格促销
交易内容	生产资料	消费资料、生活资料
广告宣传	以专家论证会、技术研讨会、产品订货会、专业网站等传播为主	以广播、电视、网络等大众传媒为主

 项目实施

1. 思考与练习

(1) 简述化工产品消费者市场的特点及其影响因素。

(2) 简述化工产品生产者市场的特点。

(3) 简述化工产品生产者市场与消费者市场的区别。

(4) 影响化工产品购买决策和购买行为的因素主要有哪些？化工企业应如何针对这些因素设计营销对策？

2. 案例分析

半天卖爆、一夜刷屏，故宫口红底气在哪？

2018年首次推出的故宫口红，凭借着惊艳的外观、细腻的膏体、绝美的中国风色号，上线当天就售出几万支，火遍整个美妆圈。2020年，适逢紫禁城建成600周年，故宫口红又出新款啦！

这一年，故宫美妆团队从紫禁城藏品中，不断找寻追随心意、祥瑞吉祥之物。最终将目光停留在了"荷包"上。荷包自古是中国人的随身配饰，不论男女皆喜佩戴。而古代的女子亲手绣的荷包，更常常用作定情信物，代表一份最真的心意。

故宫美妆团队想要将荷包幻化成现代生活中的一部分，把编织在我们内心深处的文化基因表达出来，荷包口红应运而生。这套新款荷包口红，满满都是繁复华美的中国风元素，每支口红的包装设计都不重样。全套共六种色号：豇豆红、宝石红、琥珀橘、珊瑚红、琉璃紫、玛瑙红。唇色灵感全部取自于故宫博物院馆藏文物，每一支都无可替代。

为了契合荷包的主题概念，这一次还在口红管身增加了如意云头设计，可以自行搭配串珠流苏。

故宫口红设计团队传承传统文化，以紫禁城旧藏的荷包为设计灵感，用现代技术将荷包"织绣"于口红之上。六支口红集齐福、禄、寿、喜、财、吉六种团字纹，每一支口红上还都搭配了一只瑞兽，既有寓意，又有乐趣。也让口红变成了一件可以把玩、又寄寓幸运的小小"护身符"。

(资料来源：半天卖爆、一夜刷屏，故宫口红底气在哪？.新浪财经头条.)

结合上述案例，分析：

(1) 故宫是如何把握消费者购买心理的？

(2) 化工企业在市场竞争中应该如何满足消费者的购买需求？

项目五　化工产品市场营销调研与预测

学习目标

【知识目标】
1. 掌握化工产品市场营销调研的内容；
2. 熟悉化工产品市场营销调研的含义与作用；
3. 熟悉化工产品市场预测的内容与作用；
4. 了解化工产品市场预测的步骤与方法。

【能力要求】
1. 能够正确选择化工产品市场营销调研的方法；
2. 能够完成化工产品市场资料信息收集；
3. 能够设计化工产品市场营销调研方案。

【价值目标】
1. 培养爱岗敬业的精神；
2. 树立团队合作意识；
3. 培养竞争意识；
4. 培养实事求是的精神。

一、化工产品市场营销调研

（一）市场营销调研的含义及作用

1. 市场营销调研的含义

市场营销调研是指个人和组织为了给市场营销决策提供依据，针对某一特定的市场营销问题，运用科学的方法和手段，系统地判断、收集、整理和分析有关市场的各种资料，反映市场客观状况和发展趋势的活动。市场营销调研作为一项职能活动，具有系统性、科学性、不确定性、时效性、应用性和客观性等基本特征。

2. 化工产品市场营销调研的作用

市场营销调研对化工企业的营销活动有着重要的作用，主要表现在以下方面：

（1）有利于化工企业制定正确的市场营销策略

化工企业制定营销策略的主要目的在于扩大市场份额，获取最大的经济效益。通过市场营销调研，化工企业可以全面了解和掌握市场需求、市场规模、消费者购买行为、营销环境等基本特征，科学地制定和调整企业营销策略。

（2）有利于化工企业开拓新市场

化工企业通过市场营销调研，可以发现消费者的潜在需求，从而不断提供新产品、开拓新市场。如寻找并发现产品的新使用者，推广产品的新用途和扩大产品的使用量，从而不断扩大市场占有率。

（3）有利于化工企业提高整体经营管理水平

化工企业经营管理水平的高低，直接影响着决策、生产、销售和服务等各方面，最终影响企业的经济效益。通过市场营销调研，化工企业可以及时发现自身的管理不足，了解同行业的经营管理情况，学习和借鉴先进的方法和经验，不断改进和完善管理工作，从而提高整体经营管理效能。

（二）化工产品市场营销调研的内容

1. 化工市场需求情况调研

化工市场需求情况调研主要包括对现有用户需求情况的调研，现有用户对本企业产品满意度调研，现有用户对本企业产品信赖程度的调研，对影响需求的各种因素变化情况的调研，对用户的购买动机、购买行为的调研，对潜在用户需求情况的调研等。

2. 化工产品调研

化工产品调研主要包括产品设计的调研，产品系列、产品组合调研，产品生命周期调研，老产品技术改进调研，新产品价格调研，销售技术服务调研等。

3. 化工产品价格调研

化工产品价格调研主要包括市场供求情况、变化趋势的调研，影响价格变化因素的调研，产品需求价格弹性调研，替代产品价格调研，新产品定价策略调研等。

4. 化工产品促销调研

化工产品促销调研主要包括化工企业的各种促销手段、促销政策的可行性调研，通常一般企业较为重视对广告和人员推销的调研。

5. 化工产品渠道调研

化工产品渠道调研主要包括中间商经营情况调研、渠道构成调研、当地渠道的特点调研、不同渠道的竞争程度调研等。

6. 化工产品市场营销环境调研

化工产品市场营销环境调研主要包括人口环境、政治法律环境、经济环境、科学技术环境、自然环境、竞争环境等的调研。

（三）化工产品市场调研的主要方法

1. 市场观察法

市场观察法是指化工产品调研人员按照调研内容制定方案，直接到现场利用感觉器官或借助各种仪器设备，对被调查者进行观察和记录，以取得初步资料的方法。

市场观察法通常的做法是，调研人员针对要调查的产品，每天观察并记录用户光顾的次数、用户的类型等，通过每天盘点库存了解用户对该产品的价格、外观、包装、质量等的反应。与此同时，通过观察两种以上同类产品，获得平行数据。观察时间要有规律性，并将观察到的情况进行记录整理，得出结论。

观察法无中间环节，所有数据都是亲自获得，比较真实；观察法不用语言交流，易于实施，能客观地获得准确性较高的第一手资料。但观察法只能观察到事件的表面现象，难以了解事件发生的动机。另外，观察法容易受观察人主观意识的影响，使观察结果发生偏差，而且调查面有限，花费时间较长。因此，在化工产品实际调研工作中，不单独采用这种方法。

2. 实验调查法

实验调查法是指从影响化工产品调查的诸多因素中选出一个或几个因素，将其置于一定条件下进行小规模实验，通过实验测量获得信息的方法。

实验调查法在化工产品市场营销调研中应用范围广泛，如化工产品在改变质量、设计、包装、广告、价格等因素时，都可以应用这种方法。实验调查法的具体做法是，化工产品调研人员事先将实验对象分组，选两组条件基本相同的实验对象，其中一组为控制组，置于原来的环境中；另一组为实验组，置于条件变化的环境中。然后比较两个小组的变化，以观察条件变化对实验对象的影响。例如，某化工企业对产品是否需要改进包装进行了调研实验。具体方法是，前两个星期把新包装的商品放到甲、乙两个商店出售，把原包装的商品放到丙、丁两商店出售。后两个星期互相调换，甲、乙商店销售旧包装的商品，丙、丁商店销售新包装的商品。实验结果是，新包装的商品销售量比旧包装的销售量多出20%，因此，企业可以对这种产品的包装进行改进。

实验调查法常用的方式有实验室实验和现场实验，两者的根本区别在于环境的不同，前者处于人为的环境中，后者则处于自然环境中。就化工产品营销工作而言，前者的实用性要比后者差些。实验调查法的优点是方法科学，可获得较为准确的原始资料作为预测、决策的重要依据。缺点是不易选择出社会经济因素类似的实验市场，市场环境因素多，影响实验结果；实验周期长，成本较高。

3. 访问调查法

访问调查法是指化工产品调研人员用提问方式向被调查者了解情况、收集信息的方法，是化工产品市场营销调研最常用的方法。通过询问，可以了解化工产品用户的意见、购买动机等多方面信息。访问调查法的主要形式有面谈调研、电话调研、邮寄调研和置留问卷调研。

（1）面谈调研。面谈调研是化工产品调研人员按事先准备的调研问卷或提纲，当面询问被调查者以获取信息的方法。这种调研方法的优点是，可以直接了解和观察被调查者的态度及肢体语言；调研的问题可适时地修改和补充，灵活性强；调研结果的回收率高，收集资料全面，真实性强。但面谈调研法的费用高，调研组织工作量大，调研结果受调研人员个人理解的影响较大。

（2）电话调研。电话调研是化工产品调研人员通过电话向被调查者询问、了解有关问题的一种调研方法。这种方法的优点是取得信息资料的速度快；节省调研时间和经费；被调查者不受工作人员在场的心理压力，一般能畅所欲言。电话调研法的缺点是询问时间不宜过长，问题不能过于复杂，无法深入了解某些具体情况；无法针对被调查者的性格特点控制其情绪，一般不易取得对方的合作。

（3）邮寄调研。邮寄调研是化工产品调研人员将设计好的调研问卷寄给被调查者，由被调查者按要求填好并寄回的一种调研方法。这种调研方法的优点是可扩大调研区域，可增加提问内容，信息含量大；调研成本低；被调查者可自由、充分地回答问题。邮寄调研法的缺点是问卷的回收率偏低，信息反馈时间长，影响信息的时效性；容易出现被调查者对问题误解的情况，致使结果答非所问。

邮寄调研以其优点被多数化工企业所采用，但回收率一直是困扰调研人员的难题。因为回收率低不仅使样本缺乏代表性，而且使调研成本相对升高。一般来说，影响回收率的主要因素有被调查者对调研内容的关注程度、调研机构的权威与声望、发送问卷的形式、有无附赠的奖券或小礼品等。

（4）置留问卷调研。置留问卷调研是化工产品调研人员将调研问卷当面交给被调查者，说明调研意图和要求后，由被调查者自行填写，调研人员按约定的日期收回问卷的一种调研方法。

置留调研是介于面谈调研和邮寄调研之间的一种方法，这种方法既弥补了面谈调研因时间局促回答问题不充分的缺点，又克服了邮寄调研回收率低的不足。置留调研法的缺点是调查面较窄，成本相对较高。

（5）网络调查。网络调查指化工产品调研人员利用互联网进行的化工产品市场调研。作为以信息收集为主的市场调研，随着互联网的迅猛发展，网络调查也得到了空前的发展。与其他调研方式相比，网络调查的费用低、速度快，可进行纵向调查，并能够获得大量样本，此外，还可以利用多媒体技术等进行调查，因此，受到广大化工企业与被访调查者的青睐。

阅读材料

"润妍"的没落——宝洁市场调研失败案例分析

"润妍"是宝洁旗下唯一针对中国市场原创的洗发水品牌，也是宝洁利用中国本土植物资源唯一的系列产品。润妍曾经被宝洁寄予厚望，无数业内外人士对它的广告与形象赞不绝口。

"润妍"上市前后两三年里，中国洗发水市场竞争异常激烈。宝洁公司为了找到新的增长点，开始在市场中寻找机会，进行市场调查。真正坚定调查员信心的是被访者不经意的话——总是希望自己"有一头乌黑的秀发，一双水汪汪的大眼睛"——这不正是传统东方美女的模型吗？至此，宝洁公司的"让秀发更黑更亮，内在美丽尽释放"的润妍洗发水就此诞生。

下面是宝洁在润妍上市前做的市场调查工作。

1. "蛔虫"调查——零距离贴身观察消费者

包括时任"润妍"品牌经理在内的十几个人分头到北京、大连、杭州、上海、广州等地选择符合条件的目标消费者，和他们48小时一起生活，进行"蛔虫"式调查。从被访者早上穿着睡衣睡眼蒙眬地走到洗手间，开始洗脸梳头，到晚上洗发卸妆，女士们生活起居、饮食、化妆、洗护习惯尽收眼底。

2. 使用测试——根据消费者意见改进产品

根据消费者的普遍需求，宝洁的日本技术中心随即研制出了冲洗型和免洗型两款"润妍"润发产品。产品研制出来后并没有马上投放市场,而是继续请消费者做使用测试,并根据消费者的要求,再进行产品改进。最终推向市场的"润妍"是加入了独特的水润草药精华、特别适合东方人发质和发色的倍黑中草药润发露。

3. 包装调查——设立模拟货架进行商店试销

宝洁公司专门设立了模拟货架,将不同品牌特别是竞争品牌的洗发水和润发露放在一起,反复请消费者观看,然后调查消费者究竟记住和喜欢什么包装,忘记和讨厌什么包装,并据此做进一步的调查与改进。最终推向市场的"润妍"倍黑中草药润发露的包装,强调专门为东方人设计,在包装中加入了能呈现独特的水润中草药精华的图案,包装中也展现了东西方文化的融合。

4. 广告调查——让消费者选择他们最喜欢的创意

宝洁公司先请专业的广告公司拍摄一组长达6分钟的系列广告,再组织消费者观看,请消费者选择他们认为最好的3组画面,最后,概括绝大多数消费者的意思,将神秘女性、头发芭蕾等画面进行组合,形成"润妍"的宣传广告。广告创意采用一个具有东方风韵的黑发少女来演绎东方黑发的魅力。

5. 网络调查——及时反馈消费者心理

6. 区域试销——谨慎迈出第一步

润妍的第一款新产品在杭州面市,在这个商家必争之地开始进行区域范围内的试销调查。其实,润妍在选择第一个试销的地区时费尽心思。杭州是著名的国际旅游风景城市,既有深厚的历史文化底蕴、富含传统的韵味,又具有鲜明的现代气息。受此熏陶,兼具两种气息的杭州女性,与润妍要着力塑造的现代与传统结合的东方美女形象一拍即合。

7. 委托调查——全方位收集信息

上市后,宝洁还委托第三方专业调查公司做市场占有率调查,透过问卷调查、消费者座谈会、消费者一对一访问或者经常到商店里看消费者的购物习惯,全方位搜集用户及经销商的反馈。

8. **市场推广——不遗余力**

市场调查开展了三年之后,意指"滋润"与"美丽"的"润妍"正式诞生,针对18~35岁女性,定位为"东方女性的黑发美"。润妍的上市给整个洗发水行业以极大的震撼,其品牌诉求、公关宣传等市场推广方式无不代表着当时乃至今天中国洗发水市场的极高水平。

结果:业绩平平——悄然退市

2001年5月,宝洁收购伊卡璐,表明宝洁在植物领域已经对润妍失去了信心,也由此宣告了润妍消亡的开始,到2002年年底,市场上已经看不到润妍的踪迹了。

成功之处

宝洁在上市前的市场调查过程中几乎把能用的调查方法全用上了。从产品概念测试的调查、包装调查、广告创意调查一直到区域试销调查。正是通过这样详细的市场调查,得到了大量准确的资料,帮助润妍上市初期非常成功。

失败的原因

1. 目标人群有误,失去需求基础

润妍将目标人群定位为18~35岁的城市高知女性,属于社会阶层当中的潮流引导者,她们的行为特点就是改变与创新。随着染发事业的不断发展,其发型与颜色都在不断变换,多种颜色中黑色是最守旧的一种。当然她们也需要"黑头发",但却是本身健康的发质颜色,而且是希望能快速见效的那种。于是，问题出现了，将目标人群锁定位为这样的人群，仅仅提供黑头发的利益，也许是润妍最大的败笔！

2. 未突出新功能和配方，购买诱因不足

消费者真正的购买诱因更多地集中在植物、天然或品牌形象上，而黑头发的作用并不明显。事实上，黑头发我们都喜欢，也都认同，就像东方美一样，但是单纯东方美已经是我们所具有的特质，也是无法感受到改变的。因此，消费者即使买了，也会因为效果不明显而放弃。由此，不难发现，黑头发仅仅是符合现有消费者的认同和情感联想，而其他的支撑或利益才是购买诱因。

3. 样本太单一，没有对比性和代表性

区域试销只选一个城市，只选杭州这一个城市，样本太单一，起码应该多几个城市进行对比，例如，武汉或者重庆。

4. 没有考虑到信息的时滞性

花三年时间做太多、太久的市场调查，时间上拖得太长了，会造成很多资料过时而不准确。三年的时间，消费者的很多想法都会发生变化。

启发：

1. 市场调查是市场营销活动的第一步，做好市场调查，能为后面的市场营销活动奠定坚实的基础，包括能准确判断产品的目标对象，从而找到一个好的定位。整个市场推广活动也就有了具体的针对性。

2. 市场调查不单单是市场营销活动的第一步，也不只是其中的一个环节，而是一种观念、一种意识，应该贯穿于整个市场营销活动的全过程。

3. 市场调查是经营决策的前提，只有充分认识市场，了解市场需求，对市场做出科学的分析判断，决策才具有针对性，才能实现拓展市场的目标。

（资料来源：深度剖析宝洁旗下的润妍失败历程．网易网．）

二、化工产品市场预测

（一）化工产品市场预测的概念与作用

1. 市场预测的概念

市场预测是在市场调研和市场分析的基础上，利用各种信息资料，运用逻辑和数学方法，预先对市场未来的发展变化趋势做出描述和量的估计，从而为化工企业的正确决策提供科学依据。

2. 市场预测的作用

（1）市场预测是化工企业经营决策的前提

化工企业通过科学的市场预测，能够把握化工市场的总体动态和各种营销环境因素的变化趋势，使决策者了解和掌握产品在未来市场的潜在需求状况，从而为确定资金投向、经营方针、发展规模等战略性决策提供可靠依据。科学的市场预测还可以为决策者提供多种方案，使化工企业的经营决策建立在准确的情报资料和正确的逻辑推理基础上。

（2）市场预测为化工企业确定目标市场提供决策依据

化工企业在市场营销活动中，有时会面临许多营销机会，这就需要企业做出正确的选择,以确定自己的目标市场。评价市场吸引力有两个最主要的标准,即市场容量和市场增长速度。因此,企业决策者需要对化工产品市场的容量、目标市场的规模及发展趋势、企业未来的销售潜力等进行详细分析、预测和判断,以准确确定企业的目标市场。

(3) 市场预测是化工企业制定营销策略的前提

化工企业制定市场营销策略是以企业和市场发展变化的各种可能为背景的,因此,企业只有对化工产品市场的前景、产品、定价、分销、促销等方面做出准确预测,才能制定正确的营销策略,促进企业的科学发展。

(4) 市场预测是提高化工企业竞争能力和经营管理水平的重要手段

在市场经济条件下,化工企业的生存和发展与市场变化息息相关。企业加强市场预测工作,就能在经营上取得主动权,掌握市场需求的动态变化,根据需求变动及时调整生产经营方向,向市场提供适销对路的产品,加速资金周转,降低流通费用,提高经济效益,从而增强企业的竞争能力。

(二) 化工产品市场预测的内容

1. 市场需求预测

市场预测,是指通过对用户的购买心理和消费习惯的分析,以及对收入水平、收入分配政策的研究,推断出某一地区的市场消费总体水平。

化工企业在进行市场预测时,除了要掌握产品的市场需求最低点和市场需求潜力以外,还要了解该产品当前的可能需求量。产品需求预测量必须介于市场需求最低点与市场需求量之间,并随营销费用的增减而变化。市场需求量最低点、市场需求潜量以及它们的大小关系依产品类别的不同而有所不同。对于生活必需品,市场需求最低点较高,与市场需求潜量之间差额较小;对于非生活必需品,由于受营销费用的影响较大,市场需求最低点相对偏低,但市场需求潜量较高。不同的市场环境下,同一产品的市场需求最低点和市场需求潜量是不一样的,在同样的营销费用水平下,产品的需求预测值也是不同的。了解市场需求潜量、市场需求最低点和产品需求预测量等市场需求指标,对化工企业制定市场经营战略具有重大意义。

2. 市场占有率预测

市场占有率,是指在一定时期、一定市场范围内,化工企业所生产的某种产品的销售量占该产品同一市场销售总量的比重。对产品市场占有率的预测,主要是预测企业市场占有率的发展趋势及其影响因素,充分估计竞争对手的变化,并对各种影响企业市场占有率的因素采取适当的影响策略并加以控制。

要准确地预测企业的市场占有率,首先要分析本企业产品在市场中的地位,预测同类产品、替代产品等的未来发展趋势。其次要分析竞争对手的情况,主要包括其营销策略、生产规模、产品质量等的变化,分析是否会有潜在的竞争者进入,以便企业掌握市场竞争的动态变化,采取相应的市场竞争策略。

3. 产品发展预测

产品发展预测,是对现有产品生命周期的发展变化、新产品的发展方向等所作的预测。预测产品生命周期的发展变化趋势,可以使化工企业在产品生命周期的不同阶段采取不同的营销手段,以提高企业的竞争能力和经济效益。

新产品的开发对化工企业的发展具有重要意义,因此,企业在开发新产品时,必须对新产品的发展进行预测,要预测新产品的开发方向、用户对新产品的款式、规格、质量、售价等方面的需求以及新产品上市后的销售量和市场需求潜量,以使企业在新产品开发工作中目标明确,减少开发风险和可能遭受的损失。

4. 产品价格变动趋势预测

产品价格变动趋势预测是对产品价格的涨落及其发展趋势进行预测。正常情况下,价格波动是市场需求变化的主要标志和信息载体。产品价格的变动,一方面会对化工企业的经济效益产生直接影响,另一方面对市场需求也具有重要影响。预测产品价格的变动,便于化工企业及时调整产品结构,适应市场供求状况。

对产品价格变动进行预测,主要是分析产品的成本构成因素及其变化趋势,并以此预测产品价格的变化趋势;预测市场的供求关系,了解产品的市场供求变化,进而预测价格的变动趋势;分析研究主要竞争对手的价格策略及其对市场总需求量、本企业产生的影响;分析本企业价格策略对市场需求、企业效益的影响,预测产品价格的变动趋势。

阅读材料

中国化工行业发展前景分析

化学工业在我国国民经济中占有重要地位,涉及炼油、冶金、能源、环境、医药、煤化工和轻工等多个分支,产品广泛应用于工业、农业、人民生活等各领域。

一、中国化工行业发展前景

1. 国民经济持续稳定发展

化工行业是国民经济的支柱产业之一,其发展状况与国民经济形势密切相关。改革开放以来,我国经济持续稳定增长,工业化和城市化进程不断加快。数据显示,2008年至2019年,我国国内生产总值由264473亿元增长到至990665亿元,年均复合增长率为12.77%。国民经济的快速发展,有效保证了我国居民消费水平和消费能力的提升,为化工行业的迅速发展提供了良好的经济环境。

2. 产业政策的大力支持

化工行业是国家重要的制造工业之一,是关系国计民生不可或缺的重要经济部门。近年来,国家和地方政府出台了发展规划和产业政策指引,对于促进化工行业产业结构调整和优化升级、提高产业集中度、改善竞争环境、实现良性协调发展具有重要意义,为化工行业的快速发展指明了发展方向、提供了有利的政策环境。

3. 国际精细化工产业转移带来发展契机

随着全球经济一体化进程的加快,国内外市场正逐步融为一体,全球生产向新兴国家尤其是中国的转移趋势渐趋明显。在国际产业分工格局清晰的环境下,我国完整的产业链布局和配套设施以及相对较低的原材料成本和劳动力成本在国际上具有明显的比较优势。世界精细化工产业进一步向中国转移与集中,为我国精细化工行业的发展带来了难得的机遇。

4. 化工循环经济发展模式逐渐成熟

我国化工行业充分发挥政府主导作用,大力推进循环经济发展,先后建立了一批发展新型工业化的化工工业园区。通过在节能降耗、清洁生产、综合利用、"三废"治理等方面积极探索,行业内已开发和推广了一大批节约资源、降低污染的新工艺和新技术,为我国化工行业重构循环经济发展模式积累了宝贵经验，具有良好的示范作用和指导意义。

二、化工行业发展趋势

1. 精细化工将成为主要竞争领域

精细化学品是基础化学品进一步深加工的产物，具有技术密度高、附加值高、产品更新快等特点，应用领域覆盖农药、染料、涂料、颜料、试剂和高纯物质、食品和饲料添加剂、高分子材料等多个行业。精细化工行业发展高度依赖科技创新，是当今世界化学工业发展的战略重点，加强技术创新，调整和优化精细化工产品结构，重点开发高性能化、专用化、绿色化产品，已成为当前世界精细化工发展的重要举措，也是未来我国化工发展的重点方向。

2. 节能环保与安全生产政策趋严，加快行业整合与转型升级

国家大力开展环境保护治理工作，随着环保审查工作的逐步落实，化工企业不得不进行设备完善和资金投入，环保不达标的落后产能陆续被淘汰，行业内部开始呈现产业整合迹象。在环境保护及安全生产监管趋严的双重政策高压下，生产不达标、规模较小、技术落后的化工企业将加速退出市场，行业整合速度将明显加快。

3. 绿色化工与循环化工将是主要发展方向

目前，化工行业发展循环经济已逐渐成为全球共识，也是我国经济社会发展的一项重大战略决策，在环保形势日益严峻的背景下，我国正大力推广可持续发展的战略思想，推广绿色化工与循环化工的生产理念。

(资料来源：2020年中国化工市场现状及发展趋势预测分析．中商情报网．)

（三）化工产品市场预测的步骤与方法

1. 市场预测的步骤

（1）确定目标市场，确定某一细分市场的总人数，即潜在用户人数的最大极限，用来计算未来或潜在的需求量。

（2）确定地理区域的目标市场，计算目标市场占总人数的百分比，再将此百分比乘上该地理区域的总人口数，确定该区域目标市场数目的多寡。

（3）考虑消费限制条件，考虑是否有某些限制条件以减少目标市场的数量。

（4）计算每个用户年平均购买数量，根据购买率或购买习惯，计算出每人每年平均购买数量。

（5）计算同类产品每年购买的总数量，根据区域内的用户人数乘以每人每年平均购买的数量，即可计算出总购买数量。

（6）计算产品的平均价格，采用一定的定价方法，计算出产品的平均价格。

（7）计算购买的总金额，把（5）中计算出的购买数量，乘以（6）产品的平均价格，即可计算出该产品购买的总金额。

（8）计算企业的购买量，将企业的市场占有率乘以（7）的购买总金额，再根据最近五年企业与竞争对手市场占有率的变动情况，进行适当调整，即可计算出企业的购买量。

（9）需要考虑的有关产品需求的其他因素，如果是经济状况、人口变动、消费者偏好及生活方式等有所变化，则必须分析其对产品需求的影响。根据这些信息，客观地调查（8）所获得的数据，即可合理地预测在总销售额及用户人数中企业的潜在购买量。

2. 市场预测的方法

目前常用的市场预测方法主要有两类,即定性预测法和定量预测法。

(1) 定性预测法

定性预测法也称为直观判断法,是化工企业在市场预测中经常使用的方法。定性预测主要依靠预测人员所掌握的信息、经验和综合判断能力,预测市场未来的状况和发展趋势。定性预测法简单易行,特别适合那些难以通过获取全面资料进行统计分析的问题。因此,定性预测法在市场预测中被广泛应用。定性预测方法主要包括专家会议法、德尔菲法、销售人员意见汇集法、用户需求意向调查法等。

(2) 定量预测法

定量预测,是利用比较完备的历史资料,运用数学模型和计量方法,对未来的市场需求进行预测的方法。定量预测方法有简单平均法、加权平均法、移动平均法、指数平滑法、回归分析法等。

化工企业要想作出正确的经营决策,市场预测和分析起着重要的作用。通过市场预测和分析,将市场中的未知状态转变为科学预测的期望值状态,可以使企业在一定程度上规避市场风险。化工企业在认真总结以往经验的基础上,不仅要加强定性预测的主导作用,更要重视定量预测的研究工作,特别是充分发挥计算机作用,使定性预测分析和定量预测分析密切结合起来,创造一种崭新的、更符合市场需求和企业实际的科学预测方法。

项目实施

1. 思考与练习

(1) 请联系实际分析化工企业开展市场营销调研的重要性。

(2) 化工企业开展市场营销调研的主要内容包括哪几个方面?

(3) 联系实际简述化工企业如何开展市场预测?

2. 案例分析

疫情之下企业硬核跨界,加油站卖菜

2020年2月,中国石化北京石油分公司结合防疫局势,开展了一项新的业务:在确保主业油品供应充足的同时,利用加油站网点多、供应渠道快捷的便利,推出了"安心买菜"业务,为北京市民提供新鲜蔬菜,也让人们在疫情时期减少彼此之间的接触。卖菜渠道容易找到,居民购买方式也不难。用户只需通过"易捷加油"APP中的"一键加油"下单后即可购买。北京展览路加油站是第一批推出"安心买菜"业务的加油站。一份蔬菜礼包组合大概14斤,可满足三口之家三天左右的需求。"用户下单后,员工根据订单信息,直接将产品配送到用户的后备厢中。"北京石油展览路加油站站长说,全程下来也仅需要两分钟左右,而且做到了"购物不接触"。

据了解,中石化北京石油公司已在340座加油站开通了这项业务,每天的蔬菜销售量约在600箱。

值得一提的是,特殊时期的企业跨界行为还蕴含着许多市场因素,表面看起来,一些企业的跨界行为有些出人意料,但背后也有其缜密的商业逻辑。

销售新鲜蔬菜,中国石化有自己独特的渠道优势,其旗下拥有约三万家加油站,大部分

加油站都有一家易捷便利店从事非油品业务,这是开展生鲜等零售业务的巨大优势。近年来,中国石化的这种非油品业务增长异常迅速,已经成为企业利润不可忽视的增长点,开展生鲜配送只是其业务拓展的新项目之一。

事实上,市场是一个依靠价值规律自由调节的地方,也可以用"指挥棒"来调配资源的供需,尤其是在疫情发生的特殊时期,除了紧缺物资实行国家统一调度外,如果能充分发挥市场的资源调配功能,激发市场活力和社会创造力,往往能起到意想不到的效果。

(资料来源:疫情之下企业硬核跨界:汽车厂产口罩,加油站卖菜.搜狐网.)

结合上述案例,分析:

(1) 化工企业应该如何开展市场调研?

(2) 化工企业应该如何把握市场机遇,开发新市场?

项目六 化工产品目标市场营销战略

 学习目标

【知识目标】

1. 掌握化工企业 STP 战略的主要内容；
2. 熟悉化工企业市场细分的概念与作用；
3. 掌握化工企业目标市场选择的策略与方法；
4. 掌握化工企业市场定位的策略。

【能力目标】

1. 能够确定化工产品市场细分的标准；
2. 能够根据化工企业及产品特点选择目标市场；
3. 能够选择化工产品目标市场营销战略；
4. 能够确定化工企业市场定位方式。

【价值目标】

1. 培养爱岗敬业的精神
2. 树立团队协作意识；
3. 培养竞争意识；
4. 树立文化自信。

知识学习

目标市场营销是现代市场营销观念的产物，是营销理论的重大发展，已成为现代市场营销的核心战略。目标市场营销包括市场细分（Segmenting）、目标市场选择（Targeting）、市场定位（Positioning），又被称为 STP 策略。市场细分是目标市场选择和市场定位的前提与基础，目标市场选择和市场定位是市场细分的必然结果。没有市场细分，目标市场的选择和市场定位是盲目的，而没有目标市场选择和市场定位，市场细分也就失去了意义。

任何一个化工企业不可能在整个市场上为所有用户提供服务，因此，应该有选择地把那些对本企业最有吸引力并且能够有效占领的市场作为目标，并制定相应的市场营销策略。化工产品目标市场营销，就是化工企业根据不同用户的购买差异，有选择地确认一个或几个用

户群体作为自己的目标市场,发挥产品优势,满足其全部或部分需要。

一、化工产品市场细分

(一)市场细分的概念

市场细分,是指营销者通过市场调研,根据消费者或用户的需求和欲望、购买行为和购买习惯等方面的差异,把某一市场划分为若干细分市场的过程。其中,每一个消费者群就是一个子市场或称细分市场,每一个细分市场都是具有类似需求倾向的消费者构成的群体,不同细分市场的消费者之间具有明显的差别。

市场细分的理论基础是消费者需求的差异性。消费者或用户对某一产品的需求相同或相似,对企业的营销战略反应相同或相似,这种产品的市场被称为同质市场。所谓异质市场,是指消费者或用户对某一产品的需求存在差异化。正是这种差异化需求,使市场细分成为可能。根据消费需求的差异性,通过市场细分,可以把一个异质市场划分为若干个同质的细分市场。针对不同的细分市场,企业可以从产品、渠道、价格、促销等方面采用不同的市场营销策略,使企业生产或经营的产品更加符合不同消费者或用户的需求,从而提高市场竞争力,不断增加市场份额。

(二)化工产品市场细分的必要性和作用

市场细分不是根据产品品种、产品系列来进行的,而是根据消费者或用户需求的差异性来划分的。

1. 化工产品市场细分的必要性

化工产品市场细分的必要性首先是市场对化工产品的需求存在差异性。消费者或用户对某种产品都有不同的要求,正是这种差异,市场细分不仅成为可能,而且成为必要。其次,随着市场经济体系的不断完善,物质生产日益丰富,化工产品的买方市场已经形成。因此,卖方之间的竞争变得更加激烈,卖方只有通过市场细分才能发现未被满足的需求,以寻找有利的市场机会,在激烈的竞争中求得生存和发展。第三,相同类型的化工企业在不同方面具有各自的优势,通过市场细分可以进一步扩大自己在竞争中的领先地位。

2. 化工产品市场细分的作用

(1) 有利于发现新的市场机会。化工企业深入分析研究市场需求潜力、满足情况、竞争情况等,发现有利于企业的发展的新的市场机会,再根据新的市场机会,研究满足需求策略,开发适销对路的产品,以完成企业的目标和任务。

(2) 通过市场细分,可以发挥企业优势,扬长避短。任何一个化工企业不可能满足所有用户的需求,在激烈的市场竞争中,也不可能占据全部优势。市场细分后,化工企业可以更深入地了解用户的需求和爱好,更有针对性地开展经营,充分发挥人、财、物等企业资源优势,提高经营效益。

(3) 通过市场细分,可以促进企业调整市场营销策略。化工企业通过市场细分,制定新的市场营销策略,为特定用户提供特定的产品,打开新产品的销路。这样既能满足市场需求,取得竞争优势,又能增加企业收入,同时,随着产品市场销量的增加,可以不断提升产品质量,更好地满足用户需求。

(4) 通过市场细分,有利于分析竞争对手情况。化工企业只有认真分析、研究竞争对手采用的各种策略，才能根据自己的实力，采取不同的针对策略，使企业在竞争中取得优势。

（5）通过市场细分，能够增强企业的市场应变能力。一般而言，化工企业为整体市场提供单一产品、制定统一的市场营销策略做起来比较容易，但市场信息反馈迟缓，对市场需求变化的反应不够灵敏。而通过市场细分，化工企业可以为不同的用户提供不同的产品，制定不同的市场策略，更加容易觉察和估计用户的反应，一旦市场需求变化，企业有较灵活的应变能力。

（三）化工产品市场细分的原则

化工企业在对市场进行细分时，需要对每一个用户群进行分析。因为市场细分，是为了选择某个细分市场作为企业的目标市场。因此，这种对市场的细分既不能失之过粗，忽视用户需求与购买行为的差别，又不能片面追求无限制的细分，否则，细分市场过于窄小，潜在用户的需求量过小，不利于企业开展生产经营。

（1）可衡量性。可衡量性，是指各个细分市场的购买力和规模能够被识别和衡量的程度。化工企业在选择市场细分变量时，应把握以下3个原则。一是用户对产品有不同的偏好，对企业的营销策略有明显的不同反应；二是化工企业必须能够获取有关用户的准确信息；三是企业对各细分市场的投入与产出能够进行定量分析，以便企业能够选择效益更好的目标市场。

（2）可进入性。可进入性，是指化工企业选定的细分市场必须与自身状况相匹配，企业有优势占领这一市场。可进入性具体表现为信息进入、产品进入和竞争进入。因此，在进行市场细分时，企业要注意结合自身条件，保证能够利用现有资源，顺利进入目标市场并能有效地经营。

（3）稳定性。稳定性，是指在一定时间和条件下，市场细分的标准及细分后的市场能够保持相对不变。这样，化工企业进入某一市场后，在一定时期内不必改变自己的目标市场，有利于企业长期、稳定地发展。然而，这种稳定性是相对的、暂时的，企业应根据客观条件的变化来相应调整自己的市场营销策略。

（4）可盈利性。可盈利性，是指化工企业进入目标市场后能够获得预期的利润。化工企业选择目标市场的目的，是为目标市场提供适销对路的产品并获得盈利。这就要求目标市场应有适当的规模、现实与潜在的需求、有一定的市场容量和购买力，以保证企业能按计划获得理想的经济效益和社会效益。

（5）差异性。差异性，是指各细分市场上用户对产品的需求存在差异，观念上能被区别，并对不同的营销组合因素和方案及其变动有差异性反应，化工企业也能对不同的细分市场制定差别化的营销方案。

（四）化工产品市场细分标准

1. 消费品市场细分标准

由于消费者需求的差异性是市场细分的基础，因此，凡是形成消费需求差异性的因素都可以作为市场细分的标准。一般来说，可采用地理因素、人口因素、心理因素、购买行为因素等特征区分不同消费者群。如表6-1所示。

表 6-1 消费品市场细分标准

细分标准	细分标志
地理因素	地区、气候、人口密度、城乡大小、地理位置、交通环境等
人口因素	性别、年龄、文化程度、收入水平、职业、家庭组成和规模、宗教、民族、社会阶层、国籍等
心理因素	生活方式、个性特点、购买动机等
购买行为因素	购买时机、追求的利益、使用者情况、产品使用率、品牌忠诚度、使用者状况等

(1) 地理因素。按照消费者所处的自然地理环境将市场细分的主要依据是，处在不同地理位置的消费者各有不同的需要和偏好，对化工企业所采取的市场营销策略的反应也有所不同。城市与农村、东部与西部，由于经济发展程度不同，人均收入和生活水平有较大差异；由于地形、城市规模、气候及人口密度等不同，各地消费者的生活环境亦不同。例如，在北方，天然水源的硬度比较高，工业水槽、锅炉内壁结垢严重，对处理水垢用的除垢剂需求大，因此，除垢剂这一细分市场得以形成；而南方水质相对较软，除垢剂的市场相对较小。

用地理因素细分市场，细分标准比较稳定，化工企业可以根据各地区的特点，寻找适合本企业的细分市场，发现市场机会。

(2) 人口因素。人口因素主要依据人口、收入两大因素细分市场。人口多少固然可以决定市场容量的大小，但人口构成及收入水平更能直接影响消费水平和需求层次。人口因素主要包括：年龄、性别、民族、文化程度、职业、宗教信仰、家庭构成、收入水平等。

人口因素是构成市场的最主要因素。由于人口因素比其他因素更容易测量，且适用范围比较广，因而人口因素一直是细分消费者市场的重要依据。

(3) 心理因素。所谓按心理因素细分，就是按照消费者的生活方式、个性、购买动机、态度等心理变量来进行市场细分。

① 生活方式，指个人对消费、生活、工作、娱乐的特定习惯和模式。生活方式可以用以下三个尺度进行测量，活动（activities），如消费者的工作、业余消遣、休假、购物、运动等活动；兴趣（interests），如消费者对家庭、服装、食品、娱乐等的兴趣；意见（opinions），如消费者对社会问题、政治、经济、产品、文化、教育、将来等问题的意见。这三个尺度被称为"AIO度"。生活方式不同的消费者对产品有不同的需求，消费者的生活方式一旦发生变化，就会产生新的需求。因此，生活方式是影响消费者欲望和需求的一个重要因素。

② 个性特点，指个人特性的组合，消费者的性格对产品的选择有一定的关系。性格外向、容易感情用事的消费者往往喜欢表现自己，因此，常常选择标新立异的产品；性格内向的消费者则喜欢大众化、较为寻常的产品。

③ 购买动机，即按消费者追求的利益来进行市场细分，消费者对利益的追求促成购买行为。购买动机可分为生理购买动机和心理购买动机。

(4) 购买行为因素。购买行为是以消费者的行为因素为依据进行市场细分。购买行为主要包括购买时机、追求的利益、使用者情况、产品使用率、品牌忠诚度、使用者状况等。

消费者往往因为不同的购买动机、不同的利益，购买不同的产品，因此，化工企业要按照不同的消费者购买产品时所追求的不同利益来细分市场。企业可根据自身条件，选择其中一个或几个消费者群作为目标市场，设计和生产出满足目标市场需求的产品，并且通过适当的促销手段,将产品的信息传达到追求这种利益的细分市场。

总之,按购买行为因素进行市场细分时,企业越是了解消费者行为特点,越能在消费者心目中树立企业及产品的地位,越能更好地实施市场营销组合策略。

2. 化工产品市场细分标准

化工产品市场细分的标准有很多,除了消费者市场细分标准外,由于化工产品的特殊性,还有一些专门的市场细分标准。化工企业要想获得新的市场机会,不仅要在市场细分标准上具有独创性,还要能够依据市场做出准确的判断。

(1)最终使用者。化工产品市场常常按照最终使用者的需求来进行细分。化工产品在销售时,尤其是通过批发商销售,如果化工企业对最终用户的情况不清楚,即不了解自己真正的服务对象,往往会造成损失。划分最终使用者的最简单方法是以产业作为细分标准,以此划分出细分市场。

(2)产品用途。由于一种化工产品常常有若干种不同的用途,产品用途细分就是按照产品的不同用途细分市场。化工产品一般可以分为原料、助剂、材料和终端消费品四种,不同种类的产品其购买用户也不一样。

(3)用户规模。用户购买批量的大小是企业细分工业品市场的一个重要参数。对于不同规模的用户,化工企业往往采用不同的接待方式,大客户主要由业务负责人接待,一般中小客户主要由推销员接待。

(4)采购对象。在某一目标产业与用客规模之下,化工企业还可以根据采购对象来细分市场。不同的用户会追求不同的利益,有的注重价格,有的注重服务,有的更加注重质量,还有的则注重化工产品应用时的技术指导、人员培训和跟踪服务。

通常情况下,化工产品市场并不使用单一标准,而是使用几个标准综合进行市场细分。另外,由于市场竞争、技术进步、企业兼并等都会改变市场状况,因此,化工企业需要定期评判细分标准,考虑是否采用新的或者不同的标准重新进行市场细分。

(五)化工产品市场细分的步骤

美国营销学专家伊·杰·麦卡锡(E. Jerome McCarthy)提出了市场细分的7个步骤,对于正确有效细分市场具有普遍指导意义。

1. 依据需求选定市场范围

化工企业根据自身条件和经营能力确定进入市场的范围。每个企业都有自己的任务和追求目标,一旦决定进入哪个行业,便要考虑选定可能的市场范围,即从事何种产品的生产经营,或从事何种劳务服务,这是市场细分的前提。随后,企业应做好市场调研,分析市场需求状况及发展趋势,以此作为制订市场营销策略的依据。

2. 分析潜在用户的基本需求

选定市场范围后,化工企业可以估算潜在用户的需求。企业向市场提供的任何产品,对用户而言,表现为满足其某种需求。市场细分时,化工企业需要了解产品能满足用户的哪些需求,并对市场需求类型进行初步认定。这一步骤企业掌握的情况有可能不太全面,但能为以后的深入分析提供基本资料。

3. 分析潜在用户的不同需求

分析用户对产品的基本需求,还不能作为化工企业选定目标市场的依据。进行市场细分前,企业应对不同的潜在用户进行抽样调查,对所列出的需求变量进行评价,了解用户的共同需求。化工企业还要进一步了解用户对该产品的不同需求,从产品用途、功能要求、购买目的、购买心理等方面列出影响市场需求和用户购买行为的各种变量,以此寻找可以作为市场细分标准的因素。

4. 移去潜在用户的共同需求

共同需求只能作为设计市场营销组合的参考,不能作为市场细分的基础。移去用户的共同需求后,化工企业可以发现具有差异的需求类型。需求的差异性就是企业进行市场细分的标准。

5. 暂时确定细分市场名称

在没有进行市场检验之前,还不能确定哪些细分因素是适当的。为了便于化工企业对市场细分因素进行确认,需要做进一步分析,并结合各细分市场的用户特点,暂时为细分市场确定一个名称。

6. 进一步确认细分市场的特点

化工企业要对每一个细分市场的用户及其行为进行更加深入的考察,了解各细分市场的特点,以便进一步明确各细分市场是否有必要再进行细分,或重新合并。这些细分市场有什么特点,是否能够进行营销组合设计。

7. 确定目标市场

化工企业在调研的基础上,通过分析、评估各细分市场,初步确定每个细分市场的潜在用户数量,进而根据企业资源、实力、市场竞争情况等,最终确定可以进入的细分市场,并制定相应的市场营销组合策略。

二、化工产品目标市场选择

目标市场是指企业在市场细分的基础上,选择一个或几个细分市场作为营销对象,被选择的细分市场即为目标市场。

(一)化工产品目标市场选择应考虑的因素

化工企业究竟选择哪个细分市场,必须根据具体情况,经过综合分析权衡,才能作出正确选择。通常,化工企业在选择目标市场时,要综合考虑以下因素。

(1)有尚未满足的需求、适当的规模和发展潜力。只有市场存在需求,化工企业推出的产品才有发展前途,企业开发市场也才有保证。作为目标市场,还应具有一定的规模,因为企业开发一个新市场,需要付出较高的新产品研发、广告宣传等费用,如果市场规模过小,企业进入后无利可图,这样的细分市场就没有开发的价值。另外,市场上要有现实和(或)潜在的需求,这样,化工企业才有可能向市场提供适销对路、物美价廉的产品,以更好地满足用户需求。

(2)有一定的购买能力。用户未满足的需求,一旦具有现实的购买力时,便成为现实需求,成为现实市场。因此,确定目标市场,首先要进行用户购买能力分析,不具备购买力的市场,尽管有潜在的需求,也不能作为目标市场。

(3)竞争者未完全控制。化工企业选择目标市场时,不仅要考虑市场规模、需求状况和购买能力,还要分析掌握竞争对手在该市场上的经营状况,尤其要考察对手的经营战略。只有未被竞争对手完全控制的市场,企业进入后才能充分发挥优势。如果竞争者几乎控制了市场,但市场吸引力较大,本企业有一定实力,则依然可以设法进入这一市场参与竞争。

(4) 企业有一定能力。作为目标市场，除了应具备上述条件外，还要考虑化工企业的营销能力。只有当企业的资源以及经营管理水平等主客观条件具备时，才能将细分市场作为目标市场。

如果化工企业发现某个细分市场既有一定的购买力，又有很大的需求或潜在的需求，但是市场竞争激烈，而企业在资金、技术、设备、营销等方面都很薄弱，不足以与其他企业进行竞争，则不宜选择此类市场作为目标市场。

（二）化工产品目标市场选择的意义

（1）能够更好地发现市场机会。确定目标市场，可进一步研究市场中各种需求、竞争者的状况、市场的购买潜力，以进一步发现未被开发的市场。

（2）采用合适的市场营销策略组合。化工企业可综合分析判断各细分市场采用的市场营销策略组合、企业的经营活动等，并根据企业的资源情况，确定采用何种市场营销策略。如果资源不足，可集中少数细分市场采用集中市场营销战略；如果资源丰富，则可拥有广度和深度较大的产品组合，便于依据细分市场不同的特点，采取具有吸引力的措施，覆盖全市场。

（3）有利于优化各细分市场营销策略。化工企业的市场营销人员可根据市场特点，确定细分市场的营销策略，做到有的放矢，更好地满足用户需求。

（三）选择化工产品目标市场

1. 评估化工产品细分市场

化工企业在评估细分市场时，必须考虑三个因素：细分市场的规模及增长率；细分市场的吸引力；企业目标及资源。

（1）细分市场的规模及增长率。化工企业首先应收集并分析目前的销售额，从中找出销售增长率及各种细分市场所预期的边际利润，选出具备适当规模和增长特性的细分市场，其中"适当规模增长"是关键。

有些企业选择销售额大、增长速度快和边际利润较大的细分市场作为目标，然而，规模大、增长快的细分市场并不一定对每一家企业都有吸引力。对中小企业而言，由于缺乏技术与资源，如果选择竞争激烈的细分市场会存在较大困难。因此，规模小的企业应该选择较小规模、竞争不太激烈并可获取较大利润的市场作为目标市场。

（2）细分市场的吸引力。细分市场的吸引力是指细分市场可获得利润的大小。某些细分市场虽具备理想的市场规模及较快的增长率，但从利润来看，有些细分市场并不具有足够的吸引力。因此，化工企业需要认真分析五个长期影响细分市场吸引力的因素。

① 细分市场内激烈竞争的威胁

如果某个细分市场已经有了为数众多的、强大的或者竞争意识强烈的竞争者，该细分市场就失去吸引力。如果某个细分市场出现生产能力不断扩大、定价成本过高、撤出市场的壁垒过高、竞争者投资较大等情况，常常会导致价格战、广告争夺战等，此时，化工企业要参与竞争就必须付出高昂的代价。

② 新竞争者的威胁

如果某个细分市场可以吸引新的竞争者，他们的进入会增加新的生产能力和投入大量资源以争夺市场占有率，这个细分市场的吸引力就会降低。如果新竞争者进入这个细分市场时遇到森严的"壁垒",并且受到细分市场内原有企业的强烈抵制,便很难进入。进入细分市场的壁垒越低,原有企业的抵制心理就越弱,该细分市场就越缺乏吸引力。

某个细分市场吸引力的大小因其进退的难易程度不同而有所区别。最具有吸引力的细分市场应该是进入壁垒高、退出壁垒低。在这样的细分市场里,新企业很难进入,但经营不善的企业可以安然撤退。如果细分市场进入和退出的壁垒都很高,那么潜在利润就高,但也伴随着较大的风险,因为经营不善的企业难以撤退,必须坚持到底。如果细分市场进入和退出的壁垒都较低,企业便可以进退自如,获得的利润虽然稳定但较低。最坏的情况是进入细分市场的壁垒较低,而退出的壁垒却很高,在经济景气时,企业蜂拥而至;但在经济萧条时,却很难退出。其结果是各企业长期生产能力过剩,收入降低。

③ 替代产品的威胁。如果某个细分市场已存在替代产品或者有潜在替代产品,该细分市场就失去了吸引力,因为,替代产品会限制细分市场内价格和利润的增长,化工企业应密切关注替代产品的价格趋势。如果在这些替代产品行业中技术有所发展,或者竞争日趋激烈,该细分市场的价格和利润有可能会下降。

④ 购买者议价能力加强的威胁。如果某个细分市场中购买者的议价能力很强或正在加强,该细分市场的吸引力就会逐渐减少。因为购买者会设法压低价格,对产品质量和服务提出更高的要求,加剧竞争者之间的竞争,所有这些都会使化工企业的利润受到损失。

⑤ 供应商议价能力加强的威胁。如果化工企业的供应商、原材料和设备供应商等,能够提价或者降低产品和服务的质量,或减少供应数量,该企业所在的细分市场就没有吸引力。如果供应商集中或有组织,或者替代产品少,或者供应的产品是重要的投入要素,或转换成本高,或者供应商可以向前实行联合,供应商的议价能力就较强大。化工企业的最佳防卫方法是与供应商建立良好关系,开拓多种供应渠道。

(3) 企业目标及资源。即使某个细分市场规模增长和吸引力都不错,化工企业仍需要考虑其营销目标及资源与细分市场的相关性。某些细分市场虽具有很强的吸引力,但不符合企业长期目标,也必须放弃。这是因为,虽然细分市场本身具有吸引力,但是不能推动企业完成自己的目标,甚至分散企业的资源,使之无法完成主要目标。

如果细分市场符合企业目标,企业就需要考虑是否拥有在此细分市场取得成功所需要的技术和资源,若缺乏即刻获得竞争成功的实力,则不宜加入。要想赢得该细分市场,仅仅拥有必备的力量是不够的,还需具备优于竞争者的技术和资源。总之,只有在企业的实力及拥有的优势超过竞争者的前提下,才适宜进入此细分市场。

2. 选择化工产品目标市场

通过对不同的细分市场进行评估,化工企业可以发现一个或几个值得进入的细分市场,决定要进入哪个细分市场,可以有以下几种选择模式。如图6-1所示。

(1) 市场集中化。这是一种最简单的目标市场选择模式,化工企业只选取一个细分市场,只生产一类产品,供应某一单一的用户群进行集中营销。实施市场集中化策略一般基于以下考虑:企业具备在该细分市场从事专业化经营或取胜的优势条件;限于资金能力,只能经营一个细分市场;该细分市场中没有竞争对手;准备以此为出发点,取得成功后向更多的细分市场扩展。

(2) 产品专业化。化工企业集中生产一种产品并向各类用户销售这种产品的模式。产品专业化模式的优点在于,企业可以专注于某一种或一类产品的生产,有利于形成和发展生产和技术上的优势,在该领域树立形象。其局限性是,当该领域被一种全新的技术与产品代替

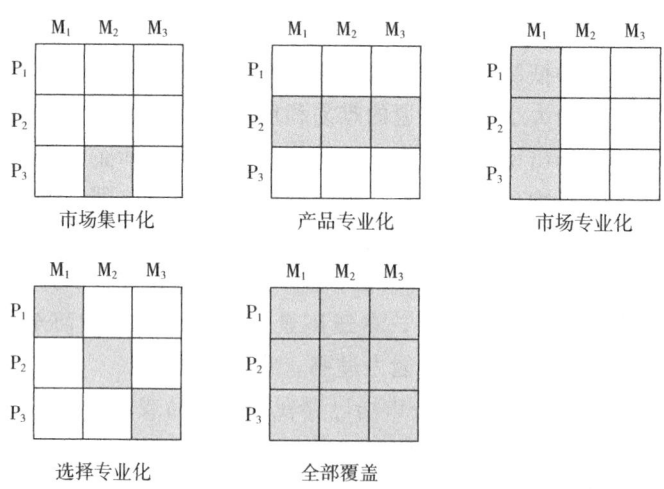

图 6-1 目标市场选择模式

时，产品销售量有大幅度下降的危险。

（3）市场专业化。这是化工企业生产专门满足某一用户群体需要的全部产品的模式。市场专业化模式要求企业经营的产品类型众多，能有效地分散经营风险，但由于集中于某一类用户，当这类用户的需求下降或改变时，企业也会遇到收益下降的风险。

（4）选择专业化。化工企业选取若干个具有良好盈利潜力且符合企业目标和资源的细分市场作为目标市场，每个细分市场与其他细分市场之间较少联系。其优点是可以有效地分散经营风险，即使某个细分市场盈利情况不佳，仍可在其他细分市场取得盈利。采用选择专业化模式的化工企业应具有较强资源和营销实力。

（5）全部覆盖。这种策略要求化工企业生产多种产品以满足各种用户群体的需要。一般来说，只有实力雄厚的大型化工企业才能选用这种模式，收到良好效果。

3. 化工产品目标市场营销战略选择

化工企业在市场细分、目标市场选择之后还需要确定目标市场营销战略。目标市场营销战略主要包括无差异性市场营销战略、差异性市场营销战略、集中性市场营销战略。

（1）无差异性市场营销战略

无差异性市场营销战略是一种针对市场共性的求同存异的营销战略。即化工企业着眼于用户需求的同质性，把整个市场看成一个大市场，对市场各部分同等看待，不考虑其差异性，通过推出一种产品、采用一种价格、使用相同分销的办法占领总体市场的战略。采用这种营销战略的指导思想是用户对市场上某一产品的需求是基本相同的，企业通过大批量营销就能满足用户的需求，获得更多的销售额，因此，把总体市场作为企业的目标市场。

无差异性市场营销战略的优点是化工企业由于大量生产和经营，有利于生产成本的降低，取得规模效应；由于不需要对市场进行细分，可以相应地节省市场调研和宣传费用，有利于提高整体利润水平。这种战略的缺点是不能满足用户多样化需求，不能适应变化的市场形势，应变能力差。因此，选择性不强、差异性不大的大众化产品和供不应求的产品以及具有专利权的产品等可以采用无差异性市场营销战略。随着用户需求向多样化、个性化发展，以及生产力和科技水平的不断发展，其适用范围逐步缩小。

(2) 差异性市场营销战略

差异性市场营销战略指化工企业把整个大市场分为若干不同的细分市场，依据每个细分市场需求上的差异性，提供不同的产品，制定不同的价格，采用不同的分销渠道。其指导思想是：用户对产品需求存在多样化，企业需经营差异性产品以满足不同的需求，这样才能提高企业的竞争力，占领较多的市场。

差异性市场营销战略的优点是，化工企业能满足不同用户的不同需求，通过营销方式的多样性，能适应越来越激烈的市场竞争，有利于扩大市场占有率，增加企业的销售额，提高企业的信誉。同时，化工企业在多个细分市场经营，能够有效降低风险。其缺点是，由于产品的差异化，销售费用和各种营销成本较高；此外，差异化营销还可能使企业的资源配置不能有效集中，甚至出现内部争夺资源的现象。因此，差异性市场战略适用于选择性比较强、需求弹性大、规格等级复杂的产品。

(3) 集中性市场营销战略

集中性市场营销战略是指在市场细分的基础上，化工企业集中全部力量占领细分市场实行专业化生产和销售，在少数和个别市场上发挥优势，提高市场占有率。

集中性市场营销战略的优点在于，可准确地了解用户的不同需求，有针对性地采取营销策略，节省营销成本和营销费用，从而提高企业的利润率。这种战略的缺点是，风险性较大，容易受到竞争的冲击。因为目标市场比较狭窄，当竞争者实力超过自己、用户的爱好发生转移，或市场情况发生变化时，都可能使企业陷入困境。因此，集中性市场营销战略，通常被资源有限的中小企业所采用。因为它们所追求的不是在较大市场上占有较小份额，而是要在细分市场上占有较高的份额。

4．影响化工产品目标市场营销战略选择的因素

(1) 企业实力。企业实力是指化工企业满足市场需求的能力，主要包括生产能力、技术开发能力、经营管理能力等。如果化工企业实力较强，可以采取无差异性目标市场营销战略；如果企业实力较弱，则应采用集中性目标市场营销战略。化工企业初次进入某个市场时，往往采用集中性目标市场营销战略，在积累了一定的经验后，再采用无差异性目标市场营销战略，以实现扩大市场份额的目的。

(2) 产品特点。对于具有不同特性的产品，应采取不同的目标市场营销战略。对于同质性产品，用户一般无特殊要求，因而可以采用无差异性目标市场营销战略。对于异质性产品，消费者对产品的质量、价格、包装等均会表现出明显差异，选择时会反复比较，对于这类产品宜采用差异性目标市场营销战略或集中性目标市场营销战略。

此外，产品市场生命周期的不同阶段，化工企业采用的目标市场营销战略也有所不同。在投入期内的新产品刚刚上市，用户对该产品还不太了解，市场上同类产品少，竞争者亦少，此时，企业的营销重点在于挖掘市场对该产品的基本需求，因此，可采用无差异性目标市场营销战略或是集中性市场营销战略。在成长期和成熟期，进入市场的产品增多，竞争日益激烈，此时，企业应采用差异性目标市场营销战略，以满足不同用户的不同需求。进入衰退期，为保持原有市场占有率，延长产品生命周期，企业可采用集中性目标市场营销战略。

(3) 竞争者的数目和策略。竞争者的数目与策略，也是化工企业选择目标市场营销战略时要考虑的重要因素。当竞争者较少时，可采用无差异性目标市场营销战略；竞争激烈时，应选择差异性目标市场营销战略，或集中性目标市场营销战略。分析竞争者策略时，还要考虑主要竞争对手的实力。如果竞争对手实力与本企业实力匹敌，则应以避免直接冲突为原则

去选择营销战略,以免造成不必要的损失。如果本企业实力较弱,无论对手采用何种战略,企业都应采取集中性目标市场营销战略。当竞争对手积极试制新产品、实行差异性策略时,企业亦应试制更多的新产品,采用差异性目标市场营销战略或集中性目标市场营销战略。

阅读材料

欧莱雅的市场营销策略

随着中国男士使用护肤品习惯的转变,男士美容市场的需求逐渐上升,整个中国男士护肤品市场也逐渐走向成熟,近年来更是快速发展。越来越多的中国年轻男士护肤已从基本清洁开始发展为护理,美容的成熟消费意识也逐渐开始形成。

2012年欧莱雅中国市场分析报告显示,男性消费者初次使用护肤品和个人护理品的年龄已经降到22岁,男士护肤品的消费群区间已经获得较大扩张。虽然消费年龄正在扩大,即使是经济最发达的北京、上海、杭州、深圳等一线城市,男士护理用品销售额也只占化妆品市场的10%左右,全国的平均占比则远远低于这一水平。作为中国男士护肤品牌,欧莱雅男士对该市场的上升空间充满信心,期望进一步扩大在中国年轻男士群体的市场份额,巩固在中国男妆市场的地位。

一、欧莱雅的营销目标

(1)推出新品巴黎欧莱雅男士极速激活型肤露,即欧莱雅男士BB霜。欧莱雅希望迅速占领中国男士BB霜市场,树立在该领域的品牌地位,并希望打造成为中国年轻男士心目中人气最高的BB霜产品。

(2)欧莱雅男士BB霜将目标客户定位于18岁到25岁的人群。他们是一群热爱分享,热衷于社交媒体,并已有一定护肤习惯的男士群体。

二、欧莱雅营销方案执行方式

面对其他男妆品牌主要针对"功能性"诉求的网络传播,麦肯旗下的数字营销公司MRM携手欧莱雅男士,将关注点放在中国年轻男性的情感需求上。了解到年轻男士的心态在于一个"先"字,他们想要领先一步,先同龄人一步。因此,欧莱雅设立了"我是先型者"的创意理念。为了打造该产品的网络知名度,欧莱雅男士针对目标人群,同时开设了名为"@型男成长营"的微博和微信账号,开展单纯依靠社交网络和在线电子零售平台的网络营销活动。

(1)在新浪微博上引发针对男生使用BB霜接受度的讨论,发现男生以及女生对于男生使用BB霜的接受程度都大大高于人们的想象,为传播活动率先奠定了舆论基础。

(2)选择代言人加入,发表属于他的先型者宣言,号召广大网民通过微博申请试用活动,发表属于自己的先型者宣言。微博营销产生了巨大的参与效应,更将微博参与者转化为品牌的主动传播者。

(3)在京东商城建立了欧莱雅男士BB霜首发专页,开展"占尽先机、万人先型"的首发抢购活动。设立了欧莱雅男士微博部长,为BB霜使用者提供一对一专属定制服务。另外,特别开通微信专属平台,每天及时将从新品上市到使用教程、前后对比等信息推送给关注巴黎欧莱雅男士公众微信号的每一位用户。

三、欧莱雅的营销效果

该活动通过网络营销引发了在线热潮。两个月内,在没有任何传统电视广告投放的情况下，覆盖人群达到 3500 万，共 307107 位用户参与互动。仅来自新浪微博的统计，微博阅读量达到 560 万。在整个微博试用活动中，一周即有超过 69136 名男性用户申请了试用，在线的预估销售库存在一周内被销售一空。

(资料来源：网络营销成功案例 10 讲——营销案例策略分析. 知乎.)

三、化工产品目标市场定位

(一) 市场定位的概念和前提

1. 市场定位的概念

市场定位，是指根据竞争者现有产品在市场上所处的地位和消费者或用户对产品某一特征或属性的重视程度，努力塑造出本企业产品与众不同的、给人鲜明印象的个性或形象，并把这种个性和形象生动有效地传递给目标用户，使该产品在市场上占据强有力的竞争位置。

市场定位的实质，是使企业与其他企业严格区分开来，使用户明显感觉和认识到这种差别，从而在用户心目中占有特殊的位置。

化工企业在进行市场细分和确定目标市场后，应根据自身情况、市场需求和竞争状况，确定本企业产品在目标市场上的地位，具体来说，就是要在目标用户的心目中为产品创造一定的特色，赋予一定的形象，以适应用户的需求和偏好。因此，市场定位实际上是化工企业为自己准备营销或改进营销的产品设定相应的个性，并使用户接受或是满足用户的某一特定需求，在目标市场中占据有利地位。

2. 市场定位的前提

实施市场定位关键是要选定本企业产品的特色和独特形象。产品的特色和独特形象可以从产品实体表现出来，如形状、成分、构造、性能等；也可以从消费者心理上反映出来，如豪华、朴素、时髦、典雅等；还可以从价格水平、质量水准等方面体现。因此，在具体实施市场定位时，首先要具备三个前提：

(1) 要注意研究用户对产品属性的重视程度，包括对实物属性的要求和心理方面的要求。

(2) 要看竞争对手向用户提供何种产品，弄清他们在市场上的位置。

(3) 要了解用户确实需要什么，找出用户心目中对这种产品的理想点。

根据上述分析，选定本企业产品的特色与独特形象，从而达到市场定位的目的。总之，市场定位就意味着，在目标市场或用户心目中，让自己的产品占领一个明确的、与众不同的和有吸引力的位置，树立一定的"产品形象"或"企业形象"。

(二) 化工产品市场定位的方式

对化工企业而言，产品不同、面对的用户不同、所处的环境不同，市场定位的方式也不相同。

(1) 根据产品属性和利益定位。产品提供给用户的利益是用户最能切实体验的，化工企业针对某类产品的用户利益或便利性方面的不足加以改进，从而赋予原产品新的用户利益或便利，则可利用这一特色进行市场定位。

(2) 根据产品的特色定位。构成产品内在特色的许多因素都可以作为市场定位原则。比如所含成分、材料、质量、价格等。"七喜"汽水的定位是"非可乐",强调它是不含咖啡因的饮料,与可乐类饮料不同。"泰宁诺"止痛药的定位是"非阿司匹林的止痛药",显示药物成分与以往的止痛药有本质的差异。

(3) 根据使用者类型定位。化工企业常常试图将其产品指向某一特定的使用者,根据不同类型使用者的需求,生产不同用途或性能的产品,使之定位于不同的用户群体。如企业可根据消费者对洗发水的不同需求,生产出滋润型洗发水、去屑型洗发水、柔顺型洗发水、修护型洗发水等类型。

(4) 根据特定的使用场合及用途定位。化工企业可以将产品的某些特点同对人们有深远影响的事物或事件联系起来,或为老产品找到一种新用途,是为该产品创造新的市场定位的好方法。

(三)化工产品市场定位策略

(1) 避强定位。这种策略是化工企业避免与强有力的竞争对手发生直接竞争,而将自己的产品定位于另一市场的区域内,使自己的产品在某些特征或属性方面与强势对手有明显的区别。这种策略可使企业迅速在市场上站稳脚跟,并在消费者心中树立起一定形象。由于这种做法风险较小,成功率较高,常为多数化工企业所采用。

(2) 迎头定位。这种策略是化工企业根据自身的实力,为占据较佳的市场位置,不惜与市场上占支配地位、实力最强或较强的竞争对手发生正面竞争,从而使自己的产品进入与对手相同的市场位置。由于竞争对手强大,这一竞争过程往往相当引人注目,企业及其产品能较快地为用户了解,达到树立市场形象的目的。这种策略可能引发激烈的市场竞争,具有较大的风险。因此,化工企业必须知己知彼,了解市场容量,正确判定自己的资源和能力是否优于竞争者,或者能否与竞争者平分秋色。

(3) 初次定位。这种策略是化工企业试图生产市场上没有的、具备某种特色的产品,而寻找新的尚未被占领、但有潜在市场需求的位置,填补市场上的空缺。采用这种定位方式时,企业应明确新产品在技术上、经济上是否可行,是否有足够的市场容量,能否为企业带来合理而持续的盈利。

(4) 重新定位。这种策略是化工企业对销路少、市场反应差的产品进行二次定位。初次定位后,如果由于用户的需求偏好发生转移,市场对此企业产品的需求减少,或者由于新的竞争者进入市场,选择与此企业相近的市场位置,此时,化工企业就需要对其产品进行重新定位。一般来说,重新定位是企业摆脱经营困境,寻求新的活力的有效途径。此外,化工企业如果发现新的产品市场范围,也可以进行重新定位。

(四)化工产品市场定位步骤

市场定位的关键是化工企业要在自己的产品上找出比竞争者产品更具有竞争优势的特性。竞争优势一般有两种基本类型,一是价格竞争优势,就是在同样的条件下比竞争者定出更低的价格,这就要求化工企业努力降低成本;二是偏好竞争优势,就是提供特色产品来满足用户的特定偏好。因此,化工企业市场定位的全过程可以通过以下步骤来完成。

1. 发现潜在竞争优势

化工企业发现潜在竞争优势有两种方法:一是提供比竞争者更低的价格;二是提供较多的利益,使用户认为较高的价格是合理的,这就是竞争优势的来源。如果化工企业将其产品定位成品质高且服务好,就一定要实现其对品质及服务的承诺,因此,真正的定位开始于公司营销方式差异化。

(1) 产品差异化。化工企业能够提供高度差异化的产品,很多情况下是其他竞争者没有的优势和特色。海飞丝可去头屑,潘婷使头发更健康,飘柔使头发更柔顺。

(2) 服务差异化。除了实体产品的差异外,化工企业还可提供附带的服务差异。

(3) 工作人员差异化。在获得竞争优势的方法中,雇用并培训比竞争者素质更佳的员工也是其中之一。化工企业在选择与用户接触的人员时必须谨慎,并进行严格的培训,以增加必备的技术及知识。员工还必须具备礼貌、友善、敬业和细心的品质,并且能持续、正确地向用户提供服务。此外,化工企业还必须尽力了解用户,并对用户的要求和问题迅速处理。

(4) 形象差异。即使是相同的产品和附带服务,用户仍能察觉出品牌的差异,因此,化工企业必须建立与竞争者不同的品牌形象。所谓企业的品牌形象,是指能传达与众不同的信息,实现传达产品主要效益与定位的目的。

2. 准确选择竞争优势

竞争优势表明化工企业能够胜过竞争对手的能力。这种能力既可以是现有的,也可以是潜在的。选择竞争优势,实际上就是企业与竞争者各方面实力相比较的过程。比较的指标应是一个完整的体系,只有这样,才能准确地选择相对竞争优势。通常的方法是分析、比较企业与竞争者在经营管理、技术开发、采购、生产、市场营销、财务和产品等方面的强弱,借此选出最适合企业的优势项目,初步确定企业在目标市场上所处的位置。

3. 有效传递和明确显示市场定位信息

这一步骤的主要任务是化工企业要通过一系列的宣传促销活动,将其独特的竞争优势准确传递给潜在用户,并在用户心目中留下深刻印象。为此,化工企业首先应使目标用户了解、知道、熟悉、认同、喜欢和偏爱本企业的市场定位,在用户心目中建立与该定位相一致的形象。其次,化工企业通过各种努力强化目标用户形象、保持目标用户的了解、稳定目标用户的态度、加深目标用户的感情,巩固与市场相一致的形象。最后,化工企业应注意目标用户对其市场定位理解的偏差,或由于企业市场定位宣传上的失误而造成的目标用户的模糊、混乱和误会,及时纠正与市场定位不一致的形象。

阅读材料

"三大战略" 打造世界一流石化企业

2021年年初,作为黑龙江省油头化尾示范项目,黑龙江省海国龙油石化股份有限公司(以下简称海国龙油)550万吨/年重油催化热裂解+95万吨聚烯烃项目(下称550项目),经过两年多的建设正式进入全产业链生产。

过去的两年多,海国龙油的干部员工同心协力,让550项目拔地而起并成功投产。"十四五"期间,海国龙油的总体思路是要实施"三大"战略,即原油/原料资源多元化、产品差异化、绿色低碳化战略。

一、原油/原料资源多元化

550项目原设计年产300万吨俄罗斯远东地区(ESPO)管输原油和50万吨重油,原油结构较为单一。ESPO原油属于含硫中间基轻质原油,不能充分发挥DCC装置增产"乙烯+

丙烯"的特性，且 ESPO 原油轻馏分较多，原设计方案中每年需要外销 90 万吨石脑油，挤占原油采购成本。

在实施原油/原料多元化战略的过程中，海国龙油依托 ESPO 管输原油资源，就近获取大庆周边石蜡基原油。从海外采购适合 DCC 装置的加工原油或者配方原油，从大连上岸陆运到厂，作为有益的补充。在高油价下，从俄罗斯远东地区采购部分重油资源，降低原油采购成本。同时，建立原油/原料选购决策支持系统，充分比较 ESPO 管输原油、大庆周边原油、海上采购原油、俄罗斯重油等的性价比，捕捉国际机会原油/重油资源，实时优化原油采购。利用年产 15 万吨芳构化装置和新建的年产 60 万吨丙烷化装置，将石脑油、DCC 液化气以及富含异丁烷的碳 4 组分转化为"丙烷＋正丁烷"，实现轻烃裂解装置原料自给自足，大幅度提高原料品质。

二、"人有我优"产品差异化

550 项目在产品结构上与常规炼油化工厂有很大不同，充分体现了炼化一体化——"油头化尾"的特征。550 项目以常规原油和重质油为原料，以悬浮床加氢工艺处理劣质减压渣油与催化油浆，以高苛刻度重油加氢工艺处理减压蜡油、悬浮床重油以及催化裂解柴油等馏分为催化裂解（DCC-PLUS）提供优质原料，催化裂解装置通过高苛刻度反应条件与高选择性专有催化剂生产乙烯、丙烯与 BTX，可实现以最小的原料消耗最大化地生产化工产品。该流程通过控制柴油馏分进 DCC-PLUS 装置的比例可灵活调整柴油的生产，可以做到不生产运输燃料油品。

在产品差异化战略上，海国龙油从产品性能、品牌型号、应用领域等方面实现差别，寻求"人有我优"的特征，努力使自身的产品区别于竞争对手的产品，保持一定独特性，提高产品附加值。充分利用 20 万吨聚丙烯系列可生产高抗冲材料特性生产高端产品代替进口，35 万吨聚丙烯系列采用共聚技术结合改性技术生产功能性材料，提升产品价值。

三、高效转化绿色低碳化

550 项目是黑龙江省发展"油头化尾"的示范项目，也是工信部绿色制造系统集成项目、黑龙江省"十三五"规划重点项目、黑龙江省百大重点项目。项目建设初期的定位就是石油化工绿色低碳/高效转化示范工厂等。

目前，我国石油化工技术总的发展趋势是实现高效转化与绿色环保、炼化一体化——"油头化尾"以及产业链延伸。550 项目中 100 万吨超级悬浮床加氢装置为首套国产单套规模最大的劣质渣油加氢裂化装置，替代了传统的延迟焦化工艺与固定床重油加氢工艺，使得后续加氢处理装置的操作周期从 1 年延长到 3 年。轻质油收率相比延迟焦化提高约 30 个百分点，还能将炼厂难以处理的低价值产品（如催化油浆、煤焦油等）进一步转化为高价值产品。

100 万吨超级悬浮床加氢装置既解决了延迟焦化装置高硫焦、高碱氮蜡油给后续加工带来的环保问题，又解决了固定床重油加氢长周期操作以及劣质原料杂质难脱除的问题，可以脱除劣质渣油中 99% 以上的重金属、95% 以上的沥青质、80% 以上的硫/氮杂质，实现绿色低碳与劣质重油的高效转化的完美结合。

（资料来源："三大战略"打造世界一流石化企业．中化新网．）

项目实施

1. 思考与练习

（1）市场细分对化工企业开展市场营销活动有何重要意义？

(2) 化工产品消费者市场的细分变量有哪些？

(3) 化工企业如何选择目标市场？

(4) 联系实际分析化工企业应该如何进行市场定位？

2. 案例分析

云南白药与邦迪的贴身战

曾几何时，在消费者的眼中，"邦迪"就是创可贴的代名词。然而短短几年之间，云南白药竟然毫不费力地在邦迪身上，撕开了一条难以弥合的伤口，令这个创可贴的开山鼻祖追悔莫及。

20世纪初，美国强生公司的一名员工埃尔·迪克森将粗硬纱布和绷带黏合在一起，发明了一种外科轻微创伤用快速止血产品，公司将其命名为"邦迪"。这种具有弹性的纺织物与橡皮膏胶黏剂组成的长条形胶布，迅速风靡全球，成为强生起家的基石。

邦迪的成功，意味着"小胶布"止血市场发展空间很大。然而在这个看似广阔的市场中，几乎所有的创可贴品牌都在努力模仿邦迪。因为创可贴从一出生开始，就被认定为"不可能做出花样来"的商品，是一种同质化严重的消费品。

在以邦迪为主导的创可贴市场竞争中，邦迪和创可贴几乎成为一个捆绑。在消费者心目中，创可贴就是邦迪。摆在云南白药面前最大的问题，就是如何在产品上寻找破解邦迪独大的招数。一番煞费苦心的研究以后，他们发现邦迪创可贴严格来说不是药，而是一块应急的小胶布。

它只是一块胶布，这是一个致命的漏洞！

胶布不能消毒杀菌、不能促进伤口愈合，云南白药找到抗衡邦迪的机会：为"胶布加点白药"。邦迪是无药的胶布，而云南白药是有药的，这才是真正的"创可贴"，核心差异马上建立了起来。

云南白药创可贴的"含药"定位，从实质上避开了与邦迪的正面冲突，胶布和药的界限清晰，云南白药完全颠覆了邦迪主导的游戏规则。

(资料来源：毕思勇. 市场营销. 第5版. 北京：高等教育出版社，2020.)

结合上述案例，分析：

(1) 云南白药是如何在市场竞争中取得胜利的？

(2) 对于同质化较大的产品，化工企业应该如何实施市场营销战略？

项目七　化工产品策略

【知识目标】

1. 掌握产品及产品整体概念；
2. 熟悉产品组合策略的构成要素；
3. 掌握产品生命周期的概念与各阶段特点；
4. 熟悉化工产品品牌作用与策略；
5. 了解化工品包装的作用与策略；
6. 了解化工产品新产品开发的意义。

【能力目标】

1. 能够利用产品整体概念分析化工产品的特点；
2. 能够根据产品生命周期理论分析化工产品市场需求状况；
3. 能根据市场需求制定化工产品品牌与包装策略；
4. 能根据市场需求合理调整化工产品组合策略。

【价值目标】

1. 培养创新意识；
2. 培养严谨的职业精神；
3. 树立竞争意识；
4. 树立文化自信。

一、产品及产品整体概念

（一）产品的概念

在市场营销学中，产品是指通过交换而满足人们需要和欲望的因素或手段，包括提供给市场，能够满足消费者或用户某一需求和欲望的任何有形物品和无形服务。

（二）产品整体概念

随着人们消费水平的不断提高，产品已经成为用户表现自己的一种重要手段。用户在产品的选择上不仅仅局限于功能上的满足，而是追求在地位、心理等方面的满足。为了更好地理解产品的概念，目前，市场营销学中普遍采用菲利普·科特勒提出的产品整体概念。

1. 核心产品

核心产品，是指向用户提供的产品的基本效用或利益。这是产品整体概念中最基本和最实质性的，也是用户需求的中心内容。用户购买某种产品，并不是为了占有或获得产品本身，而是为了获得能满足某种需要的效用或利益。产品若没有效用或利益，就不能满足用户需求，也就失去了存在的价值。例如，人们购买肥皂，是因为其具备将衣物清洗干净的功能。企业在设计开发产品时，必须首先界定产品能够提供给用户的核心利益，并以此作为立足点和出发点。

2. 形式产品

形式产品，是指核心产品借以实现的形式或目标市场对某一需求的特定满足形式。形式产品一般通过产品的外观、质量、特色、包装、品牌等表现出来。产品的基本效用必须通过某些具体的形式才能得以实现。企业应首先着眼于用户购买产品时所追求的利益，以求更全面地满足其需求，从这一点出发再去寻求利益得以实现的形式，进行产品设计。

3. 期望产品

期望产品，是指用户在购买产品时期望得到的与产品密切相关一整套属性和条件。例如，人们在购买涂料时，期望得到安全、绿色的环境等。用户对期望产品的评价往往以行业的平均质量水平为依据，当普遍公认的期望产品得不到满足时，将直接影响用户对产品的满意度、购后评价及重购率。

4. 延伸产品

延伸产品，也称为附加产品，是指用户在购买有形产品时附带获得的全部附加服务和利益，包括免费送货、上门安装、售后服务、技术培训等。随着科学技术的发展，企业的生产和经营管理水平不断提高，不同企业提供的同类产品在核心产品、形式产品和期望产品上越来越接近，因此，延伸产品附加价值的大小在市场营销中的重要性越来越突出，已经成为企业差异化营销策略赢得竞争优势的关键因素。正如美国市场营销学者西奥多·李维特所指出的："未来竞争的关键不在于企业能生产什么产品，而在于其产品提供的附加价值：技术服务、用户咨询、消费信贷、及时交货、仓储以及人们以价值来衡量的一切东西。"

5. 潜在产品

潜在产品，是指现有产品包括所有附加产品在内的，可能发展成为未来最终产品的潜在状态的产品。潜在产品指出了现有产品未来可能的演变趋势和前景，以及可能给用户带来的价值和利益。

产品整体概念的五个层次十分清晰地体现了以用户为中心的现代营销观念。这一概念的内涵与外延都是以用户需求为标准、由用户的需求来决定的。如图7-1所示。

（三）产品整体概念的意义

（1）化工企业设计和研发新产品一定要找准产品的核心利益。产品的核心利益是用户购

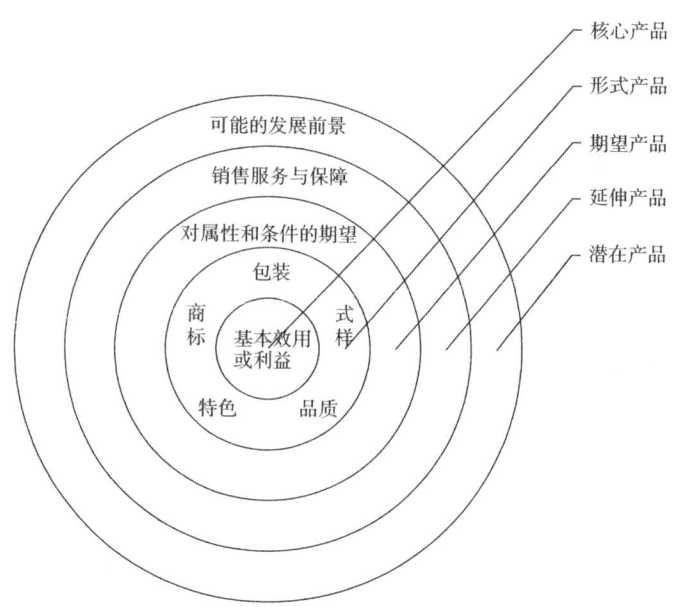

图 7-1 产品整体概念的五个层次

买的最本质内容,也是用户制定购买决策时考虑的最重要因素。用户购买产品的目的不是为了占有某种物品本身,而是为了获得产品的核心利益。如果用户的基本需求没有被真正满足,产品也就不可能受到市场的欢迎。

(2)重视产品的非功能性利益的开发。用户对产品利益的追求包括功能性和非功能性两个方面,前者主要是满足生理上和物质上的需求,后者则更多是心理上、精神上和情感上的满足。随着社会经济的发展,人们对产品的非功能性利益越来越重视,在很多情况下甚至超过了功能性利益。因此,化工企业必须全面领悟产品核心利益的深刻内涵,高度重视非功能性利益的开发,更好地满足用户层次的需求。

(3)围绕产品整体概念的多个层次开展竞争。当前,化工企业之间的竞争日益激烈,大多数竞争的手段还是价格战,特别是当有形商品在功能、品质上极为接近,难以形成明显差异时更是如此。产品整体概念为化工企业竞争提供了一种新的分析思路,即围绕整体产品来开展竞争,要求企业在整体产品的每一个层次及其每一个要素,如包装、品牌、款式、花色、质量以及安装、调试、维修等方面不断创新,创造特色优势,增强产品的核心利益,提高市场竞争能力。

(四)化工产品分类

人类社会与化工产品的关系十分密切,在现代生活中,从衣、食、住、行等物质生活,到文化艺术、娱乐等精神生活,几乎都离不开化工产品。一般情况下,化工产品可分为 18 个大类、142 个小类。具体如下:

1. 化学矿。(1)硫矿;(2)磷矿;(3)硼矿;(4)钾矿;(5)其他化学矿。
2. 无机化工原料。(1)酸类;(2)碱类;(3)无机盐;(4)其他金属盐类;(5)氧化物;(6)单质;(7)工业气体;(8)其他无机化工原料。
3. 有机化工原料。(1)基本有机化工原料;(2)一般有机原料;(3)有机中间体。

4. 化学肥料。(1) 氮肥；(2) 磷肥；(3) 钾肥；(4) 复合肥料；(5) 微量元素肥料；(6) 其他肥料；(7) 细菌肥料；(8) 农药肥料。

5. 农药。(1) 杀虫剂；(2) 杀菌剂；(3) 除草剂；(4) 植物生长调节剂；(5) 杀鼠剂；(6) 混合剂型；(7) 生物农药。

6. 高分子聚合物。(1) 合成树脂及塑料；(2) 合成橡胶；(3) 合成纤维单（聚）体；(4) 其他高分子聚合物；(5) 塑料制品。

7. 涂料及无机颜料。(1) 油漆；(2) 特种印刷油墨；(3) 其他涂料；(4) 无机颜料。

8. 染料及有机颜料。(1) 纤维用染料；(2) 皮革染料；(3) 涂料印花浆；(4) 电影胶片用染料；(5) 有机颜料；(6) 其他染料。

9. 信息用化学品。(1) 片基；(2) 电影胶片；(3) X光片；(4) 特种胶片；(5) 照相用化学品；(6) 磁记录材料。

10. 化学试剂。(1) 通用试剂；(2) 高纯试剂及高纯物质。

11. 食品和饲料添加剂。(1) 食品添加剂；(2) 饲料添加剂。

12. 合成药品。(1) 抗感染类；(2) 解热镇痛药；(3) 维生素类药物；(4) 抗寄生虫病药物；(5) 内分泌系统用药；(6) 抗肿瘤药；(7) 心血管系统用药；(8) 呼吸系统用药平喘药；(9) 神经系统用药；(10) 消化系统用药；(11) 泌尿系统用药；(12) 血液系统用药；(13) 调节酸碱平衡药；(14) 手术麻醉用药；(15) 解毒药；(16) 生化药；(17) 创伤外科用药；(18) 五官科用药；(19) 皮肤科用药；(20) 诊断用药；(21) 滋补营养药；(22) 放射同位素原料药；(23) 制剂用料及附加剂；(24) 其他化学原料药。

13. 日用化学品。(1) 肥皂、洗涤剂；(2) 香料；(3) 化妆品；(4) 其他日用化学品。

14. 胶黏剂。(1) 聚醋酸乙烯胶黏剂；(2) 对脂胶黏剂；(3) 丙烯酸酯胶黏剂；(4) 聚氯酯胶黏剂；(5) 三聚氰胺胶黏剂；(6) 橡胶型胶黏剂；(7) 无机胶黏剂；(8) 热熔胶；(9) 其他胶黏剂。

15. 橡胶制品。(1) 轮胎外胎；(2) 轮胎内胎；(3) 力车胎外胎；(4) 力车胎内胎；(5) 航空轮胎系统；(6) 橡胶运输带；(7) 橡胶类传动带；(8) 橡胶三角带；(9) 橡胶风扇带；(10) 橡胶胶管；(11) 再生胶；(12) 油法再生胶；(13) 水油法再生胶；(14) 其他再生胶；(15) 橡胶导风筒；(16) 橡胶杂品；(17) 乳胶制品；(18) 胶布制品；(19) O形橡胶密封圈；(20) 密封圈；(21) 特种橡胶制品；(22) 其他橡胶制品。

16. 催化剂及化学助剂。(1) 催化剂；(2) 印染助剂；(3) 塑料助剂；(4) 橡胶助剂；(5) 水处理剂；(6) 合成纤维抽丝用油；(7) 有机抽提剂；(8) 高分子聚合物添加剂；(9) 表面活性剂；(10) 皮革用助剂；(11) 农药乳化剂；(12) 钻井用化学品；(13) 建工及建材用化学品；(14) 机械用化学助剂；(15) 炭黑；(16) 吸附剂；(17) 冶炼助剂；(18) 电子工业用化学助剂；(19) 油品添加剂；(20) 其他化学助剂。

17. 火工产品。(1) 烈性炸药；(2) 起爆药；(3) 导火索。

18. 其他化学品。(1) 煤炭化学产品；(2) 林产化学品；(3) 其他化工产品；(4) 酶。

化工产品虽然种类繁多，性质各异，但是其性质可以从产品的形态、颜色和臭味、密度或相对密度、熔点或沸点、主要功能与应用特性、危险性等六个方面进行概括。

二、化工产品组合策略

(一) 化工产品组合的含义及其要素

企业的市场营销活动是以满足市场需求为目的的,而市场需求的满足则是通过提供某种产品或服务来实现的。因此,产品是企业市场营销组合中的一个重要因素。在现代市场经济条件下,企业为了更好地满足目标市场的需求,增加利润,分散风险,往往经营多种产品,形成产品组合。

化工产品组合,是指某一化工企业所生产或销售的全部产品线和产品项目的组合或搭配,即化工企业的业务经营范围。

产品线又称为产品大类,是指一组密切相关的化工产品,这些产品或者能满足同种需求;或者必须配套使用,销售给同类用户;或者经由相同的渠道销售;或者在同一价格范围内出售。

产品项目是化工产品大类中各种不同品种、档次、质量和价格的特定产品。简单地说,产品项目就是化工企业在产品目录中明确表示出来的。

例如,某日化企业生产洗发水、浴液、香皂、牙膏等,这就是该企业的产品组合;而其中的"洗衣发水""浴液""香皂""牙膏"等大类就是产品线;每一大类中包括的具体品种、规格等就是产品项目。

(二) 化工产品组合的宽度、长度、深度和关联度

化工产品组合一共包括四个变量,即宽度、长度、深度和关联度。

(1) 化工产品组合的宽度,是指化工产品组合中所拥有的全部产品线的数目。例如,某日化生产企业的所有产品大类包括洗发水、浴液、香皂,则该企业的产品组合宽度就是3。

(2) 化工产品组合的长度,是指化工企业所有产品线中产品项目的数目,即一个企业中不同规格或不同品牌的产品的总数目。

表7-1中,该化工企业拥有五条产品线,即产品组合的宽度为5;产品组合的长度是13。

表7-1 某化工企业产品组合的宽度和长度

A产品线	B产品线	C产品线	D产品线	E产品线
A1	B1	C1	D1	E1
A2	B2		D2	E2
A3			D3	E3
A4				

(3) 化工产品组合的深度,是指一条产品线所含产品项目的多少。例如,某日化企业的牙膏生产线,可向消费者提供三种规格两种配方的产品,则该企业产品组合的深度就是 $3 \times 2 = 6$。

(4) 化工产品组合的关联度,是指化工企业各条生产线在最终用途、生产条件、分配渠道或其他方面相互关联的程度。例如,某日化企业生产洗发水、牙膏、香皂、浴液等产品,这些产品都属于日用消费品,可通过相同的销售渠道销售,因此,该企业的产品关联度

较高。

一般而言，实行多元化经营的企业，因同时涉及几个不相关联的行业，各产品之间相互关联的程度较为松散；而实行专业化经营的企业，各产品之间相互关联的程度则较为密切。

化工企业产品组合的宽度、长度、深度和关联度不同，就构成不同的产品组合。一般情况下，扩大产品组合的宽度有利于拓展化工企业的生产和经营范围，实行多元化经营战略，可以更好地发挥企业潜在的技术、资源及信息等各方面优势，提高经济效益，还有利于分散企业的投资风险。延伸产品线的长度，使产品线充裕丰满，使化工企业拥有更完全的产品线，有助于扩大市场覆盖面。加强产品组合的深度，在同一产品线上增加更多品种、规格、型号、款式的产品，可以使化工企业产品更加丰富多彩，满足更广泛的市场需求，提升产品线的专业化程度，占领同类产品更多的细分市场，增强行业竞争力。加强产品组合的相关性，可以强化企业各条产品线之间的相互支持，协同满足用户需求，有利于资源共享，降低成本，使企业在某一特定的市场内增强竞争力和市场地位，赢得良好的社会声誉。因此，产品组合策略是化工企业根据市场需求、营销环境及自身能力和资源条件，对生产和经营的产品从宽度、长度、深度和关联度等四个维度进行综合选择和调整的决策。

（三）化工企业产品组合策略

对化工企业而言，无论是生产经营单一产品，还是多种产品，都应针对不同的市场需求，对现有产品进行调整，使其达到最佳组合。

1. 产品线延伸策略

每个化工企业都有自己的市场定位。所谓产品线延伸策略就是化工企业突破原有的市场定位，使其超出目前范围的一种行为。产品线延伸的原因在于化工企业要开辟新的市场，以吸引更多的用户，占领更大的市场份额，或是为了满足现有用户需求的变化。产品线延伸策略主要有向上延伸、向下延伸和双向延伸三种不同的实现方式。

（1）向上延伸策略。向上延伸策略，是指原来定位于中低端产品市场的化工企业，在原有的产品线内增加高端产品项目。化工企业实施向上延伸策略的主要目的是，高端产品市场具有较大的潜在增长率和较高的利润水平；企业的技术设备和营销能力已具备进入高端产品市场的条件；企业要对产品重新进行定位等。实施这一策略，化工企业同样要面临一些风险，高端产品市场中原有企业会设置障碍阻止企业进入；由于企业长期生产中低端产品，潜在用户对其高端产品的信任程度可能会比较低，影响高端产品在该市场的销售；改变产品在用户心目中的地位有一定困难，如处理不当，将会影响产品在原有市场的声誉；原有产品的销售渠道可能缺乏高端产品的销售经验和技能，因此，企业必须培训或物色新的有经验的营销人员。

（2）向下延伸策略。向下延伸策略，是指原来定位于高端产品市场的化工企业，在原有的产品线内增加中低端产品项目。化工企业实施向下延伸策略的主要目的是，利用高端产品的声誉，吸引购买力水平较低的用户购买此产品线中的廉价产品；高端产品销售增长缓慢，企业的资源设备没有得到充分利用，为赢得更多的用户，将产品线向下延伸；企业最初进入高端产品市场的目的是建立品牌信誉，然后再进入中低端市场，以扩大市场占有率、提高销售增长率；补充企业的产品线空白。实施这一策略，化工企业需要面临一定的风险，可能会削弱本企业高端产品的竞争力，因为企业资源的有限性，分散资源不利于保持企业原有的竞争力；企业原有的经销商可能不愿意销售中低端产品；可能会影响原有产品的市场形象，尤其是名牌产品。

（3）双向延伸策略。双向延伸策略，是指原来定位于中端产品市场的化工企业在取得市场优势后，同时向产品线的上下两个方面延伸。

2. 扩大产品组合策略

扩大产品组合策略包括开拓产品组合的宽度和加强产品组合的深度。前者指在原产品组合中增加产品线，扩大经营范围。后者指在原有产品线内增加新的产品项目。扩大产品组合策略不同于产品线延伸策略，不是突破化工企业原有市场定位，而是在目前经营范围内增加产品线，以扩大经营范围或在原有产品线内增加新的产品项目。

3. 缩减产品组合策略

市场繁荣时期，较长较宽的产品组合能给化工企业带来更多的发展机会，提高利润水平。但是当市场不景气、需求不旺盛时，适当缩减产品线反而会使企业的经营状况好转。从产品组合中剔除那些获利很小甚至亏损的产品线或产品项目，化工企业可集中力量专心生产经营发展前景好的产品线或产品项目，提高专业化水平。

三、化工产品生命周期策略

（一）产品生命周期的概念

产品生命周期是指产品从试制成功投入市场开始，直到最后被淘汰退出市场为止所经历的全过程。产品生命周期是产品在市场上的新陈代谢过程，主要受社会生产力的发展水平、产品更新换代的速度、用户需求状况以及市场经营者之间的竞争状况等因素影响。随着科学技术的发展、市场竞争的日益激烈，产品的生命周期普遍呈现缩短的趋势。典型的产品生命周期包括投入期、成长期、成熟期和衰退期四个阶段，呈一条"S"形的曲线，如图7-2所示。

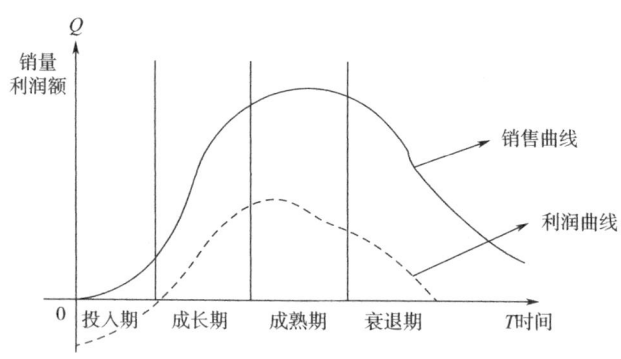

图 7-2　产品生命周期曲线图

对产品生命周期的理解应注意以下几点：

1. 产品的生命周期与产品使用寿命是两个不同的概念

产品的使用寿命是指产品的自然使用时间，是针对产品实体消耗磨损和耐用程度而言，产品使用寿命的长短主要与产品本身的性质、性能、使用条件、使用频率、使用时间等因素有关，这是具体的、有形的变化，是一种"自然寿命"。

2. 产品种类、产品形式、产品品牌的生命周期是各不相同的

产品种类的生命周期最长，有些产品种类受人口、经济等因素的影响，其生命周期几乎可以无限期地延续下去，如黏合剂、洗涤剂等。产品形式的生命周期是最典型的，它比产品种类能够更准确地体现标准的产品生命周期的历程，它的发展变化过程有一定的规律可循，如肥皂、洗衣粉等。至于产品品牌的生命周期，一般是不规则的，它受到市场环境及企业市场营销决策、品牌知名度等影响。品牌知名度高的，其生命周期就长，反之亦然。例如，像国际知名品牌"可口可乐"百年来仍然很受欢迎。

（二）产品生命周期各阶段的特点及营销策略

根据化工品产品生命周期各阶段的不同特点，化工企业应该有针对性地采取不同的营销策略。

1. 投入期

（1）投入期的特点

投入期，是指化工产品试制成功后投入市场，处于向市场推广介绍的阶段，故又称为介绍期、导入期。这个阶段的主要特点是：

① 生产成本高。新产品刚刚开始生产，数量少，技术不稳定，废品、次品率较高，单位生产成本高。

② 销售数量少、销售增长率低。新产品刚刚进入市场，用户缺乏了解，购买不活跃，购买者较少，销售量少。

③ 销售渠道少。由于新产品尚未被市场广泛接受，经销商不愿意多进货，产品的分销渠道还不畅通和稳定。

④ 竞争不激烈。新产品刚刚进入市场，市场前景不明确，生产者较少，竞争尚未真正开始。

（2）投入期的营销策略

投入期，产品销售量的增长往往比较缓慢，生产数量小，试制费用高，企业利润较低，因此，投入期的营销策略重在一个"短"字，即以最短的时间迅速进入市场和占领市场，为成长期打好基础。对于化工企业而言，产品在投入期的主要目标是在尽可能短的时间内扩大产品销量。

① 迅速撇脂策略

迅速撇脂策略，是指化工企业以高价格和高促销费用推出新产品的策略。企业为了迅速弥补产品的研制费用和小批量生产的高成本，尽快收回投资而把价格定得比成本高得多，同时配以大量的促销费用，通过广泛宣传新产品的优点以推进销售量的增长。高价格高促销易于使用户产生"优价优质"的感觉，便于提高产品的知名度，迅速打开市场。另外，高价格可使企业在投入期获得较高利润，然后企业再将价格降低，便于与日后进入的同行竞争。

化工企业采用这种策略的条件是，潜在市场上的大部分用户还不知道该产品，而了解该产品的用户急于购买并愿意按照高定价付款；市场上无替代品或该产品有明显优于同类产品的特点，企业可以迅速使用户建立对本产品的偏好。

② 缓慢撇脂策略

缓慢撇脂策略，是指化工企业以高价格和低促销费用推出新产品的策略。企业运用这种策略可以节省促销成本，赚取更多的利润。

化工企业采取这种策略的条件是：市场容量小，大部分用户已经通过其他渠道了解了产品的相关信息，企业不再需要进行大规模的广告宣传；该产品竞争者的潜在威胁不大，市场竞争不太激烈；市场上的用户愿意支付高价格来购买产品。

③ 迅速渗透策略

迅速渗透策略，是指化工企业以低价格和高促销费用的方式推出新产品的策略。企业采用这种策略可迅速占领市场，取得尽可能高的市场占有率。迅速渗透策略，产品价格低、销售费用高，企业的利润微薄，甚至出现亏损。采用这种策略其最显著的作用是，化工企业能以最快的速度取得尽可能大的市场占有率。

化工企业采取这种策略的条件是：市场规模大；潜在用户对产品不太了解，但对价格敏感；未来的市场竞争将十分激烈，必须进行大规模推销。

④ 缓慢渗透策略

缓慢渗透策略，是指化工企业以低价格和低促销费用的方式推出新产品的策略。低价格可以促使用户迅速接受新产品；低促销费用则可以降低成本，实现更多的利润。

化工企业采取这种策略的条件是，市场容量大，在短时间内不易被用户接受或短期内市场不会饱和；用户对产品熟悉且对价格敏感。采取缓慢渗透策略，化工企业还应密切关注潜在竞争者，否则，会被竞争者抢先占领市场。

2. 成长期

（1）成长期的特点

成长期，是指新产品试销成功之后，转入大批量生产和销售的阶段。这个阶段的主要特点是：

① 用户对产品已经比较熟悉，市场需求扩大，销售量迅速增加。早期用户继续购买该产品，其他用户也开始追随购买。

② 生产和销售成本大幅度下降，大批量生产和大批量销售使单位产品成本降低，企业的利润增加。

③ 企业建立了较为理想的营销渠道。

④ 竞争者相继进入，竞争趋向激烈。为了适应竞争和市场扩张的需要，企业的促销费用基本稳定或略有提高。

化工企业在成长期的主要目标是提高市场占有率，以实现市场占有率的最大化。

（2）成长期的营销策略

经过投入期，产品设计和工艺基本定型且被用户熟悉和接受。化工企业可进行大批量生产，单位成本降低，销售量和利润都迅速增加，产品美誉度和知名度持续上升，因此，在成长期，企业应抓住市场机会，迅速扩大生产能力，获得最大经济效益。针对成长期的特点，企业为维持其市场增长率，延长获取最大利润的时间，可以采取以下策略。

① 提高产品品质。化工企业通过技术改进，进一步提高产品质量，增加新性能、花色品种和款式，改进包装，增强产品的市场竞争能力，满足用户更广泛的需求，提高市场占有率。

② 树立产品形象。成长期，企业广告宣传的目标应从介绍产品转移到树立企业和产品形象上，从而增强用户对企业产品的信赖程度。这一时期，企业可着重宣传产品的特点、性能、服务、功效等，培养用户的品牌偏好，同时加大品牌和商标的宣传力度，树立企业和产品的良好市场形象。

③ 开辟新市场。结合投入期市场销售情况，化工企业通过市场细分，找到新的尚未满足的细分市场并做好充分的准备工作，一旦时机成熟，迅速进入新的市场。

④ 调整产品价格。产品的大批量生产和销售使成本降低，化工企业可以选择适当时机，灵活采取降价策略，既可以吸引对价格敏感的用户做出购买决定，又可以阻止竞争对手进入，提高竞争力。

⑤ 拓宽销售渠道。化工企业可以适当扩大销售网点，方便用户购买。值得注意的是，企业在努力开展销售工作、积极开拓市场的同时，必须考虑企业的生产能力。如果生产能力跟不上，较多的促销反而满足不了用户需求，从而导致产品质量下降，加大企业竞争的难度。

化工企业采用上述部分或全部市场扩张策略，会增强产品的竞争能力，但也会相应地加大营销成本。因此，在成长期，企业面临着"高市场占有率"或"高利润率"的选择。一般来说，实施市场扩张策略会减少眼前利润，但可增强企业的市场地位和竞争能力，有利于维持和扩大企业的市场占有率，从长期利润观点看，更有利于企业发展。

3. 成熟期

（1）成熟期的特点

成熟期，是指产品在市场上普及、销售量达到高峰的饱和阶段。这个阶段的主要特点是：

① 产品销售量的增长速度放缓，产品的市场需求量趋于饱和；

② 同类产品的市场竞争激烈，导致产品价格降低，促销费用增加；

③ 产品的利润已不再维持增长的势头。

化工企业在成熟期的主要目标是维持市场占有率，防止与抵制竞争对手的蚕食进攻，争取获得最大的利润。

（2）成熟期的营销策略

成熟期是产品生命周期的黄金时期。这一阶段，产品的销售量达到顶峰，给化工企业带来了巨额利润。但产品在成熟期的市场需求趋于饱和，产品销售量虽然仍有增长，但呈现递减趋势。市场竞争十分激烈，企业的促销费用大幅度增加。因此，在成熟期，化工企业的营销策略应突出一个"长"字，通过制定和运用合适的策略延长这一阶段的时间，获得更多的利润。

① 市场改进策略。市场改进策略的目的是巩固老用户、尽可能赢得新用户、开拓新市场，扩大产品销售量。实施这一策略的目的不是改变产品本身，而是发现产品的新用途或改变推销方式，以提高产品的销量。市场改进策略可以通过寻找新的细分市场、刺激现有用户、发展产品的新用途等几种方式实现。

② 产品改进策略。产品改进策略是指通过性能、质量、功能等方面的适当改进，将产品重新推向市场，以吸引更多的用户。具体可通过改进产品品质、改进产品性能、改进产品款式、改进产品服务等方式实现。

③ 市场营销组合改进策略。市场营销组合改进策略的主要目的，是通过营销组合中某一个要素或若干要素的改进来延长产品的成熟期，使企业获得更多利润。常见的策略有，在产品品质不变的情况下，降低价格，从竞争对手中吸引一部分用户；加强广告宣传，提高产品的市场知名度；增设销售网点，方便用户的购买；改进产品包装，吸引不同需求的用户；增加产品的附加价值，刺激用户的购买动机等。

4. 衰退期

（1）衰退期的特点

衰退期，是指产品销售量不断下降，产品出现老化现象，企业原有的生产能力与日益减少的销售量之间的矛盾十分突出，产品最终被市场淘汰而停止生产或转产的阶段。随着科学技术的发展，新产品或新的替代品出现，使用户的消费习惯发生改变，转向其他产品，从而使原有产品的销售额和利润额迅速下降。这个阶段的主要特点是：

① 产品销售量由缓慢下降变为迅速下降，用户的兴趣已完全转移；

② 产品价格已下降到最低水平；

③ 多数企业无利可图，被迫退出市场；

④ 留在市场上的企业逐渐减少产品附加服务、削减促销预算等，以维持最低水平的经营。

化工企业在衰退期的主要目标是尽快退出市场，寻找新的市场进入机会。

（2）衰退期的营销策略

产品进入衰退期，销售额和利润通常急剧下降，大量替代品进入市场，用户对原有产品的忠诚度降低。化工企业的生产能力与萎缩的市场之间的矛盾突出。因此，企业应尽快把资本投入新产品的开发，制定适时的营销策略。

① 集中策略。将企业的人力、物力、财力集中在具有最大优势的细分市场上，经营规模相对缩小，以最有利的局部市场获得尽可能多的利润。

② 持续策略。保持原有的细分市场和营销组合策略，把销售维持在较低水平上。待到适当时机，停止该产品的经营，继而退出市场。

③ 放弃策略。经过认真分析，确认某种产品无法为企业带来利益时，企业应果断放弃，把研制成功的新产品推向市场，进入一个新的产品生命周期。

阅读材料

壳牌喜力"Drive On"产品营销

2017年3月17日，壳牌喜力"超凡表现 不惧向前"品牌活动在上海全球首发。壳牌通过一系列精彩绝伦的视频，探究人们热爱驾驶的原因，聚焦壳牌极净超凡喜力全合成机油如何帮助驾驶者消除驾驶阻碍，激发驾驶乐趣，向中国广大消费者传递了壳牌喜力的全新品牌精神，彰显了百年壳牌对中国市场的长远承诺与践行。

一、背景调研

1. 市场调研：中国润滑油市场潜力巨大

随着我国经济的快速发展、工业化进程的不断加快以及汽车保有量的持续增长，我国已经成为全球最大的润滑油消费国和生产国。在车用润滑油方面，随着我国汽车保有量不断提升以及居民生活水平日益提高，我国车用润滑油需求量呈现出快速增长的趋势。

2. 受众调研："品牌"成消费者选购润滑油的首要因素

在"影响润滑油消费的原因"调查中，超过50%的消费者把品牌知名度作为了首要因素。润滑油市场以"量"制胜的时代正逐渐被"品牌消费"所取代，因为品牌是产品品质的基础和保障。

3. 产品（壳牌喜力全合成润滑油）优势

发动机压力和磨损保护。无论驾驶什么汽车，壳牌超凡喜力都能针对发动机压力和磨损提供一流保护，相比最新行业标准，其抗油降解性要高32%，而蒸发性则要低50%，让消费者尽享驾驶的乐趣。

极端温度性能。无论是1000度还是零下40摄氏度的极端气温，壳牌超凡喜力均能妥善应对。

终极动力与性能。壳牌超凡喜力可在更长时间内保持更强大的性能而保护重要的发动机零件并维持马力，满足驾驶者追求强大动力与性能的需求。

一流的活塞清洁度。蕴含壳牌PurePlus技术的壳牌超凡喜力，有助于保护高性能引擎，不因沉积物而降低动力和性能，让驾驶者驾车纵横驰骋，畅行无阻。

更高的燃油经济性。发动机启动后即可发挥节油功效，蕴含壳牌PurePlus技术的壳牌超凡喜力采用低黏度、低摩擦配方，可将燃油经济性提升高达3%。在为驾驶者节约更多金钱的同时，让他们行驶更远距离。

二、营销目标

(1) 重新点燃驾驶者的驾驶激情，让他们在享受愉悦的驾驶旅程时，感受到优质产品带给车辆的极致性能表现。

(2) 强调壳牌喜力的领先技术，了解使用先进机油的重要性，凸显全合成机油在消除驾驶阻碍上取得的卓越效果。

(3) 将壳牌品牌重新定位为一种体现情感追求的形象，成为消费者的情感寄托，从而增强品牌美誉度及忠诚度。

三、营销策略

壳牌以终端用户对高端润滑油产品的诉求为出发点，通过大众喜闻乐见的方式，结合数字媒体技术，在天门山"99弯道"拍摄一系列传播壳牌喜力全合成油产品及其品牌精神的视频。同时，创新跨界互动模式，与著名导演"重返可可西里"，以及"空投"天门山自驾游等别开生面的活动，全方位多维度诠释"超凡表现 不惧向前"的品牌精神，让受众在潜移默化中提高对壳牌喜力品牌的认知。

四、传播内容

Emotional：鼓励车主时刻保持驾驭激情，不惧任何路况挑战。

Functional：时刻为爱车注入超凡表现，激发引擎卓越性能。

1. 品牌层面：壳牌品牌实力

连续十年全球销量第一；领先的国际能源公司之一，在中国已超过120年，并致力于能源产品的技术进步、产品研发和创新；低碳环保的社会责任。

2. 技术层面：PurePlus领先技术

天然气转化为全合成基础油，更清洁，更纯净；是壳牌独有的技术专利，经过40多年的研发创新；PurePlus技术＋动力清洁分散技术，具有超强清洁能力。

3. 产品层面：壳牌超凡喜力优势

动力持久强劲，启动提速更快，带来持久的引擎性能；超乎寻常的清洁和保护，带来如出厂般清洁状态；出色的极端温度保护、更低的蒸发性、卓越的高温沉淀控制、优异的低温流动性、更好的燃油性。

4. 受众层面：驾驭激情，不惧前行

从容应对驾驭挑战，为驾驶而生，为挑战而来；为中国消费者带来驾驭激情，时刻保持活力;不管是在驾驶还是人生中的某一刻都能不惧向前。

五、媒介策略

(1) 媒体地域:重点覆盖北上广一线城市公众核心主流媒体,同时扩大网络通散媒体范围,覆盖产品销售网络;

(2) 媒体类别:选择新闻类/汽车类/生活时尚类/电影类/地理类/油品类媒体,丰富的媒体类别,多角度传播品牌信息;

(3) 媒体组合:传统媒体+新媒体,以内容深度见长;视觉媒体+听觉媒体,更直观立体。多样的媒体组合使受众多次重复接收品牌信息,增强理解。

推出"空投"天门山自驾游活动,邀请终端用户亲身体验"不惧向前"的精神力量。充分展示了壳牌喜力全合成油如何在极端驾驶中保护引擎,让驾驶者尽享驾驭乐趣,同时激发勇往直前的精神动力。

(资料来源:壳牌喜力"Drive On"公关传播案例.搜狐网.)

(三)产品生命周期的应用价值

产品生命周期为化工企业提供了一整套适用的营销策划理论。将产品在市场上的生命历程分成不同的时期,企业营销人员可以通过考虑销售和时间这两个简单易懂的变量,正确分析把握产品所处的生命周期阶段,并针对各个阶段不同的特点,采取行之有效的营销组合策略,尽可能延长产品的生命周期,实现利润最大化。具体来说,化工企业在应用产品生命周期理论时应把握好以下几点:

1. 重视新产品的研发

产品生命周期理论揭示出任何产品在市场上的运动与生物有机体一样,是一个诞生—成长—成熟—衰亡的过程。没有一种产品可以在市场上长盛不衰,产品被市场所淘汰是社会发展、科技进步和消费者需求变化的必然结果。因此,新产品的研发对企业的生存与发展至关重要。化工企业要做到居安思危,不断创新,做到"生产一代,研制一代,构思一代",为企业可持续发展奠定坚实基础。

2. 正确把握产品生命周期的变化趋势

产品生命周期理论阐明,随着时间的推移,产品在市场上的竞争态势、企业盈利状况等都会发生重大变化,呈现出显著不同的特点。化工企业应该通过对市场的观察,运用科学的方法,分析判断产品处于生命周期的哪一个阶段,推测产品在市场上的发展变化趋势。根据产品生命周期不同阶段的特点,因势利导,实施相应的市场营销组合策略,以有效地增强产品的市场竞争力,提高企业的经济利益。同时,通过对现有产品生命周期不同阶段的正确推断,为新产品的研发和投放市场提供科学依据,强化新产品研发的针对性和时效性,从而将新产品成功推向市场。

3. 尽量延长产品生命周期

研究产品生命周期的目的是尽可能延长产品生命周期。因此,化工企业需要通过各种措施,重点是延长能够给企业带来较大销售量和利润的两个阶段,即成长期和成熟期。投入期和衰退期不能给企业创造较多的利润,因此不仅不应延长,还应设法加以缩短。要延长产品生命周期,可以设法促使用户提高使用频率,增加购买次数和购买量;对产品的质量、特性等进行改良,以吸引新的用户,增加产品销售量;开拓新市场,争取新用户;拓展产品使用的新领域，以新用途来带动新需求。

但是产品生命周期理论在使用过程中也表现出一些缺点：

(1) 产品生命周期各阶段的起止点划分标准不易确认；

(2) 并非所有的产品生命周期曲线都是标准的 S 型，还有一些特殊的产品生命周期曲线在实践中难以把握；

(3) 无法确定产品生命周期曲线到底适合单一产品项目层次还是一个产品集合层次；

(4) 产品生命周期曲线只考虑销售和时间的关系，未涉及成本及价格等其他影响销售的变量；

(5) 产品生命周期理论容易让企业形成"营销近视症"，即认为产品已到衰退期而过早将仍有市场价值的好产品剔除出了产品线；

(6) 产品进入衰退期并不表示其无法再生，如果通过采取合适的改进策略，企业可能再创产品新的生命周期。

四、化工产品品牌与包装策略

品牌、商标与包装都是产品整体概念中"形式产品"的重要组成部分，品牌策略与包装策略也是企业产品策略的重要组成内容。品牌、商标与包装对化工企业和用户都是不可或缺的。

（一）化工产品品牌策略

1. 品牌的概念与作用

(1) 品牌的概念

品牌，是指用以识别某个生产者或销售者的产品或服务，并使之与其竞争对手的产品或服务区别开来的商业名称及其标志。品牌一般由文字、标记、符号、图形、颜色等要素或其组合构成。品牌是一个集合概念，包括品牌标志和品牌名称两部分。品牌标志是指品牌中可以被指认、易于记忆，但不能发出声音的部分。品牌名称是指品牌中能够用语言表示的部分。

(2) 品牌的作用

① 识别产品。选择知名品牌的产品，对用户来说无疑是一种省时、省力的方法。尤其是在大众消费品领域，同质同类的产品品牌数量极多。面对如此众多的产品和服务，用户为了规避风险，往往偏爱知名品牌的产品，以坚定购买的信心。因此，品牌是用户心目中的产品标志，代表着产品的品质、特色和企业信誉，意味着企业的经营特长和管理水平。

② 产品或企业核心价值的体现。企业不仅要将产品销售给目标用户，还要让用户通过使用对产品产生好感，从而重复购买，不断宣传，形成品牌忠诚。用户对品牌产品的使用，如果结果满意，就会围绕品牌形成消费经验，存贮在记忆中，为将来的消费决策提供依据。一些企业更为自己的品牌树立了良好的形象，赋予了美好的情感，或代表了一定的文化，使品牌及品牌产品在用户心目中形成了美好的记忆，人们对于这个品牌会感到一种文化，会联想到一种质量和标准。

③ 维护用户权益。品牌是用户识别生产者的标志，一方面企业为了维护自身形象，会竭尽全力为用户服务，提高品牌价值；另一方面，用户也可利用品牌维护自身权益，产品一旦发生质量问题，用户可通过品牌追查企业和商家的责任。

④ 改进产品。品牌代表着企业交付给用户的一系列利益的总和。为了适应不断变化的市场环境和市场需求,更好地生存和发展,打造强势品牌,企业就需要不断开发新产品,以更好地满足用户需求。

⑤ 扩大产品组合。为适应市场需要,化工企业常常需要同时生产多种产品,并不断地开发新产品,而品牌是支持其新的产品组合的无形力量。因为,如果无品牌,再好的产品或服务也会因用户无法记忆和区分产品或服务而影响在市场的销售。反之,有了品牌,用户对某一品牌产生了偏爱,则该品牌标注下的产品组合的扩大容易为消费者所接受。

2. 商标的概念

商标,是指经过商标注册获得专用权,受到法律保护的品牌全部或品牌的某一部分。企业一旦获得注册商标的专有权,其他企业或个人如果使用,必须事先征得商标所有权人的同意,否则就构成了侵权。

3. 品牌与商标的区别

品牌与商标都是用以识别不同生产经营者的不同种类、不同品质产品的商业名称及其标志,但二者仍有着十分明显的区别。

品牌是市场概念,当企业生产出产品并提供给市场用以交换时,品牌的价值与作用才能体现出来。商标是法律概念,是经国家有关管理机构认定、核准注册,受到国家法律保护。商标无论是否标注在商品上,也不管所标注的商品是否有市场,都会存在一定的商标价值,尤其是驰名商标。

英国著名品牌评估机构 Brand Finance 发布了 2020 全球化工最有价值品牌 25 强,德国巴斯夫、美国陶氏和沙特基础工业名列前三位。尽管由于化工行业经济增长普遍放缓,巴斯夫的品牌估值下降至 79 亿美元,仍比排名第二的陶氏高出 30 多亿美元,捍卫其全球化工最具价值品牌的称号,轻松稳居榜首。

(资料来源:化工号.)

4. 化工产品品牌策略

化工产品品牌策略,是指企业依据自身状况,合理、有效地运用品牌的策略,是化工企业经营自身产品或服务决策的重要组成部分。在企业具体运用中,品牌策略主要包括以下几种:

(1) 无品牌策略

尽管品牌可以给所有者和使用者带来益处,但并非所有产品都需要品牌,化工企业应视产品及市场需求特点决定是否使用品牌。一些产品由于生产过程的普遍性,在制造加工过程中不能形成一定的特性,不易与其他企业生产的同类商品相区别。例如,电力、自来水等,此类产品无论以何种方式发出总是相同的,因此,可以不使用品牌。另外,有的产品在生产过程中,企业无法保证生产的所有产品都具有相同的品质,例如,蔬菜、矿石等,一般也不使用品牌。

(2) 中间商品牌策略

某些化工企业在向市场提供产品时,一般不使用自己的品牌,而是采用中间商的品牌。这样做可以为企业节省大量的品牌宣传及产品推销费用,对中小企业来说,在发展的初期可以利用中间商的市场及品牌声誉,使自己的产品在最短的时间内进入市场,为企业创造利润。

但从长远来看,采用中间商品牌策略存在一定的风险。首先,中间商使用自己的品牌,可以有效地控制市场和价格，赚取大部分利润；其次，化工企业如果长期使用中间商品牌，会形成对中间商的过分依赖，不利于自有品牌的使用与推广，影响品牌忠诚用户培养。

（3）制造商品牌策略

化工企业使用本企业的自有品牌。使用这一品牌策略的优势在于，化工企业可以建立自己的品牌知名度，提高企业声誉；同时，也有利于企业积累品牌资产，形成持续稳定的市场竞争力。

（4）制造商品牌与中间商品牌共同使用策略

这是指化工企业对部分产品使用自有品牌，另外一部分使用中间商品牌。总的来说，采用这种策略不仅可以扩大销路，还可以保持本企业的优势。这种策略一般有三种不同的形式：

① 为达到既扩大销路又保持制造商品牌影响力的目标，制造商在部分产品上使用自有品牌销售，部分产品出售给中间商，由中间商使用自己的品牌进行销售；

② 为进入新市场，制造商先以中间商品牌销售产品，待产品打开销路，有了一定市场影响后，再改用制造商品牌；

③ 制造商和中间商品牌同时使用，兼具两种品牌单独使用的优点，增加信誉，促进产品销售，这种混合策略有助于产品进入国际市场。

（5）统一品牌策略

化工企业的全部产品统一使用相同品牌。统一品牌策略的好处在于，通过建立一个知名品牌可以带动企业多种产品的销售，节省品牌宣传及推广费用，有利于消除用户对新产品的不信任感。采用这一策略时需要注意，统一品牌在市场上已经获得相当信誉，企业必须确保每一种产品的质量，避免由于一种产品质量不达标而影响同一品牌下的其他产品以至于整个企业的信誉。

（6）个别品牌策略

化工企业对生产的每一种产品分别使用不同品牌。采用这种策略的好处在于，每一个品牌都是相互独立的，不会因某一品牌产品的质量问题而影响其他品牌的产品；便于用户对不同质量、不同档次、不同价格产品的选择；有利于企业的新产品向多个目标市场渗透。

个别品牌策略的缺点在于，要增加每一品牌的设计和营销方面的投入，加大产品的销售费用，并且在树立企业形象方面存在一定难度。

（7）多品牌策略

化工企业对同一种产品使用几个不同的品牌。这种策略可以使企业在产品分销过程中占有更大的销售空间，扩大产品销量及市场占有率。不同的品牌代表不同的特色，多品牌策略可以吸引不同需求的用户。

多品牌策略在实施中，品牌设计、宣传与推广等相关费用较高，因此，企业必须要注意各品牌的市场份额及其变化趋势，适时撤销市场占有率过低的品牌，以免造成自身品牌之间的过度竞争。

例如，宝洁公司的多品牌策略。作为一个日用化妆品公司，宝洁公司在中国首先推出的洗发水品牌是海飞丝，其诉求点是去头皮屑；紧接着是飘柔，其诉求点着眼于三合一、柔顺发质；最后是潘婷，其定位于营养发质。三大品牌诉求之不同，原因在于，通过对中国消费者的市场调查发现，头皮屑多、头发太干太枯、头发分叉、不易护理等是消费者最主要的烦恼。这三大品牌迎合了不同消费者的需求。宝洁公司后来又推出沙宣品牌，其诉求点为专业护理头发。四大洗发水品牌给消费者提供了充分选择。最终结果是，宝洁公司多个洗发水品牌占据了中国洗发水市场绝大多数的市场份额。

多品牌策略在日用消费品中是有优势的，消费者购买是寻求变化的，每次购买可能会转换品牌。因此，多品牌可以迎合消费者的不同偏好。多品牌占据的货架空间也更大，有利于销售。

（二）化工产品包装策略

1. 包装的概念与作用

（1）包装的概念

包装是产品整体概念的重要组成部分。所谓包装，是指为了在流通过程中保护产品的价值和形态，按一定方法设计并制作容器或包扎物的一系列过程。包装有两个方面的含义，一是为产品设计包装物的过程；二是指包装物本身。

包装是生产的继续，产品只有经过包装才能进入流通领域，完成销售。产品包装既可以保护产品在流通过程中品质完好和数量完整，还可以增加产品的价值，此外，良好的包装还有利于用户对产品的挑选和使用。

（2）包装的种类

包装的分类方法很多。通常人们习惯按照包装在流通领域的作用不同，把包装分为运输包装和销售包装。

① 运输包装，又称外包装或大包装，主要用于保护产品品质安全和数量完整，防止在储运过程中发生货损、货差，并最大限度地避免运输途中各种外界条件对产品产生的影响，方便检验、计数和分拨。

② 销售包装，又称为内包装或小包装，是随产品进入零售环节，与用户直接接触的部分。销售包装不仅要保护产品，还要美化和宣传产品，便于陈列展销，吸引用户，方便选购和使用。

（3）包装的作用

① 保护产品。这是包装最基本的作用。包装保护产品的作用主要表现在两个方面，一是保护产品本身。有些产品怕震、怕压、怕风吹、怕雨淋等，需要借助包装来保护。二是安全（环境）保护。有些产品属于易燃、易爆、放射或有毒物品，必须进行包装，以防泄漏造成危害。

② 方便储运。有的产品外形不固定，如液态、气态或者粉状，若不对此进行包装，则无法运输储藏，对此类产品进行包装，不仅能保值而且可以缩短交货时间。

③ 促进销售。产品给用户的第一印象，不是来自产品的内在质量，而是外观包装。精美的包装可美化产品，提高产品档次和身价，树立品牌形象，不仅便于用户识别选购，而且还能激发购买欲望。

④ 增加盈利。美观别致的包装给人以款式新颖、质量上乘的印象，用户愿意以较高的价格购买。

2. 化工产品包装设计的原则

（1）安全性原则。安全性是包装设计的最基本要求。包装材料在选择及包装物的制作过程中必须适合化工产品的各项性能，这样才能保证产品在运输、储存、销售和使用中的安全性。

（2）便利性原则。包装的造型和结构应考虑运输、保管、陈列、携带和使用的方便。在保证化工产品安全的前提下，应尽可能缩小包装体积，以利于节省包装材料和运输、储存等费用。

（3）实用性原则。包装应与所包装的产品的品质和价值水平相匹配。一般来说，包装不宜超过产品本身价值的13%～15%。若包装在产品价值中所占比重过高，会产生名不副实之感，使用户难以接受；相反，价高质优的产品自然也需要高档包装来烘托产品的高雅贵重。

（4）法律性原则。包装设计作为化工企业市场营销活动的重要环节，在实践中必须严格依法行事。另外，包装还要符合生态环境的要求，禁止使用有害包装材料，实施绿色包装。

（5）适应性原则。销往不同地区的产品，要注意包装与当地文化相适应。在国际市场营销中要特别注意，切忌出现有损宗教情感、容易引起用户反感的颜色、图案和文字。用户对产品包装的不同偏好，将直接影响其购买行为，久而久之还会形成习惯性购买心理。因此，在包装的造型、体积、重量、色彩、图案等方面，企业应力求与用户的购买心理相吻合，并使用户在某种意象上去认识产品的特质。

3. 化工产品包装策略

化工企业在开展市场营销活动时，仅有良好的包装是不够的，必须同包装策略结合起来才能发挥作用。常用的包装策略主要有：

（1）类似包装策略。类似包装策略是指化工企业所生产的各种不同产品，在包装上采用相同的图案、色彩体现共同的特征，便于用户识别本企业产品。类似包装策略适用于质量水平相近的产品，但如果企业的产品包含不同的档次和质量标准，则一般不宜采用这种包装策略。

类似包装策略不仅可以节省包装设计成本，易于树立企业整体形象，当企业推出新产品时，可以让用户首先从包装上辨认出产品，利于迅速打开市场。但这种包装策略有时会因个别产品质量下降而影响其他产品的销售。采用类似包装策略的如蓝月亮。

（2）差异包装策略。差异包装策略是指化工企业的每种产品都有自己的独特包装，在设计上采用不同的风格、色彩和材料。这种策略可以避免由于某一种产品营销失败而影响其他产品的声誉。但差异包装策略会增加企业包装设计的费用和新产品的促销成本。

（3）等级包装策略。等级包装策略是指化工企业根据产品品类、质量等级设计使用不同的包装。对高档产品采用精致包装，对低档产品采用简单包装，以适用于不同需求层次，便于消费者识别、选购产品，从而有利于全面扩大销售。对同一种产品采用不同等级的包装，以适应不同的购买力水平。

（4）配套包装策略。配套包装策略是指化工企业将几种关联性较强的产品组合在同一包装物内的做法。这种策略能够节约交易时间，便于用户购买、携带与使用，有利于扩大产品销售，还能够将新旧产品组合在一起，使新产品顺利进入市场。如，在牙膏的包装中配套一支牙刷。

（5）再使用包装策略。再使用包装策略也被称为双重用途包装策略，指包装物在被包装的产品消费完毕后还能移作他用。这种包装策略增加了包装的用途，可以刺激用户的购买欲望，有利于扩大销售，同时也可以使带有商标的包装物在再使用过程中起到延伸宣传的作用。

（6）附赠品包装策略。附赠品包装策略是指化工企业在包装物内附有赠品，以诱发用户重复购买。赠品可以是玩具、图片或是奖券。这种策略对儿童和青少年有较大的吸引力。

(7) 更新包装策略。更新包装策略是指化工企业的包装策略随着市场需求的变化而改变的做法。所谓更新包装，就是改变原来的包装。当一种包装策略无效时，可按用户的要求更换包装，实施新的包装策略，这样可以改变产品在消费者心目中的地位，进而起到迅速恢复企业声誉的效果。此外，当化工企业发现市场上出现新的用户需求时，应对原产品包装进行改进或改换，及时推出新包装，以开拓新市场，吸引新用户。

4．化工产品包装标准

(1) 袋包装（bags）

袋包装是盛装化肥、农药、水泥、粮食等粉状、粒状产品的理想包装容器，其盛装范围一般在20~50kg，具有便于装卸、堆码、搬运和储存的特点。按装载质量范围分为A型和B型，A型为<30kg，B型为30~50kg。

常见的袋包装种类：

① 塑编袋（plastic woven bag），具有高强度、耐老化、防潮、无毒、无味等特性，成本较低，在化工产品包装中普遍应用。

② 纸袋（craft paper bag），具有防漏、防潮、避光、透气性、抗静电、防滑等优点。

③ 吨袋（jumbo bag），吨袋是一种中型散装容器，是集合包装的一种，具有容积大、重量轻、便于装卸等特点，是常见的运输包装形式。主要用于盛装粉状、粒状及块状的大宗货物，如化工产品、矿产品、农副产品及水泥、农药等货物，载重量一般为400~3000kg。吨袋是由编织塑料加工缝制而成的圆形（C型）或方形（S型）袋，结构上具有足够的强度，适合于起吊运输工具的操作，有便于装卸的装置，能进行快速装卸。它通常有进出料口。

(2) 桶包装、箱包装

① 钢桶（铁桶）（iron drum）。钢桶是金属容器的一种，是用金属材料制成的容量较大的容器，一般为圆柱形。钢桶是一种重要的包装容器，由于自身特有的性质，所以在运输与周转过程中能够抵抗一般的机械、气候、生物、化学等外界环境中的危害因素，在危险货物、药品、食品、军工产品等众多产品的包装领域被广泛采用。

钢桶根据其封闭器的结构形式和封闭器直径的大小，分为闭口钢桶和开口钢桶两大类。开口钢桶又分为中开口钢桶、全开口钢桶，每种型式按容量规格构成系列。根据采用不同厚度的钢板又可分为重型桶、中型桶、次中型桶与轻型桶。在货物出口中，还会使用钢塑复合桶与钢提桶，尤其是在油漆或涂料等液体货物的包装运输中。

② 塑料桶（plastic drum）。塑料容器即中空吹塑容器，以中空成型方法加工而成。有开口塑料桶、罐及闭口塑料桶、罐。开口塑料桶、罐主要用于盛装固体化工品、食品、药品等；闭口塑料桶、罐主要用于盛装液体物质。它具有重量轻、不易碎、耐腐蚀、可再回收利用的特点，其最大容积为450L，装载货物的最大重量为400kg。

③ 纤维板桶（fiber drum）。纤维板桶也称纸板桶，是具有用纸或纸板加黏合剂制作的桶身和用相同材料或其他材料制造的桶底和桶盖的刚性圆桶，在底和盖之间应具有定位性能以便形成可靠堆积。纸桶主要适用于染料、化工、医药、食品、五金等行业的固体形状、乳状等原料和物品的包装。纸桶具有许多优于木桶、铁桶和塑料桶的独特特性，它外形美观、坚固、耐用、价格低廉、使用方便，具有防潮、防腐、密封性能好、抗压强度高等优点。

④ 纸板箱（carton）。纸板箱是比较理想的包装容器，具有轻便、牢固、减振及适合机械化生产的特点，多年来一直用于运输包装和销售包装。具有可回收再利用的优点，利于环保、利于装卸运输、利于节约木材等。

⑤ 木箱（wooden box）。木箱是以木质材料为主制成的有一定刚性的包装容器，通常为长方体。木包装箱是我国出口商品使用非常广泛的一种包装，在轻工、机械等包装领域起着不可替代的重要作用。

（3）特殊的液体包装

① 国际标准集装罐（ISO 集装罐，iso tank）。国际标准集装罐是一种安装于紧固外部框架内的不锈钢压力容器，罐体内胆大多采用 316 不锈钢制造。多数罐箱有蒸汽或电加热装置、惰性气体保护装置、减压装置及其他流体运输及装卸所需的可选设备。罐体四周有起保护和吊装作用的角部承力框架。罐箱的外部框架尺寸完全等同于国际标准 20' 集装箱的尺寸，可用于公路、铁路及水上运输。

② 软性液体集装袋（flexi tank）。软性液体集装袋是一种由两面涂有合成纤维胶的尼龙与聚酯布料或热塑性物料做成的大容量液体袋，可运载散装液体，容量 16000～23000 升（20 吨）。软性液体集装袋可运载包括石油和化学产品、非危险性液体及食品级液体。

③ 复合中型散装容器（ibc drum）。复合中型散装容器还被称为吨装方桶、吨包装集装桶、千升桶、IBC 桶、IBC 集装桶等，是世界上液体包装的大趋势。其特点为：①集约性。集约性是 IBC 集装桶最大的一项特点，它使用水为介质，每个可以灌装一吨重量（以 1000 升为例），采用高分子量高密低压聚乙烯，强度高、耐腐蚀，卫生性好，安全可靠。②以最小的占用空间提供最大包装容量，将空间利用率提高 25% 以上（1000 升集装桶与 200 升塑料桶相比），并且在储存过程中可以利用空间，叠层堆放，最高可以堆放四层，大大降低了储运成本。③结构合理，牢固，自带铲板，可以利用铲车或手动液压搬运车进行装卸运输，大大减轻了工人的劳动强度。④容器带有排液阀，排液方面可靠。可以利用液体的自重自然排液，不需要另行增加动力装置，排液彻底、迅速、安全。⑤外形尺寸符合 ISO 容器设计标准，与国际接轨，适于海运集装箱运输，20 英尺的集装箱可以装运 1000 升容器 18～20 只，大大降低了运输成本。

（4）危险品包装

危险货物指容易引起燃烧、爆炸、腐蚀、中毒或有放射性辐射等危及人类生命与财产安全的物质。危险货物对包装、积载、隔离、装卸、管理、运输条件和消防急救措施等都有特殊而严格的要求。包装直接影响危险货物的安全运输，因此，危险货物更需要严格的包装。而对危险货物包装的检验，旨在保证装有危险货物的包件能够经受得住正常运输条件。

① 危险品的分类

《关于危险货物运输的建议书》中对各种危险货物按危险性质分成九大类 21 小类：

第 1 类：爆炸品；

第 2 类：气体：压缩气体、液化气体和加压溶解气体；

第 3 类：易燃液体；

第 4 类：易燃固体、易自燃物质、遇水放出易燃气体的物质；

第 5 类：氧化性物质、有机过氧化物；

第 6 类：毒性物质和感染性物质；

第 7 类：放射性物质；

第 8 类：腐蚀品；

第 9 类：杂类危险物质。

② 危险品包装的分类

以上危险货物除第1类、第2类、第6类和第7类以外的危险货物包装，按其所装货物的危险程度分为三个类别：

Ⅰ类包装适用于高度危险货物；Ⅱ类包装适用于中度危险货物；Ⅲ类包装适用于低度危险货物。

五、化工新产品开发策略

化学工业是对国民经济以及日常生活渗透程度最高的行业之一，其增长既依赖于经济的长期发展，更依赖于机遇需求判断基础之上新产品的推出。通过对化工企业发展历程的分析，除了通过行业整合扩大生产规模和市场占有率之外，积极跟踪市场，研发推出满足市场需求的新产品更是企业主要的利润增长方式。

（一）化工新产品的概念与分类

1. 新产品的概念

新产品是指具有新功能、新结构和新用途，能在某方面满足用户新需求的产品。从市场营销学角度来看，产品只要在功能或形态上得到改进，与原有产品产生差异，不论任何一部分的创新或变革，为用户带来了新的利益；或者企业向市场提供过去未生产的产品或采用新品牌的产品都可以称为新产品。

2. 新产品的分类

按产品研究开发过程，新产品可分为全新产品、换代产品、改进产品。

（1）全新产品

全新产品，是指应用新原理、新技术、新材料和新结构等研制成功的前所未有的新产品。在这种新产品问世之前，市场上没有与此相同或相似的产品，全新产品往往是科学技术取得突破性成果的产物，适合于人类的新需求，并且对人类的生产和生活都会产生深远的影响。

（2）换代产品

换代产品，是指在原有产品的基础上，采用或部分采用新技术、新材料、新结构制造出来的产品。与原有产品相比，换代产品往往在外观、性能或者功能等方面具有较大改进，从而为用户带来新的利益，如从黑白电视到彩色电视再到液晶电视。随着科学技术的迅猛发展，产品更新换代的速度越来越快。换代产品出现后，将取代原有产品并导致其被市场所淘汰。

（3）改进产品

改进产品，是指在原有产品的基础上进行适当改进，使产品在质量、性能、结构、造型等方面有所提高。改进后的产品性能更佳、结构更合理、精度更高或者功能更齐全，这类新产品与原有产品差别不大，改进的难度不高，容易被市场所接受。如洗衣粉在传统去渍的基础上增加了杀菌防霉、护色等功能后而形成的产品即为改进产品。

（二）化工新产品开发的必要性

（1）产品生命周期的客观存在。如果化工企业不开发新产品，则当产品走向衰落时，企业将面临十分严峻的市场考验。一般而言，当一种产品投放市场后，企业就应当着手设计新产品，使企业在任何时候都有不同的产品处于生命周期的不同阶段，从而保证企业利润的稳定增长。

（2）用户需求的变化。随着社会发展和生活水平的提高，用户需求也在发生着巨大变化。一方面给企业带来了压力，使之不得不淘汰不能适应市场需求的老产品；另一方面也给企业提供了开发新产品、适应市场变化的机会。

（3）科学技术的发展。科学技术的发展促使许多高科技产品出现，加快了产品更新换代的速度。

（4）市场竞争的加剧。在市场竞争日趋激烈的今天，化工企业要想在市场上保持竞争优势，就必须不断创新，加大新产品研发力度。另外，通过不断推出新产品，可以提高企业在市场上的信誉和地位，促进新产品的市场销售。

（三）化工新产品开发的基本原则

新产品的开发对化工企业的生存与发展至关重要，但成功地开发新产品并非易事。为了提高新产品开发的成功率，化工企业在研制和开发新产品时，应该遵循以下基本原则：

（1）根据市场需求选择新产品开发的重点

化工企业新产品开发的目的是满足用户尚未得到充分满足的需要，新产品能否适应市场需求是开发成功与否的关键。因此，化工企业必须通过深入的市场调研和科学预测，分析用户需求变化的趋势以及对产品的品质、性能、款式、包装等方面的要求，研制开发满足市场需求的新产品。

（2）根据企业资源和实力确定新产品开发的方向

化工企业要根据自身的资源、设备条件和技术实力来确定新产品的开发方向。有的产品尽管市场需求相当大，但如果企业缺乏研制开发和市场开发能力，也不能盲目跟风，必须量力而行。

（3）突出企业特色

新产品开发贵在与众不同，新颖别致，这样才能形成自己的特色优势。这种特色可以表现在功能、造型上，也可以表现在其他方面，以满足不同用户的特殊爱好，激发其购买欲望。

（4）要有经济效益

新产品开发必须以经济效益为中心，这是由企业的经济性所决定的。化工企业对拟开发的产品项目，必须进行经济分析和可行性研究，以保证新产品的开发能获得预期的利润。

阅读材料

中原石化开发生产磨砂奶茶杯专用料

中原石化开发生产磨砂不透明奶茶杯专用料 PPR-M75N，这是公司进一步丰富奶茶杯产品系列、满足用户个性化需求的又一创新。

随着全面复工复产、复商复市，奶茶杯市场需求旺盛。公司抢抓市场机遇，积极与化销结合，根据用户意见和反馈，决定转产磨砂不透明奶茶杯专用料 PPR-M75N。公司高度重视，将此作为"百日攻坚创效"行动的重要举措，在相关单位的密切配合下，确保了一次开发生产成功，共生产 500 吨 PPR-M75N，增效近 30 万元。

现制奶茶是当下风靡全国的新型饮品业态,从 2017 年开始进入爆发式增长态势。奶茶市场爆发式增长的同时,用于包装的奶茶杯也发生了根本性变化,这些变化同时对制造奶茶杯的原料提出了新要求,也为中原石化进行高流动高透明新产品开发提供了机遇。2017 年 10 月,公司成功开发超高流动性注塑聚丙烯专用料 PPR-MT75,是亚洲区域内熔融指数最高的无规透明聚丙烯产品,填补了国内空白。PPR-MT75 主要应用于高端注塑领域,具有良好的刚韧平衡性,在高端薄壁制品应用领域具有独特的优势,市场前景广阔,经济效益可观。2018 年 5 月份,PPR-MT75 通过了美国 FDA、欧盟 ROHS 和国家食品卫生三项认证,标志着产品质量迈上新台阶,对公司进一步树立品牌形象、扩大市场份额、提高市场竞争力具有重要意义。2020 年 3 月份,顺利通过无塑化剂和双酚 A 认证,提升了中原石化产品口碑,为产品进一步应用于医疗以及婴幼儿用品等领域提供了数据支撑。

(资料来源:中原石化开发生产磨砂奶茶杯专用料. 中燃网.)

 项目实施

1. 思考与练习

(1) 化工企业应该如何理解产品整体概念?
(2) 什么是产品组合?化工企业应该如何进行产品组合的调整?
(3) 请结合实例分析化工产品生命周期各阶段的特点。
(4) 请结合实例分析化工企业如何实施品牌策略。
(5) 简述包装的作用,举出化工企业成功实施包装策略的实例。

2. 案例分析

跨界口罩战役: 我有熔喷布 谁有口罩机

2020 年 2 月 6 日,中国石化官方微博发布消息:我有熔喷布,谁有口罩机?这则消息在短短 1 天内阅读量超过 900 万,被转发 2.6 万次,超过中国石化官方微博以往任何一条的转发量。

"熔喷布"俗称口罩的"心脏",是口罩中间的过滤层,具有很好的过滤性、屏蔽性、绝热性和吸油性,是生产口罩的重要原料。熔喷布和其他无纺布的原料是聚丙烯。

2020 年 2 月以来,针对疫情防控中用到的口罩、注射器等聚丙烯化工产品原料,中国石化已向市场投放聚丙烯等医卫原料 1.5 万吨。但面对口罩物资紧缺的情况,中国石化急疫情之所急,最终扛起了中央企业的责任与担当,利用自身材料优势直接生产口罩,来保供一线需求。

据初步估算,从 2 月 10 日起,中国石化保供的原材料将助力新增口罩产能 13 万片/日,2 月 29 日,实现新增产能至 60 万片/日,3 月 10 日,实现新增产能至 100 万片/日以上。

与此同时,中国石化联系到 3 家地方口罩生产企业,为他们提供熔喷布原料和协调生产设备。北京市房山区的 1 家企业,马上供料就可日产口罩 3.5 万片;江苏的 1 家企业,由中国石化组织原材料,9 日开始调试生产,每天可生产口罩 10 万片;广东的 1 家企业,由中国石化通过协调,帮其采购到两条闲置生产线,调试投产可日产口罩 10 万片以上。仅这三家企业累计就可日产口罩 23.5 万只以上。此外,中国石化还与中央企业新兴际华下属口罩厂商谈成合作,提供生产原料。2 月 16 日,一条生产线将试车,届时可形成 10 万片/日产能,后续还有2条生产线在口罩机到货后继续合作,以进一步提升产能。

(资料来源:跨界口罩战役:我有熔喷布 谁有口罩机.中国经济时报.2020-02-13)

结合上述案例,分析:

(1) 化工企业应该如何实施产品策略?

(2) 化工企业应该如何更好地树立品牌形象?

项目八　化工产品价格策略

学习目标

【知识目标】

1. 掌握影响化工产品定价的因素；
2. 掌握化工企业定价方法；
3. 熟悉化工企业定价策略；
4. 了解化工新产品定价策略；
5. 了解化工企业调价策略。

【能力目标】

1. 能够根据化工企业实际选择定价方法；
2. 能够分析影响化工企业定价的因素；
3. 能够根据化工企业及产品特点选择定价策略；
4. 能够根据市场状况合理调整化工产品价格。

【价值目标】

1. 培养竞争意识；
2. 树立成本观念；
3. 提高解决问题的能力；
4. 培养科学严谨的工作精神。

知识学习

价格是市场营销组合中最重要的因素之一，也是唯一能产生收益的因素。价格的高低直接影响着用户的购买行为，决定着企业市场占有率和盈利水平。合理的定价不仅可以使企业顺利地收回投资成本，实现营销目标，还能为企业的其他活动提供必要的资金支持。因此，化工企业在制定产品价格时，既要考虑营销活动的目的和结果，又要考虑用户对价格的接受程度。

一、影响化工产品定价的因素

(一) 化工企业定价目标

定价目标是指化工企业通过制定及实施价格策略所希望达到的目的,是指导化工企业进行价格决策的主要因素。企业应根据营销总目标、面临的市场环境、产品特点等多种因素确定定价目标。化工企业常见的定价目标有以下几种:

1. 生存目标

如果化工企业面临生产过剩,或激烈竞争,或试图改变用户需求,则需要把维持生存作为最主要的目标。为了确保继续开工、出售存货,企业必须制定较低的价格。对企业而言,有时生存比利润更重要,通过大幅度的价格折扣,可以保持企业的活力,但前提是价格必须能弥补全部可变成本和部分固定成本。

2. 利润目标

即化工企业以获取最大利润为定价目标。获取利润是企业生存和发展的必要条件,是企业经营的直接动力和最终目的。因此,利润目标是企业定价目标的重要组成部分,利润最大化目标为大多数企业所采用。但化工企业在使用中需要注意以下几点:

(1) 利润最大并不意味着价格最高。因为价格过高,可能会影响产品的销售量,反而导致利润总额下降。要获得最大利润,企业在制定价格时,要同时考虑市场行情和销售数量,合理的价格会使产品实现大量销售,企业才能够获得最大利润。

(2) 短期利润最大化还是长期利润最大化。有些化工企业在当时的需求水平和竞争状况下,可以制定较高的价格以获得更高的当期利润,但却采用适中的价格,因为这样可以阻止更多的竞争者加入,从而避免激烈的市场竞争,以获得长期最大利润。

(3) 单一产品最大利润还是企业全部产品综合最大利润。化工企业可以对部分产品制定较低价格,目的是招徕用户,带动其他产品的销售,从而谋取最大的整体效益。一般而言,企业追求的应该是长期的、全部产品的综合最大利润,但还要考虑某一时期的具体条件和经营战略。对于中小企业或产品生命周期较短的企业来说,可以谋求短期利润最大化。

3. 市场占有率目标

市场占有率,又称市场份额,是指企业的销售额占整个行业销售额的百分比,或者是某企业的某种产品在某个市场上的销售量占同类产品在该市场销售总量的比重。市场占有率的高低反映了企业的经营状况和竞争能力,甚至关系到企业在市场上的地位和兴衰。为了维持或提高市场占有率,一般情况下,企业要制定出对用户有吸引力的低价策略,薄利多销。但是,在实行这一定价目标时,企业必须拥有充足的货源或生产能力以保证市场供应。

化工企业如通过制定较低价格提高市场占有率,应满足以下条件:

第一,市场对价格高度敏感,低价可以刺激需求量的迅速增加;

第二,生产与分销的单位成本会随着生产经验的积累而下降;

第三,低价能阻止现有的和潜在的竞争对手进入。

4. 产品质量最优化

产品质量最优化,是指化工企业要在市场上树立产品质量领先的目标。当市场上存在大量关心产品质量胜过价格的用户时,企业可以考虑采用质量最优化的定价目标。优质、优价是一般的市场供求准则,高价格能弥补高质量和研发中的高成本。这种定价目标适用于目标市场对产品价格不敏感,且自身具有雄厚研发能力的企业。

5. 稳定价格目标

稳定的价格通常是企业获得一定目标收益的必要条件。市场价格越稳定,企业的经营风险也就越小。有些企业为了牢固地占领市场,保证正常的生产经营,往往会维持市场价格的相对稳定。同时,产品价格的相对稳定也容易获得用户的依赖,提高企业形象。稳定价格目标的实质是通过产品定价避免不必要的价格波动,这样不仅可以使价格稳定在一定的范围内,保证企业在经营中获取稳定的利润,同时也避免了竞争中的价格战给企业带来的经营风险和财务风险。

(二)产品成本

成本是价格构成中最基本、最重要的因素,产品成本的高低,对价格起着决定性作用。产品价格只有高于成本,企业才能补偿生产中的损耗,从而获得利润。但是,化工企业在进行定价决策时,不能只考虑产品成本,有时营销人员会为了扩大销量、提高市场占有率、应对竞争者而降低价格,或者由于加速现金回收等原因使产品的价格低于成本。

产品的成本主要由固定成本和可变成本构成。所谓固定成本,是指在一定时期,不随产品产量变动而变动的成本,如厂房、机器设备、管理人员的工资等。变动成本,是指随产品产量变动而变动的成本,如直接人工、直接材料费等。

(三)市场因素

1. 市场供求状况

产品的市场供求关系主要包括供求平衡、供小于求、供大于求三种情况。当供大于求时,形成买方市场,同类产品生产者之间的竞争加剧,产品价格下降。当供小于求时,形成卖方市场,产生消费者之间的竞争,产品价格上升。反之,价格对供求也起着调节作用,当价格上涨时,会刺激生产者的生产积极性,增加产量,但会抑制消费者的购买欲望,减少需求量。当价格下降时,会抑制生产者的生产积极性,减少产量,但会刺激消费者的购买欲望,增加需求量。因此,企业在制定价格时,应当实现价格与销售量的最佳组合,以实现利润最大化。

2. 产品需求弹性

化工企业能把价格制定多高,在很大程度上取决于市场需求,但需求又受价格和收入变动的影响。因此,由价格与收入等因素而引起的相应需求的变动率,称为需求弹性。需求的价格弹性反映需求量对价格的敏感程度,以需求变动的百分比与价格变动的百分比之比值来计算,即价格每变动百分之一所引起的需求量变动的百分比。不同产品的需求价格弹性不同,因此,化工企业在制定价格时要考虑具体产品的需求价格弹性。计算公式为:

$$E_d = \frac{需求量变动百分比}{价格变动百分比}$$
$$= \frac{\Delta Q/Q}{\Delta P/P}$$
$$= \frac{\frac{Q_2 - Q_1}{Q_1}}{\frac{P_2 - P_1}{P_1}}$$

公式中,E_d 代表需求的价格弹性,即弹性系数,ΔQ 代表需求量的变动,Q 代表需求量，ΔP 代表价格的变动，P 代表价格。

需求价格弹性的变化一般有三种情况：

（1）富有弹性，即需求弹性系数＞1。表示市场需求对产品价格十分敏感，价格较小幅度的变化会引起需求较大幅度的变化。这类产品通常为非生活必需品。化工企业可以通过制定较低的价格来扩大销售量，获取更多的利润，即薄利多销。

（2）缺乏弹性，即需求弹性系数＜1。表示市场需求对产品价格不敏感，当价格有较大幅度变动时，需求量的变动幅度不大。这类产品通常为生活必需品，不适于通过降价来扩大销售量。

3. 竞争状况

在完全竞争的市场中，企业定价在一定程度上会受到竞争者的影响。因此，化工企业应通过适当的方式，了解竞争者所提供的产品质量和价格，以更准确地制定本企业产品价格。如果与竞争者的产品质量大致相当，则价格也应大体一致，否则，本企业产品的销售可能会受到影响。如果本企业产品质量优于竞争对手，则产品价格可以较高，反之，则应较低。当然，竞争对手也可能根据市场状况调整价格或调整其他市场营销组合变量，对竞争对手价格的调整，企业应及时掌握相关信息并采取相应措施。

（四）消费者心理因素

消费者的价格心理影响消费者的购买行为和消费行为，化工企业定价时必须认真考虑消费者的心理因素。消费者预期心理，是反映消费者对未来一段时间内市场供求及价格变化趋势的预测。当预测产品会有涨价趋势，消费者争相购买；反之，持币待购。

认知价值是消费者心理上对产品价值的一种估计和认同，以消费者积累的产品知识、购物经验及对市场行情的了解为基础，同时也取决于消费者个人兴趣和爱好。消费者在购买产品时，常常把价格与内心形成的认知价值相比较，确认价格合理、物有所值时才会购买。同时，消费者还会存在求新、求异、求名、求便等心理，这些心理又影响到认知价值。因此，化工企业在制定价格时，必须深入调查研究，把握消费者认知价值和其他心理预期。

（五）国家有关政策法规

政府为了维护正常的市场秩序，或为了引导产业发展方向、降低能源或资源的消耗、保障人与自然的长期和谐共存、可持续发展等目标，可能通过立法或其他途径对化工产品的价格进行干预。政府的干预措施包括规定毛利率、产品的增值税率、最高与最低限价、限定价格的浮动幅度等。如在通货膨胀时，政府甚至会全面冻结产品的价格，以缓解通货膨胀的压力。进入国际市场的产品，企业更应充分了解所在国对输出输入货物的管制措施。

化工企业定价除了受上述几项因素影响外，还受货币价值、货币流通量、国际市场竞争和国际价格变动等因素的影响。企业在制定价格策略时，必须综合地、充分地研究影响价格的多种因素，以制定出最合理的价格水平。

阅读材料

上海场外大宗商品衍生品协会发布"亚洲对二甲苯价格指数"

为促进大宗商品现货市场健康发展，增强我国化工价格国际影响力，2020 年 8 月 24 日，上海场外大宗商品衍生品协会联合会员港联企业发展（上海）有限公司，对外发布"亚洲对二甲苯价格指数"（以下简称 CAPI 指数）。

据了解，对二甲苯是一种重要的有机化工原料，是国家经济发展所必需的战略性大宗商品之一。2019 年，中国进口对二甲苯将近 1500 万吨，占全球总进口量的九成以上。

CAPI 指数以亚洲对二甲苯现货交易价格作为参照，在多维度收集报价的基础上，结合市场影响因素和趋势走向，依据预设的大数据分析模型和计算规则而形成的指数，是反映亚洲地区对二甲苯现货市场发展情况的指数之一。

随着上海国际金融中心建设推进，上海正在形成一批有国际影响力的金融市场"中国价格"。CAPI 的上线，可以为大宗商品行业经营决策提供及时、准确的商情价格信息，减少广大实体企业生产盲目性，节约生产和交易成本，增强中国在对二甲苯国际市场定价权和竞争力，同时也为蓄势待发的中国化工衍生品市场夯实基础。

（资料来源：上海场外大宗商品衍生品协会发布"亚洲对二甲苯价格指数". 上海证券报. 2020-08-24）

二、化工产品基本定价方法

产品价格的高低主要受市场需求、成本费用和竞争状况等因素影响。化工企业在制定价格时，应全面考虑这些因素。一般来说，化工企业定价主要有三种方法，分别是成本导向定价法、需求导向定价法、竞争导向定价法。

（一）成本导向定价法

成本导向定价法，是以成本为中心的定价方法，是化工企业最常用、最基本的定价方法。成本导向定价法包括成本加成定价法、目标收益定价法、盈亏平衡定价法等几种具体的定价方法。

1. 成本加成定价法

成本加成定价法就是指按照单位成本加上一定百分比的加成来确定产品的销售价格。计算公式为：

$$单位产品价格 = 单位产品总成本 \times (1 + 成本加成率)$$

单位产品总成本是指单位产品的固定成本与可变成本之和。

【例】某化工产品的单位产品总成本为 200 元，加成率为 20%，

$$则产品价格 = 200 \times (1 + 20\%) = 240（元）$$

采用成本加成定价法，确定成本加成率是关键。不同时间、不同地区、不同市场环境及不同行业，成本加成率差别很大。成本加成率的确定，必须充分考虑市场环境、行业特点等多种因素。因此，使用这种定价方法需视企业与产品的具体情况而确定加成率。

成本加成定价法的优点是，简化了定价工作，易于经济核算；若化工企业对同种产品都采用这种定价方法，产品的价格将会趋同，价格的竞争将会减少；成本加成定价法对买卖双方都比较公平。

成本加成定价法的缺点是，忽视了市场竞争和供求状况的影响，缺乏灵活性，难以适应市场竞争的变化形势。如果加成率仅从企业角度考虑，很难准确得知可获得的销售量。

2. 目标收益定价法

目标收益定价法又称目标利润定价法或投资收益率定价法,是在成本的基础上,按照目标收益率的高低计算价格的方法。其计算步骤如下:

(1) 确定目标收益率

目标收益率可表现为投资收益率、成本利润率、销售利润率、资金利润率等多种不同方式。

(2) 确定目标利润

由于目标收益率的表现形式的多样性,目标利润的计算也不同,其计算公式分别为:

$$目标利润 = 总投资额 \times 目标投资利润率$$
$$目标利润 = 总成本 \times 目标成本利润率$$
$$目标利润 = 销售收入 \times 目标销售利润率$$
$$目标利润 = 资金平均占用率 \times 目标资金利润率$$

(3) 计算单价

$$单价 = (总成本 + 目标利润) / 预计销售量$$

【例】 某化工企业年生产能力为200万件产品,估计未来市场可接受的数量为150万件,该企业总成本为1000万元,企业的目标收益率为20%,该产品的单价应为多少元?

$$目标利润 = 总成本 \times 目标成本利润率$$
$$= 1000 \times 20\% = 200 (万元)$$
$$单价 = (总成本 + 目标利润) / 预计销售量$$
$$= (1000 + 200) / 150 = 8 (元)$$

目标收益定价法的优点是,可以保证化工企业实现既定目标利润。缺点是,只从卖方的利益出发,没有考虑竞争因素和市场需求的情况。另外,这种方法是先确定销售量,再确定和计算出产品的价格,这与理论是矛盾的。一般来说,是价格影响产品的销量而不是销量决定价格。因此,根据这种方法计算出的价格不一定能保证预期销售量的实现。目标收益定价法一般适用于在市场上具有一定影响力、市场占有率较高或具有垄断性质的企业。

3. 盈亏平衡定价法

盈亏平衡定价法,是以总成本和总销售收入保持平衡为定价原则,当总销售收入等于总成本时,利润为零,企业收支平衡。计算公式为:

$$盈亏平衡点的价格 = 总固定成本/预计销售量 + 单位可变成本$$

【例】 某化工企业生产一种产品,总固定成本为100万元,每件产品的单位变动成本为50元,该产品预计销售量为1万件。以盈亏平衡定价法计算该产品的单价应为多少元?

$$单价 = (100/1) + 50$$
$$= 100 + 50 = 150 (元)$$

以盈亏平衡点确定产品价格只能使企业的生产耗费得以补偿,而不得获得利润。因此,这种方法只能在市场不景气的条件下使用。此外,这种方法的缺点是要先准确地预测出产品的销售量,如果预测不准、成本计算不准,将直接影响最终计算出的产品价格的准确性。

通过上述分析可以看出,成本导向定价法本质上是一种卖方定价导向,忽视了市场需求、竞争和价格水平的变化。采用这一方法制定的价格都是建立在对销量预测的基础上,从而降低了价格制定的科学性。因此,在采用成本导向定价法时,化工企业需要充分考虑需求和竞争状况,以确定最终的市场价格水平。

（二）需求导向定价法

现代市场营销理论认为，企业的一切生产经营必须以用户的需求为中心，并在产品、价格、分销和促销等方面予以充分体现，只考虑产品成本而不考虑市场状况及用户需求的定价是不符合现代营销理念的。

需求导向定价法，又称市场导向定价法，是指根据市场需求状况和用户对产品的感觉差异来确定产品价格的方法。这种定价方法的出发点是用户需求，因此，价格应以用户对产品价值的理解为依据来确定。需求导向定价法主要包括理解价值定价法、需求差异定价法和反向定价法。

1. 理解价值定价法

理解价值定价法，也称认知价值定价法，是指企业以用户对某种产品价值的理解程度为依据来制定价格的一种方法。

理解价值定价法实际上是化工企业利用市场营销组合中的非价格因素，如产品质量、服务和广告宣传等来影响用户，使他们对产品的功能、质量和档次有大致定位，然后再进行定价。如果企业开发高质量、高服务的产品，只要通过宣传让用户了解，即使产品定价较高，仍能吸引用户购买。如市场中的名牌化妆品，虽然价格比其他产品高出很多，但消费者仍愿意支付高价格来购买。理解价值定价法的关键在于如何准确估计用户对该产品的理解价值，过高或过低的定价都会影响企业的利润，降低企业的声誉和形象。

2. 需求差异定价法

需求差异定价法，是根据销售对象、销售地点、销售时间等条件变化所产生的需求差异，制定价格的一种方法，即对同一商品在同一市场上制定两个或两个以上的价格。采用这种定价方法，可以使化工企业的定价最大限度地符合市场需求，促进产品销售，从而有利于企业获得最佳经济效益，但需要充分考虑用户需求、购买心理、产品质量、地区差异、时间差异等。

需求差异定价法通常有以下几种形式：以用户为基础的差异定价、以地点为基础的差异定价、以时间为基础的差异定价、以产品为基础的差异定价等。

采用需求差异定价，应满足以下条件：

① 市场必须能够细分，且不同的细分市场显示出不同的需求强度；
② 某一细分市场的竞争者不会以较低的价格进行竞争；
③ 产品不可能从低价市场流向高价市场；
④ 不会因为价格的不同引起用户的不满。

3. 反向定价法

反向定价法，是指化工企业依据用户能够接受的最终销售价格，计算出成本和利润后，逆向推算出产品的批发价和零售价。这种定价方法不以实际成本为依据，而是以市场需求为定价出发点，力求使价格为用户所接受。分销渠道中的批发商和零售商多采用这种定价方法。计算公式为：

批发价格＝市场可销售价格×（1－批零价差率）
出厂价格＝批发价格×（1－销进价差率）
　　　　＝市场可销价格×（1－批零价差率）×（1－销进价差率）

反向定价法的特点是，定价能够反映市场需求状况，有利于融洽与中间商的关系，保证中间商的正常利润，使产品迅速向市场渗透，并可根据市场供求情况及时调整，定价比较灵活。

（三）竞争导向定价法

竞争导向定价法，是指化工企业在考虑自身成本、市场需求的情况下，依据竞争对手产品的价格制定本企业产品价格的方法。常用的竞争导向定价法主要有随行就市定价法和密封投标定价法。

1. 随行就市定价法

随行就市定价法，是指化工企业按照行业的平均现行价格水平来制定价格。在以下情况下，企业往往会采取这种定价方法：产品成本难以计算、竞争者不确定或打算与同行和平共处时，企业认为随行就市定价法是一种有效的定价方法。另外，采用随行就市定价法，企业不需要去全面了解用户对不同价差的反应。中小型企业适于采用这种定价方法。

采用随行就市定价法的关键是如何确定市场的"行市"。"行市"的形成一般有两种途径，一是在完全竞争的环境中，每个企业都无法决定价格，通过对市场的试探，相互之间取得一种默契而将价格保持在一定的水准上；二是在垄断竞争的市场条件下，由某一部门或行业的少数几个大企业首先定价，其他企业参考定价或追随定价。

2. 密封投标定价法

密封投标定价法，是指以投标竞争的方式确定产品价格的方法。其程序是，在产品或服务的交易中，由招标人发出招标公告，投标人竞争投标，密封递价，招标人择优选定价格。目前，许多大宗商品、原材料、成套设备和建筑工程项目最终的买卖和承包价格就是通过这种方式确定的。

密封投标定价法中，招标方通常只有一个，处于相对垄断地位，而投标方有多个，处于相互竞争地位，标的物的价格由参与投标的各个企业在相互独立的条件下自行确定。因此，投标企业在报价时，既要考虑企业利润，又要考虑中标概率。

阅读材料

化工企业的数字化动态定价——提升定价水平，实现价值创造

在化工行业中，动态定价有着广泛的应用前景，可以为企业带来巨大的潜在收益。受原油价格及市场供需关系变化的影响，作为原料的基础化学品价格往往波动性较大，因此，化工行业非常适合动态定价。原料价格的波动通过下游化学品价格的调整向下游传递，同时下游生产的化学品又被销售到众多终端应用行业。在不同的下游行业中，某种化学品创造的价值和客户愿意支付的价格可能存在很大差异。在这样的情境下，动态定价所代表的一系列定价能力，对化工企业实现最大利润起着极其重要的作用。

在化工企业中推广动态定价需要"三步走"：第一步，转换企业现有的定价工具和体系；第二步，调整定价部门的组织架构和工作流程；第三步，转变全体员工（包括从高管到一线销售人员）的思维方式、行为和能力。

一、定价工具和体系

为确保动态定价的成功实施和效果的持久性，化工企业必须拥有与之相匹配的IT体系、数据分析组织架构和绩效管理体系。化工企业在生产销售差异化的特种化学品时，应采用基于产品价值定价的策略和方法。这需要对客户采购的推动因素进行深入分析，如产品的价值增量、供应稳定性对客户的重要程度等；或者从另一个角度分析客户更换供应商的意愿及可能性等因素。通过量化这些因素并进行计算，化工企业就能按不同定价策略对客户进行分组。目前，化工企业对大客户销售特种化学品时，"次优替代物"（NBA，Next Best Alternative）的定价模式已经相当普遍，但受制于分析能力，仅能对少数客户采用这种方法。先进的大数据分析能够将该方法推广至成百上千客户的定价策略，实现更高的销售利润。

此外，化工企业还应不断提升对下游市场需求和上游原料供给的分析预测水平，以优化定价策略。由于化工行业对油气价格及供应链的敏感度很高，市场分析能力在化工产品定价中尤其有价值。

二、组织架构和流程的调整

化工企业要开发和维护动态定价体系，离不开大数据和先进的数据分析能力，需要建立专门的定价部门来实现这一功能。定价部门应成为定价专家的新据点，指导整体定价策略和特定的定价计划，并为销售人员使用新的分析工具提供建议和支持。定价专家将包括企业内部经验丰富的销售人员以及数据科学家等新角色。

定价部门需要制定明确的定价流程，从市场分析和价格预测开始，到高度细化的动态定价，对全流程进行建议、落实、回顾与管控。定价专家还需要整合定价和绩效管理的两个系统，以跟踪定价目标、利润和业务增长的实现情况。

三、动态定价中人为因素的管理

要成功实施动态定价，需要在整个组织范围内进行变革。高层管理人员需要了解并重视大数据分析的使用；销售管理者需要学习如何使用大数据分析的结果和洞见，引导销售代表的工作并使之见效；一线销售人员则需要学习如何具体使用新的销售能力。

化工行业处于制造业价值链的中游位置。化学品作为下游制造业的物质原料，其订单一般都具有长期和重复性的特点。销售人员通常会与客户形成长期合作关系，建立密切友好的联系。因此，动态定价所带来的全新模式，可能会与当前的销售模式存在相当大的差异。对化工企业而言，有效落实动态定价需要直面改变思维方式和行为模式的挑战。企业应在各层级组织一系列的培训课程，根据不同员工级别设计和实施不同的培训模式和内容。这一系列培训也包括如何将高层管理者转变为变革领导者。

利用先进的数据分析和数字化带来的新能力，化工企业可以大幅提升定价工作效率并提高盈利能力。同时，通过这一变革，企业也将有机会在更广阔的维度获得竞争力。

（资料来源：化工企业的数字化动态定价——提升定价水平，实现价值创造．搜狐网．）

三、化工产品的定价策略

（一）折扣定价策略

折扣定价策略，是指化工企业为了鼓励用户及时付清货款、大量购买、淡季购买等所采取的一种价格策略。

1. 现金折扣策略

现金折扣策略，是对在规定时间内提前付款或用现金付款者给予的一种价格折扣。其目的是鼓励用户提前支付货款，加速资金周转，降低销售费用，减少财务风险。采用现金折扣策略一般要考虑三个因素，折扣比例、给予折扣的时间限制、付清全部货款的期限。

现金折扣策略主要适用于生产者购买的工业品的定价。因为工业品的购买批量大、金额高，大多数情况不是当场支付货款或现金交易，而是在购买产品后一定时期内才支付货款。企业采用现金折扣的定价策略就是对及时和提前支付货款的用户给予价格上的优惠，促使用户为选择这种优惠而以最快的速度付清货款。

例如，双方约定，用户必须在30天内付清货款。如果10天内付清，给予5%的折扣；如果20天内付清，给予2%的折扣。

2．数量折扣策略

数量折扣策略，是指化工企业给那些大量购买某种产品的用户的一种减价措施。购买数量越多，折扣力度越大，目的是鼓励用户购买更多的产品。数量折扣可分为累计数量折扣和非累计数量折扣。

（1）累计数量折扣

累计数量折扣，即规定用户在一定时间内购买产品累计达到一定数量和金额时，按总量大小给予不同的折扣，其目的在于吸引用户经常购买本企业产品，建立起长期的购买合作关系。

（2）非累计数量折扣

非累计数量折扣，即按用户每一次购买产品数量和金额的多少给予不同的折扣，购买越多，折扣越大，目的在于鼓励用户一次性地大量购买产品，便于企业大批量的生产和销售。

数量折扣的促销作用非常明显，化工企业因单位产品利润减少而产生的损失完全可以从销量的增加中得到补偿。此外，销售速度的加快，可以使企业资金周转次数增加，流通费用下降，财务费用降低，从而实现企业总体赢利水平提高。

3．功能折扣策略

功能折扣，又称交易折扣或贸易折扣。中间商在化工产品分销过程中所处的环节不同，所承担的功能、责任和风险也不同，化工企业据此给予不同的折扣，称为功能折扣。功能折扣策略的目的是，鼓励中间商大批量订货，扩大销售，并与企业建立长期、稳定、良好的合作关系。此外，功能折扣策略还可以对中间商经营的产品的成本和费用进行补偿，并让中间商有一定的盈利。

4．季节折扣策略

季节折扣策略，是指化工企业给那些购买过季产品用户的一种价格上的优惠，以鼓励用户提前购买或在淡季购买，使企业的生产和销售在一年四季都能保持相对稳定和均衡。

季节折扣有利于减轻企业库存，加速产品流通，迅速收回资金，充分发挥生产和销售潜力，避免因季节需求变化而带来的市场风险。

5．价格折扣策略

价格折扣策略，是指用户在按价格目录将货款全部付给后，化工企业再按一定比例将货款的一部分返还用户。价格折扣的另一种做法是促销折让，即如果中间商同意参加化工企业的促销活动，则化工企业将给予其一定的减价、津贴作为报酬，以鼓励中间商宣传产品，扩大产品的销售。

（二）地区定价策略

当化工企业将产品卖给外地用户时，就需要把产品从产地运到用户所在地，这就涉及运费支付等问题,因此,化工企业需要考虑,是否对位于不同地理区域的用户制定不同的价格。

1. FOB 原产地定价策略

FOB 原产地定价策略,是指用户按照出厂价购买某种产品,化工企业只负责将产品运到产地的某种交通工具上,完成交货。交货后的一切风险和运费均由买方承担。这样,买方就需要负担从产地到目的地的运费。但是,这种定价对于距离卖方企业较远的用户会有一定的影响,由于运费价格高,买方可能会考虑购买与其距离较近企业的产品。

2. 统一交货定价策略

统一交货定价策略,是指化工企业对于购买同一产品的不同区域的用户,实行统一价格标准,即按照相同的出厂价加相同的运费(平均运费)确定产品价格。这种定价方法,实际上是让距离近的用户承担了距离远的用户的一部分运费,显然对近处的用户不利,但很受远方用户欢迎。另外,这种定价方法计算较为简便。

3. 分区定价策略

分区定价策略,是指化工企业把产品的销售市场划分成若干价格区域,对于不同价格区域的产品,分别制定不同的价格。距离企业较远的价格区域,制定较高的价格;距离企业较近的价格区域,制定较低的价格。产品在各个价格区域内实行统一价格标准。企业采用分区定价策略,可能会产生以下问题:

(1) 同一价格区域内,不同用户距离企业的远近不同,因此,此价格区域内的价格可能对距离企业较近的用户不合算;

(2) 处在两个相邻价格区域的用户,可能会按照两种不同的价格水平购买同一种产品。

4. 基点定价策略

基点定价策略,是指化工企业选定某些城市作为定价基点,然后按一定的出厂价加上从基点城市到用户所在地的运费来确定价格。有些企业为了提高价格的灵活性,选定多个基点城市,按照用户最近的基点计算运费,这样有利于企业开拓市场。

5. 免运费定价策略

免运费定价策略,是指化工企业为了快速进入某一区域市场而负担部分或全部运费。虽然这种定价策略在短期内减少了企业的销售利润,但从长远看,对于提高企业市场占有率会有明显的促进作用。此外,随着产品销售量的增加,企业的生产成本会随之降低,可以抵偿运费开支。

(三)心理定价策略

心理定价策略,是指化工企业在制定价格时,利用用户的不同心理,制定相应的产品价格,以满足不同类型用户的心理需求。

1. 整数定价策略

整数定价策略,是指企业把产品的价格定为整数,一般适用于较为贵重的产品。用户在购买这类产品时,常常把价格看作质量的标志,因此,企业通过整数定价,不仅能让企业在用户心目中树立高价高质的形象,还能使用户产生高档消费的满足感。整数定价策略适用于需求价格弹性小、价格高低不会对需求产生较大影响的产品。

2. 尾数定价策略

尾数定价策略与整数定价策略相反,它采用零头标价,以顺应用户的求廉心理。例如,本应定价为 100 元的商品，现定价为 98 元，虽然只低了 2 元，却使用户感觉便宜了很多。此外，尾数定价还会给用户定价准确的感觉，从而对企业产生信赖感，激起购买欲望。对于需求价格富有弹性的商品，尾数定价可能会带来需求量的大幅度增加。

3. 声望定价策略

声望定价策略，是指企业利用用户仰慕名牌的心理，制定远高于其他同类产品的价格。市场上，有许多产品在用户心中有极高的声望，购买这些产品的目的在于通过消费此类产品获得极大的心理满足。对于此类产品，用户重视的是商标、品牌及价格是否能炫耀其"豪华"，重视产品能否显示其身份和地位。因此，化工企业可以按照用户对这类产品的期望价值，制定出高于其他同类产品几倍，甚至十几倍的声望价格。这样既可以满足用户的心理需要，又能增加企业盈利，促进销售。

4. 习惯性定价策略

习惯性定价策略，是指根据消费者市场长期形成的习惯性价格定价的策略。对于经常性、重复性购买的产品，尤其是家庭用日用化学品等，其价格已经成为习惯性价格。化工企业对这类产品定价时，要充分考虑消费者的习惯倾向，不要随意变动价格。如因原材料涨价等原因确实需要调整价格时，最好同时采取改变包装规格、成分甚至品牌等措施，避免新价格与习惯价格明显不一致造成消费者的抵触心理。

5. 招徕定价策略

招徕定价策略，就是利用消费者对低价产品的兴趣，将少数几种产品的价格降到市场平均价格以下，甚至低于成本，以吸引用户，增加对其他产品的连带性购买，从而达到扩大销售的目的。

企业采用招徕定价策略时应注意，用来招徕的"特价品"必须是大多数家庭都需要的，而且市场价格为大多数用户熟悉，这样才能让大家知道这种产品价格确实低于一般市价，从而招徕到更多的用户。

（四）差别定价策略

差别定价策略，是指化工企业按照两种或两种以上差异的价格销售某种产品。差别定价策略主要有以下几种形式：

1. 用户差别定价策略

用户差别定价策略，即对不同的用户制定不同的价格，也就是化工企业按照不同的价格把同一种产品卖给不同的用户。对某些用户制定较高的价格，而对另一些用户则给予价格上的优惠，根据具体情况灵活掌握价格，差别对待。

2. 产品形式差别定价策略

产品形式差别定价策略，即化工企业对不同型号或形式的产品分别制定不同的价格。其价格之间的差额和成本费用之间的差额并不成比例。

3. 产品部位差别定价策略

产品部位差别定价策略，即化工企业对处于不同位置的产品分别制定不同的价格，即使这些产品的成本费用没有任何差异。

4. 销售时间差别定价策略

销售时间差别定价策略，即化工企业对于不同季节、不同时期的产品或服务也分别制定不同的价格。

（五）化工新产品定价策略

新产品定价是化工企业定价策略的关键环节，对新产品能否及时打开销路、占领市场关系重大。一般来讲，新产品定价主要有以下三种定价策略。

1. 撇脂定价策略

这是一种高价格策略，即在新产品上市之初，把产品价格尽可能定得很高，以期在较短时间内获得最大利润。这种策略类似于从牛奶中撇出奶油一样，故称为撇脂策略。采用这种策略，企业的新产品一上市便可获得较高利润。采用这种策略的企业应当具备以下条件：

（1）流行商品、全新产品或换代新产品上市之初。这个时期，用户对新商品尚无理性认识，此时的购买动机多属于求新求奇。利用这一心理，化工企业通过制定较高的价格，不但获利颇丰，还可以提高产品身份，创造高价、优质、名牌的印象。

（2）受专利保护的产品、难以仿制的产品。由于在市场上该企业是独家经营，没有其他竞争者，此时的高价格比较容易被用户接受。

（3）新产品与同类产品、替代产品相比具有较大的优势和不可替代的功能。

（4）新产品采用高价策略获得的利润足以补偿因高价造成需求减少所带来的损失。

（5）竞争者在短期内很难进入该市场。

（6）新产品上市之初，企业的生产能力有限，难以满足所有的市场需求，利用高价格可以限制需求的过快增长，缓解产品供不应求状况。

撇脂定价策略的缺点是：

（1）在新产品尚未建立起声誉时，高价格不利于市场开拓、增加销量，也不利于占领和稳定市场，容易导致新产品上市失败。

（2）高价高利会导致竞争者大量涌入，仿制品、替代品迅速出现，从而迫使价格急速下降。

（3）价格远远高于价值，在某种程度上损害了用户利益，容易招致用户的抵制，甚至会被当作暴利来加以取缔，损坏企业形象。

因此，在市场日益成熟、购买行为日趋理性时，采用这一定价策略必须谨慎。

2. 渗透定价策略

这是一种低价格策略，即在新产品投入市场时，化工企业通过制定较低的价格吸引用户，从而快速打开市场，提高市场占有率。采取渗透策略，企业应具备以下条件：

（1）市场需求对价格极为敏感，低价会刺激市场需求迅速增长。

（2）企业的生产成本和经营费用会随着生产经营经验的增加而下降。

（3）低价不会引起实际和潜在的竞争。

渗透定价策略的优点是，利用低价能使产品迅速渗入市场，扩大市场份额，实现产品规模效益；低价可以阻止竞争者进入，有利于控制市场，容易获得竞争的主动权；能为企业的未来赢得一些忠实用户。

渗透定价策略的缺点是产品利润少，投资回收期长，风险大。

3. 满意定价策略

满意定价策略是一种介于撇脂定价和渗透定价之间的折中定价策略，其所定的价格比撇脂价格低，比渗透价格高，既不是利用高价格获取高利润，也不是通过低价来占领市场。因此，这种定价策略比前两种策略的风险要小，成功的可能性要大。

满意定价策略降低了价格在营销中的作用,更加重视其他更有力或更有效的营销手段。

四、化工产品价格调整策略

产品价格制定后,如果市场环境或供求关系发生变化,产品的价格就需要进行调整。价格调整一般有两种原因,一是价格调整的动力来自企业内部,企业利用自身产品或成本优势,主动地对价格进行调整,将调整价格作为竞争的武器,这是主动调整价格;另一种是价格调整的压力来自外部,由于竞争对手价格的变动,出于应对竞争的需要,企业相应地被动调整价格。

(一)降价策略

降低价格是化工企业在经营过程中经常用到的一种营销手段。一般说来,在以下几种情况下,企业可以调低产品价格:

(1)生产能力增加或过剩,但是化工企业又不能通过产品改进和加强销售工作等来扩大销售。在这种情况下,企业就需要考虑降低价格。

(2)化工企业现有市场占有率下降。这通常发生在新进入的或已有的竞争对手采取了更具进攻性的营销策略,从而挤占本企业的市场份额。企业为防止市场份额继续丧失,不得不采取降价竞争的方式。这是一种被动降价,但如果运用得好,也会给竞争对手造成巨大的反压。

(3)成本优势。在化工企业全面提高了经营管理水平的前提下,产品的单位成本和费用有所下降,为了利用这一优势扩大销售额及市场份额,企业会主动降低价格。

(4)受生产周期阶段变化的影响。在产品生命周期的不同阶段,用户对产品的接受程度不同,市场竞争状况也有很大差异。例如,对于产品投入期较高的价格,在其进入成长期和成熟期后,市场竞争不断加剧,生产成本也有所下降,下调价格可以吸引更多的消费者,增加销售额,从而在价格和生产规模之间形成良性循环,为企业获得更多的市场份额奠定基础。

(5)受宏观政策、法律与经济环境的影响。宏观环境的变化也会导致化工企业的降价行为。政府为了保护消费者利益或控制某个行业的利润,导致该行业中产品价格的下调。此外,宏观经济环境的变化也会直接导致产品降价,在经济紧缩的形势下,由于币值上升,价格总水平下调,化工企业的产品价格也会随之降低,以适应消费者的购买力水平。

(二)提价策略

虽然价格上涨会引起用户、中间商以及推销人员的不满,但一次成功的提价却能够增加企业的利润。化工企业提价的原因主要有以下几点:

(1)企业的产品供不应求,不能满足所有用户的需要。在这种情况下,化工企业可以通过提价抑制部分需求,也可以使企业获得更多的利润,为未来的发展创造条件。

(2)成本增加。由于通货膨胀、物价上涨、化工企业经营费用上升等因素影响,企业不得不通过提价以确保获得目标利润。但企业必须预测出提价对用户需求以及竞争对手带来的影响,避免因提价过高,使需求下降过猛,不仅无法实现利润目标,甚至丢失部分市场份额。

(3)打造优质优价的名牌效应。有时化工企业涨价是为了使产品或服务与市场上同类产品或服务拉开距离，以显示高品位。作为一种价格策略，可以利用提价营造名牌形象，充分利用消费者"一分价钱，一分货"的心理，使其产生优质优价的心理认同，创造优质效应，从而提高企业及产品的知名度和美誉度。

值得注意的是，无论出于何种原因，价格的变动都会引起利益相关者的关注，并作出反应。虽然降价会增加用户利益，但可能引发用户对品牌形象的怀疑；提价能使企业利润大幅度增加，但任何提价措施都会引起用户的不满。因此，为了减少不利影响，化工企业在价格变动时应尽可能加强与利益相关者的沟通，争取更多的理解。同时，还应先预估用户和竞争者可能作出的反应，提前准备好应对措施。

（三）价格调整引起的市场反应

1. 消费者对价格调整的反应

化工企业的价格调整直接关系用户利益，影响其购买决策，因此，分析用户对价格调整的反应，是化工企业首先关注的问题。

（1）用户对化工产品降价的反应

① 产品已经老化，很快会被新产品所替代；

② 产品的质量存在问题；

③ 企业可能经营不下去了，要转行，将来产品售后服务可能会受到影响；

④ 产品的价格可能还会继续下降；

⑤ 产品的成本可能降低了。

（2）消费者对化工产品提价的反应

① 产品质量提高；

② 产品畅销，供不应求，将来价格可能还会涨；

③ 其他产品价格都在上涨，这种产品价格上调很正常；

④ 企业想多赚钱，随便乱涨价。

2. 竞争者对企业调价的反应

竞争者的反应也是化工企业调价时要考虑的因素，并应据此推断出竞争对手可能会采取的行动。不同的竞争者对企业降价可能作出不同的理解：一是该企业想与自己争夺市场；二是该企业想促使全行业降价来刺激需求；三是该企业经营不善；四是该企业可能会推出新产品。竞争者对本企业降价的不同认知将导致采取不同的应对行为。

3. 企业对竞争者调价的反应

面对激烈的市场竞争，企业经常会遇到竞争者调价的挑战，如何对竞争者的调价做出及时、正确的反应，是企业制定价格策略的一项重要内容。当企业在作出应对策略之前，必须对以下问题作出正确判断：

（1）竞争者调价的目的是什么，是长期的还是短期的，能持续多久？

（2）竞争者调价将对本企业的市场占有率、销售量、利润等方面产生什么影响？

（3）同行业其他企业对竞争者的调价行动有何反应？

（4）本企业对竞争者的调价反应后，竞争者和其他企业又会采取什么措施？

一般情况下，对于竞争者调高价格，化工企业可以采用跟随提价和维持价格不变两种策略。但是当竞争者调低价格时，企业必须慎重对待，可以做出以下反应：

（1）降价。如果目标市场对价格的敏感性较强，竞争对手的降价会促使销售量和产量增加,从而降低成本费用,提高市场占有率,这样企业必须以降价应对。降价后,产品的质量和服务水平不能下降,否则,就会降低在产品用户心目中的形象,有损企业的长期利益。

(2) 维持价格不变。如果化工企业能确定,不降价所减少的市场份额能在以后夺回来,降价反而会减少利润收入,这时企业可以维持现有价格水平。不过,企业仍然需要通过改进产品质量、提高服务水平、加强促销等手段吸引用户,以弥补竞争对手降价所带来的负面效应。

(3) 提价。化工企业在提高产品价格的同时推出某些新品牌,以围攻竞争对手的品牌。

项目实施

1. 思考与练习

(1) 化工企业的定价目标有哪些?
(2) 化工企业的定价方法主要有哪些?
(3) 请结合实例,简述化工企业如何实施定价策略。
(4) 在市场营销活动中,化工企业应该如何科学地运用价格调整策略?

2. 案例分析

硫酸价格高位震荡

2022年5月以来,硫酸价格呈现高位震荡走势,涨跌波动幅度在50元(吨价,下同)以内。生意社的监测数据显示,目前硫酸市场主流价格在1100元左右。硫酸价格高位运行,主要有三点原因。

一是原料硫黄价格大幅上涨。受到国际硫黄价格暴涨等影响,国内硫黄价格涨势如虹,价格持续上扬。据百川盈孚报道,西南某大型气田万州固硫3810元,较"五一"节前上涨300元;达州固硫汽运价格3670元,液硫汽运价格3720元,较节前均上涨300元。截至5月6日,长江主流颗粒硫参考价格约为3950元,较节前上涨180元。

二是供应减量。百川盈孚表示,5月份部分大型冶炼酸装置均有检修计划,主要在安徽铜陵、河南济源、内蒙古赤峰等地区。另外,湖北某年产能110万吨硫酸装置预计近日短期检修,硫酸市场供应端释放利好。

三是下游需求较好。磷肥行业中使用硫酸较多,目前磷酸一铵开工率为53.9%,磷酸二铵开工率为61.8%,开工率小幅增加,价格坚挺上行,对硫酸需求较大。硫酸的另一个下游行业钛白粉又掀起新一轮上涨,行业景气度高。5月12日晚,龙佰集团发布公告上调氯化法钛白粉和部分硫酸法钛白粉销售价格。

从历史价格看,硫酸价格超过800元就算较高价格,而现在已突破千元,与去年同期相比大涨76.1%。对此,市场存在着一定的畏高情绪,继续上涨的难度较大,价格将以高位震荡为主。

(资料来源:硫酸价格高位震荡.中国化工报2022-05-17)

结合上述案例,分析:

(1) 化工企业在制定价格策略时应着重考虑哪些因素?
(2) 化工企业应该如何调整价格以更好地适应市场需求?

项目九 化工产品渠道策略

学习目标

【知识目标】
1. 熟悉化工产品分销渠道的概念及类型；
2. 熟悉影响化工产品渠道的因素；
3. 掌握化工产品渠道设计原则；
4. 了解化工产品分销渠道管理。

【能力目标】
1. 能够分析化工产品分销渠道的构成；
2. 能够根据化工企业及产品特点设计分销渠道；
3. 能够对化工产品分销渠道进行有效管理。

【价值目标】
1. 树立团队协作意识；
2. 培养计划组织能力；
3. 培养创新意识。

知识学习

一、化工产品分销渠道概述

在市场经济中，化工企业与用户之间在时间、地点、数量、品种、信息等方面存在着差异和矛盾。化工企业生产出来的产品，只有通过一定的分销渠道，才能在适当的时间、地点，以适当的价格供应给广大用户，从而克服生产者与消费者之间的差异和矛盾，满足市场需求，实现企业的市场营销目标。

（一）化工产品分销渠道的概念、特征与功能

1. 化工产品分销渠道的概念

化工产品分销渠道，是指化工产品从生产者向消费者转移的过程中，为取得产品和服务

的所有权或帮助所有权转移的所有企业和个人，主要包括商人中间商、代理中间商，以及处于渠道起点和终点的生产者与消费者。

2. 化工产品分销渠道的特征

（1）分销渠道是市场营销组合策略之一。化工产品能够顺利地送达消费者，实现自身价值，离不开4PS组合中的任何一个环节。变动其中任意一个要素，都会对化工企业的营销活动带来影响。

（2）分销渠道的起点是生产者，终点是消费者。化工产品分销渠道的这一特征具有非常重要的意义，它指出了分销渠道的发力者与受力者，即企业和消费者是分销渠道的基本服务对象。很明显，化工产品分销渠道的基本功能是帮助企业完成产品销售，满足消费者的购买欲望。

（3）分销渠道引发转移商品所有权的行为。伴随着化工产品实体从生产者转移至消费者，商品所有权也从生产者转移至消费者，尽管在转移过程中，实体与所有权转移可能发生分离，但方向与终点是一致的。

（4）中间环节的介入必不可少。化工产品分销渠道的中间环节，包括参与商品所有权转移的批发商、零售商、代理商或经纪人。尽管生产者可以直接与消费者沟通，实现零渠道运作，但目前对于绝大多数生产者而言，中间环节的介入是商品所有权转移不可缺少的。

3. 化工产品分销渠道的功能

从经济理论的观点来看，化工品分销渠道的基本职能包括：

（1）研究。即化工企业收集制定计划和进行交换所必需的信息。

（2）促销。即化工企业进行关于所供应物品的说服性沟通。

（3）接洽。即化工企业寻找可能的购买者并与之进行沟通。

（4）配合。即化工企业使所供应的物品符合购买者需求，包括分类、装配、包装等活动。

（5）谈判。即化工企业为了转移所供物品的所有权，就其价格及有关条件达成最后协议。

（6）实体分销。即化工企业从事产品的运输、储存等活动。

（7）融资。即化工企业为补偿分销渠道工作的成本费用而对资金的获取与支出。

（8）风险承担。即化工企业承担与渠道工作有关的全部风险。

（二）化工产品分销渠道的类型

1. 按照是否有中间商参与，分为直接渠道和间接渠道

直接渠道也称为零层渠道，即化工企业不通过任何中间商而直接将产品销售给用户。直接渠道是化工产品分销的主要类型，例如，化工设备、分析检测仪器、化工生产过程中使用的大宗原料等。

间接渠道，是指化工产品从生产者向消费者或用户转移过程中要经过一个或一个以上的中间商。间接渠道是日用化学品分销的主要类型，如化妆品等。

2. 按照流通环节或层次的多少，分为长渠道和短渠道

一般来说，化工产品从生产者到消费者或用户转移过程中只通过一个中间环节的渠道称为短渠道；通过一个以上中间环节的渠道称为长渠道。产品从生产领域转移到用户的过程中经过的环节越多，渠道就越长。对化工企业而言，选择长渠道还是短渠道，应该综合考虑产

品特点、市场特点、企业自身条件以及市场营销策略实施的效果等因素。

3. 按照渠道中每个层次中间商数目的多少，分为宽渠道和窄渠道

分销渠道的宽窄，是指化工企业决定营销渠道的每个层次选用同种类型的中间商的数目。企业使用的同类中间商数量多，产品在市场上的分销面广，称为宽渠道。宽渠道一般适用于受众面较广的产品，如日用化学品等。窄渠道是指化工企业在某一地区或某一产品分销中只选择一个中间商为自己销售产品，实行独家经销。窄渠道一般适用于专业性强的产品或贵重产品。

4. 按照企业所采用渠道类型的多少，可分为单渠道和多渠道

当化工企业全部产品都由自己直接销售，或全部交给批发商经销，称之为单渠道。多渠道则是指化工企业在某一地区采用直接渠道，在另一地区采用间接渠道；在有些地区采用独家经销，在另一地区则采用多家分销；对消费品市场采用长渠道，对生产资料市场则采用短渠道等。

（三）化工产品分销渠道构成

1. 分销渠道的长度

分销渠道越短，信息传递速度就越快，销售就越及时，化工企业就越能有效地控制渠道。分销渠道越长，中间商就要承担大部分分销渠道职能，信息传递就越慢，流通时间就越长，化工企业对渠道的控制就越弱。

化工企业在决定分销渠道长短时，应综合分析企业特点、产品特点、中间商特点以及竞争者特点。一般来说，化工产品中技术性强、保险要求较高的产品需要较短的渠道；而单价低、标准化的日化用品则需要长渠道。从市场状况来看，用户数量少，地理分布较为集中时，易用短渠道，反之，则易用长渠道。如果化工企业自身规模较大，有一定的推销能力，则可使用较短的渠道；反之，如果企业自身规模较小，就有必要使用较多的中间商，渠道就会较长。

2. 分销渠道的宽度

（1）独家分销。独家分销是指化工企业在一定地区、一定时期内只设一家中间商经销或代理，授予对方独家经营权，这是最窄的分销渠道。

独家分销的优点在于，化工产品中间商经营积极性高，责任心强。缺点是，化工企业的产品市场覆盖面相对较窄，有一定风险，如果中间商经营能力较差或出现意外情况，将会影响化工企业整个市场营销目标的实现。

（2）广泛分销。广泛分销又称密集分销，是指化工企业广泛利用大量的中间商经销产品。化工产品中价格低、购买频率高的日化用品多采用广泛分销方式。

广泛分销的优点是，产品与用户接触机会多、广告效果明显，但化工企业基本上无法控制这类渠道，与中间商的关系也较松散。

（3）选择性分销。选择性分销，是指化工企业在市场上选择部分中间商经销本企业产品，这是介于独家分销和广泛分销中间的一种形式。

选择性分销的优点是，减少了生产企业与中间商的接触，每个中间商可获得较大的销售量，有利于提高渠道的运转效率，保护产品在用户中的声誉，化工企业对渠道也能有适度的控制能力。

二、化工产品分销渠道设计

化工品分销渠道设计,是指化工企业建立新的分销渠道或对已经存在的分销渠道进行调整的营销活动。

(一)影响化工产品分销渠道设计的因素

1. 市场因素

一般而言,市场范围宽广,适合长渠道、宽渠道。用户的集中程度高,适合短渠道、窄渠道;用户分散,则适合长渠道、宽渠道。用户的购买数量小、购买频率高,适合长渠道、宽渠道;相反,如果购买数量大、购买频率低,则适合短渠道、窄渠道。没有季节性特点的产品,一般为均衡生产,多采用长渠道;反之,季节性较强的产品,多采用短渠道。

2. 产品因素

(1) 物理化学性质。对于体积大、较重、易腐烂、易损耗的产品,适合短渠道或采用直接渠道、专用渠道;反之,适合长渠道、宽渠道。

(2) 价格。价格高的工业品、耐用消费品适合短渠道、窄渠道;价格低的日用化学品等适合长渠道、宽渠道。

(3) 时尚性。时尚程度高的产品适合短渠道;款式不易变化的产品,适合长渠道。

(4) 标准化程度。标准化程度高、通用性强的产品适合长渠道、宽渠道;非标准化产品适合短渠道、窄渠道。产品技术越复杂,需要的售后服务要求越高,适合直接渠道或短渠道。

3. 企业自身因素

企业自身因素包括财务能力、渠道的管理能力以及控制渠道的愿望。对于实力雄厚的化工企业,可以选择短渠道。实力相对薄弱的化工企业只能依赖中间商。渠道管理能力和经验丰富的化工企业,适合选择短渠道。管理能力较低的企业适合选择长渠道。对渠道控制愿望强烈的化工企业,往往选择短渠道、窄渠道;愿望不强烈的企业,则选择长渠道、宽渠道。

4. 中间商因素

中间商因素包括合作的可能性、分销费用以及服务水平。如果中间商不愿意与企业开展合作,企业只能选择短渠道、窄渠道。如果中间商的分销费用很高,企业只能采用短渠道、窄渠道。如果中间商提供的服务优质,企业可采用长渠道、宽渠道;反之,只有选择短渠道、窄渠道。

5. 环境因素

当市场处于经济萧条、衰退时期,化工企业往往采用短渠道;当经济形势较好时,可以考虑长渠道。此外,化工企业在进行渠道设计时,还必须关注国家的有关法律法规,如专卖制度、进出口规定、反垄断法、税法等。

(二)化工产品分销渠道设计的原则

1. 畅通高效的原则

这是渠道设计的首要原则。任何正确的渠道决策都应符合经济高效的要求。产品的流通时间、流通速度、流通费用是衡量分销渠道效率的重要标志。畅通的分销渠道应以消费者需求为导向,将产品尽快、尽好、尽早地通过最短的路线,以尽可能优惠的价格送达消费者方便购买的地点。畅通高效的分销渠道模式，不仅要让消费者在适当的地点、时间以合理的价格买到满意的产品，而且应努力提高企业的分销效率，争取降低分销费用，以尽可能低的分销成本，获得最大的经济效益，赢得竞争的时间和价格优势。

2. 覆盖适度的原则

化工企业在选择分销渠道模式时，仅仅考虑加快速度、降低费用是不够的，还应考虑及时准确送达的产品能不能销售出去，是否有较高的市场占有率。因此，分销渠道的设计不能一味强调降低分销成本，这样可能导致销售量下降、市场覆盖率不足。成本的降低应是规模效应和速度效应的结果。在分销渠道模式的选择中，也应避免扩张过度、分布范围过宽过广，以免造成沟通和服务的困难，导致无法控制和管理目标市场。

3. 稳定可控的原则

化工企业的分销渠道模式一经确定，便需花费相当大的人力、物力、财力去巩固，整个过程往往是复杂而缓慢的。所以，化工企业一般不会轻易更换渠道成员，更不会随意转换渠道模式。只有保持渠道的相对稳定，才能进一步提高渠道的效益。

由于影响分销渠道的各个因素总是在不断变化，一些原来固有的分销渠道难免会出现某些不合理的问题，这时，就需要分销渠道具有一定的调整功能，以适应市场的新情况、新变化，保持渠道的适应力和生命力。调整时应综合考虑各个因素的协调，使渠道始终都在可控制的范围内保持基本的稳定状态。

4. 协调平衡的原则

化工企业在设计选择分销渠道时，不能只追求自身的效益最大化而忽略其他渠道成员的局部利益，应合理分配各个成员间的利益。渠道成员之间的合作、冲突、竞争，要求渠道的管理者对此有一定的控制能力，能统一、协调、有效地引导渠道成员充分合作，鼓励渠道成员之间进行有益的竞争，减少冲突发生的可能性，解决矛盾，确保总体目标的实现。

5. 发挥优势的原则

化工企业在设计分销渠道模式时，为了争取在竞争中处于优势地位，要注意发挥各方面的优势，将分销渠道模式的设计与企业的产品策略、价格策略、促销策略结合起来，增强营销组合的整体优势。

（三）化工产品分销渠道设计的内容

化工产品分销渠道设计一般包括分析服务产出水平、确定分销渠道目标、确定分销渠道选择方案以及评估主要分销渠道方案等四个方面。

1. 分析服务产出水平

化工产品分销渠道服务产出水平，是指分销渠道策略对用户购买产品或服务问题的解决程度。影响分销渠道服务产出水平的主要因素有：

（1）购买批量，用户每次购买产品的数量。

（2）等候时间，用户在订货或现场决定购买后，一直到拿到货物的平均等待时间。

（3）便利程度，分销渠道为用户购买产品提供的方便程度。

（4）选择范围，分销渠道提供给用户产品的数量。

（5）售后服务，分销渠道为用户提供的各种附加服务，包括信贷、送货、安装、维修等内容。

2. 确定分销渠道目标

有效的分销渠道首先要解决实现什么目标，进入哪个市场。目标包括要达到的用户服务水平、中间商应发挥的功能等。化工企业制定分销渠道目标时，必须考虑来自用户、产品、中间商、竞争者以及市场环境等各种因素的影响。

3. 确定分销渠道选择方案

化工产品分销渠道选择方案由中间商的类型、中间商的数目、渠道成员的条件及相互责任等因素决定。中间商的类型有企业自营方式、制造商代理、工业品分销商。中间商的数目有密集型分销、选择型分销、独家分销。化工企业必须确定成员的条件和义务。

4. 评估主要分销渠道方案

评估化工产品主要分销渠道方案的任务，是在所有可行的方案中，选择出最能满足企业长期营销目标的分销渠道方案。因此，必须运用一定的标准对分销渠道进行全面评价，其中常用的有经济性、控制程度和适应性三方面的标准。

（1）经济性，化工企业的最终目的在于获取最佳经济效益，因此，经济效益方面主要考虑的是每一分销渠道的销售额与成本的关系。

（2）控制程度，指化工企业对分销渠道的控制能力。

（3）适应性，要求化工企业对市场需求以及由此产生的各个方面的变化有一定的适应能力。

三、化工产品分销渠道管理

（一）化工产品分销渠道管理

化工产品分销渠道管理，是指化工企业为实现分销目标而对现有渠道进行管理，以确保渠道成员之间、企业与渠道成员之间相互协调和合作的一切活动。

1. 选择分销渠道成员

（1）评估中间商经营时间的长短、成长记录、清偿能力、合作态度、声望等。

（2）评估销售代理商经销的其他产品大类的数量与性质，推销人员的素质与数量。

（3）选择独家分销时，要评估该中间商的地位、未来发展潜力及经常光顾的用户类型。

2. 激励分销渠道成员

化工企业不仅要选择中间商，而且要经常激励中间商，促使其出色地完成分销任务。因为化工企业不仅要通过中间商销售产品，有时还要把产品销售给中间商。因此，激励中间商的工作不仅必要而且重要。通行的激励措施有，向中间商提供适销对路、物美价廉的产品，使中间商有一定的利润空间；开展促销活动，给予广告支持；协助做好营销管理和人员培训，协助拓展销售市场；适当放宽中间商独立经营的条件等。

3. 评估分销渠道成员

化工企业在激励分销渠道成员的同时，也要对其加强管理、约束和评价。评估分销渠道成员的绩效，主要包括销售目标的完成情况、销售额的增长情况、市场拓展情况、市场份额、库存水平、售后服务、用户回款情况以及产品价格等。

评估分销渠道成员的方法有：

（1）将每一渠道成员的销售绩效与上期绩效进行对比，并以整个群体的升降百分比作为评价标准。对低于平均水平的渠道成员，要加强评估与激励措施。评估过程中，化工企业应对由于客观因素带来的影响,如当地经济衰退、某些用户不可避免地失去、主力推销员的失去等正确对待,不应因这些因素导致的销售绩效下降对渠道成员采取惩罚措施。

(2)将渠道成员的绩效与该地区销售测量分析所设立的配额相比较。即在销售期过后,根据实际销售额与潜在销售额的比率对渠道成员排序。这样,化工企业的评估与激励措施可以重点集中于那些未达到既定比率的渠道成员。

4. 调整分销渠道策略

(1)增减分销渠道成员。经过评估,对推销不积极或经营管理不善、难以与之合作以及给企业造成困难的渠道成员,化工企业在必要时可与其中断合作关系。企业为了开拓新市场,经过调查分析和洽谈协商,在符合企业要求的基础上,可以新增某一中间商为该地区的分销渠道成员。

(2)增减某一种分销渠道。当通过某种分销渠道销售产品时,若销售情况一直不理想,化工企业可以考虑在全部目标市场或某个区域内撤销这种渠道类型,另外增设一种其他的渠道类型。化工企业为满足用户需求开发新产品,若利用原有渠道难以迅速打开销路和提高竞争能力,则可增加新的分销渠道,以实现企业营销目标。

(3)调整整个分销渠道。有时由于市场变化太大,化工企业对原有渠道进行部分调整已难以应对市场变化和企业要求,此时,必须对分销渠道进行全面的调整。

(二)化工产品分销渠道冲突管理

1. 化工产品分销渠道冲突的定义与原因

化工产品分销渠道冲突,是指渠道成员之间由于利益关系产生的矛盾与不协调。化工产品渠道成员之间在执行产品价格、市场覆盖范围、相互竞争等方面有时会出现矛盾与冲突。如某渠道成员为增加销售额未执行企业原来规定的市场价格,损害了其他成员的利益,产生了冲突。

化工产品分销渠道产生冲突的原因主要有:

(1)价格原因。化工产品各级批发价的价差是分销渠道产生冲突的直接诱因。渠道成员若制定较低的产品价格,会影响化工企业与产品的形象与定位,而过高的价格会影响渠道成员的整体利润水平。

(2)存货水平。化工企业和渠道成员为了各自的经济利益,都希望保有较低的存货水平。但存货水平过低,会导致化工产品分销商无法及时向用户提供产品而引起销售损失甚至使用户转向竞争者。同时,渠道成员的低存货水平往往会导致化工企业的高存货水平。

(3)大客户原因。化工企业与渠道成员产生矛盾的原因之一,是化工企业会与最终用户建立直接购销关系,这些用户通常是大用户,渠道成员由此担心大客户直接向企业购买而威胁其自身的生存。

(4)资金原因。化工企业希望中间商先付款、再发货;而中间商希望能先发货、后付款。尤其是在市场需求不确定的情况下,化工产品中间商希望采用代销等方式,即产品卖出去后再付款,而这种方式增加了化工企业的资金占用,增加了财务费用。

(5)技术咨询与服务。由于渠道成员不能提供良好的技术咨询和服务,这也成为化工企业采用直接销售模式的原因之一。

(6)分销商经营竞争对手产品。化工企业不希望渠道成员同时经营竞争对手的产品,尤其在用户对企业的品牌忠诚度不高时,经营第二种产品会给化工企业带来较大的竞争压力。

而中间商却希望通过经营第二甚至第三种产品扩大经营规模，减少企业的控制。

2. 化工产品分销渠道冲突的类型

(1) 水平分销渠道冲突

水平分销渠道冲突，是指同一分销渠道模式中同一层次中间商之间的冲突。产生水平渠道冲突的原因大多是化工企业没有对目标市场的中间商数量、分管区域做出合理规划，使中间商为各自利益互相竞争。化工企业开拓了新的目标市场后，中间商为了获取更多的利益必然要争取更多的市场份额，在目标市场上开展"圈地运动"。对于此类矛盾，化工企业必须及时采取有效措施，协调并解决这些矛盾，否则，就会影响分销渠道成员的合作及产品的销售。

(2) 垂直分销渠道冲突

垂直分销渠道冲突，是指在同一渠道中不同层次中间商之间的冲突。这种冲突较水平渠道冲突更加常见。一方面，中间商从自身利益出发，采取直销与分销相结合的方式销售产品，这样就会不可避免地与下游中间商争夺客户，影响下游渠道成员的积极性。另一方面，当下游中间商的实力增强以后，希望在分销渠道中拥有更大的权利，也会向上游渠道发起挑战。有时化工企业为了推广产品，越过一级经销商直接向二级经销商供货，使上下游渠道成员之间产生矛盾。因此，化工企业必须从全局着手，妥善解决垂直渠道冲突，促进渠道成员间更好地合作。

(3) 不同渠道间的冲突

不同渠道间的冲突，是指化工企业建立多渠道营销系统后，不同渠道服务于同一目标市场时所产生的冲突。随着细分市场和可利用的分销渠道不断增加，越来越多的化工企业采用多渠道营销系统。因此，化工企业要进行统筹协调，引导渠道成员之间有序竞争。

3. 渠道冲突解决办法

(1) 目标管理

化工企业面对竞争时，要团结分销渠道的所有成员，通过共同努力，实现单个企业不能实现的目标，包括分销渠道生存、市场份额、高品质和用户满意。

(2) 沟通

即化工企业通过协调、劝说解决渠道冲突。从本质上说，劝说是为存在冲突的分销渠道成员提供沟通机会，强调通过劝说来影响其行为，也是为了减少有关职能分工引起的冲突。

(3) 协商谈判

谈判的目的在于停止分销渠道成员间的冲突。谈判是化工产品分销渠道成员讨价还价的一个方法，在谈判过程中，每个成员会放弃一些东西，从而避免冲突发生，但谈判能否成功取决于成员的沟通能力。

(4) 法律策略

冲突有时要通过政府来解决，诉诸法律是一种借助外力解决问题的方法。这种方法的采用意味着化工产品分销渠道中的领导者已不再发挥作用，即通过谈判、劝说等途径已没有效果。一旦采用了法律手段，另一方可能会完全遵守其意愿改变其行为，但是会对诉讼方产生不满，这样的结果可能会让双方的冲突增加而非减少。从长远看，双方可能会不断发生法律的纠纷问题而使渠道关系不断恶化。

(5) 退出

解决冲突的最后一种方法就是退出该分销渠道。事实上，退出某一分销渠道是解决冲突的普遍方法。若一个化工企业想继续从事原行业，必须有其他可供选择的渠道。对于该公司而言，可供选择的渠道成本至少不应该比现在大，或者愿意花费更大的成本避免现有矛盾。当水平性或垂直性冲突处在不可调和的情况下时，退出是一种可取的办法。从现有渠道中退出可能意味着中断与某个或某些渠道成员的合同关系。

四、化工产品中间商

化工产品中间商，是指在化工企业与最终消费者或用户之间参与商品交易业务，促使买卖行为发生和实现的、具有法人资格的经济组织或个人。

（一）经销商和代理商

中间商按是否拥有商品所有权，可分为经销商和代理商。

1. 经销商

经销商是指从事商品交易，在商品买卖过程中拥有商品所有权的中间商。经销商销售商品，首先要购买商品，取得商品所有权，因此，有一定的经营风险。

2. 代理商

代理商是指受生产者委托从事商品交易，但不拥有商品所有权的中间商。代理商根据自身销售业绩，按照和企业约定好的比例提取一定的佣金。

（二）批发商和零售商

中间商按其在流通过程中所起的作用不同，可分为批发商和零售商。

1. 批发商

批发商是指以批发经营活动为主业的企业和个人。批发商向生产企业购进产品，然后转售给零售商、产业用户或其他组织，不直接服务于最终消费者。批发商享有分销上的规模优势，并拥有专业化分工带来的专有技术和资源，是产品流通中的关键环节。

2. 零售商

零售商是指把商品直接销售给最终消费者，以供应消费者个人或家庭消费的中间商。零售商在商品流通的最终环节，直接为消费者服务。零售商的交易对象是最终消费者，交易结束后，商品脱离流通领域，进入消费领域；零售商销售商品的数量比较小，但频率高；零售商数量多，分布广。

阅读材料

长城高级润滑油公司的分销渠道策略

长城高级润滑油公司（以下简称长城公司）是一家属于中国石油化工总公司的大型高级润滑油生产企业。经过十几年的生产、经营、"长城"牌润滑油已成为国内广大润滑油经销商及用户心目中公认的名牌产品。

随着业务不断扩大，长城公司愈加突出地感觉到分销渠道工作中面临一些问题。这些问题包括：如何能进一步提高销售量？如何解决经销分销渠道混乱、经销商相互压价和三角债等对长城油的销售起着严重副作用的现象？通过市场调查，长城公司发现：长城产品的铺货面领先于竞争对手;长城公司的分销渠道政策存在着较多的问题,如价格体系、对经销商的管理等;对于长城油的市场业绩,最终用户"拉"的力量要大于经销商"推"的力量,因此,应加强对经销商的工作;代理制和特许专卖的方式对经销商的吸引力很大,应加强在此方面的试点及推广工作;长城油仍有一定的市场潜力;广大零售商被长城公司的销售工作所忽视,今后应加强对零售商的工作,激发他们的积极性。

1. 分销网络的范围与效率

长城油有广阔的分销网络。但是分销网点的地区分布并不均衡。一方面有些地区的经销网点太少,经销商推销能力不强,影响了长城油的市场业绩;另一方面有些地区的经销网点太多,分销渠道冲突难以控制,影响经销商的积极性。

2. 经销商的积极性

经销商普遍认为经销长城油的利润太低,因此,许多经销商是被用户的需求拉着走,如果情况变化,他们很可能不再经营长城油。与此相反,由于竞争品牌做了大量努力,许多经销商都在积极推销竞争品牌。而长城公司对经销商的扶持不够,没有对经销商进行分级管理,给予相应的支持和优惠政策。主要表现为:

(1) 对经销商的服务项目少;对经销商的抱怨不能及时处理;对经销商提出的建议未能及时反应;缺乏完善的服务体系。

(2) 长城公司的用户服务水平较低,未来的竞争很可能会演变成服务竞争,长城公司在此方面,无论是在思想认识上还是行动上,都与竞争对手(进口品牌)有很大差距。

针对以上问题,长城公司将分销渠道策略调整为:

(1) 调整分销网点布局,进行适当增减。全面评估各级经销商,以备重新安排;在有条件的地区建立严格的分级代理制;重新制定批发商管理规范,严格管理;全面建立指定经销、特约经销、专卖店体制;选择适当地区建立仓储中心,完善物流系统。

(2) 扩大销售队伍规模,至少要扩大50%。对于许多消费品市场营销来说,分销渠道建设与管理工作的重要性并没有得到很多企业营销管理人员的重视。从长城公司的案例中可以看到,虽然质量、价格、广告等因素非常重要,但对企业营销效果产生最大影响的因素,也是企业最薄弱的环节,往往出在分销渠道建设和分销渠道管理方面。

项目实施

1. 思考与练习

(1) 简述影响化工产品分销渠道设计的因素。

(2) 简述化工产品分销渠道设计的原则。

(3) 结合化工产品的特点,简述化工企业应该如何选择中间商。

(4) 简述化工产品分销渠道冲突管理的方法。

2. 案例分析

蝉联多平台第一,蓝月亮"双11"背后还有这些点值得关注

2021年"双11"各"战报"榜首仍被行业龙头品牌占据。其中,家清巨头蓝月亮在本次"双11"的表现引起关注,第三方平台数据显示,蓝月亮位列天猫、京东等主流电商平台衣清品牌销量榜首,同时,在美团闪购、京东到家等平台,蓝月亮也夺得多个第一。

蓝月亮坚持"以消费者为核心",不断健全渠道体系,融合线上线下资源,为消费者打造便捷的消费体验。2021年"双11",线上及线下齐发力成为蓝月亮一大亮点,助力其登顶多平台榜首。

早在2012年,蓝月亮就积极布局各电商渠道,与天猫、京东等平台达成合作。蓝月亮作为同业中最早布局线上渠道的日化企业之一,具备了平台、资源等先发优势,牢牢把握住线上渠道红利。2021年"双11",蓝月亮在衣物清洁与护理品类方面持续位列天猫、京东等多平台衣清品牌排行榜第一名。

同时,蓝月亮还在不断做深做广线上渠道,投资经营越来越多元化的新兴在线销售及分销渠道,包括深入打造在线直播平台,利用自营账号开展销售及营销活动等。通过在线上流量入口的抢先布局,蓝月亮实现抢先卡位,提高产品曝光度,强化品牌力,从而保持了在线上渠道一贯的竞争优势。平台数据显示,2021年"双11",蓝月亮在天猫家清行业"双11"全周期自播引导成交排行位居第一,"双11"当天,也在京东直播单品排位赛中登上衣物清洁榜排名第一位。

蓝月亮同样重视线下渠道的改革升级,通过加强线下分销网络的资源分配,改善采购及存货管理,为消费者提供更佳的服务;加大对中国所有大型城市的市中心地区乃至县、镇及村的深入渗透,深挖下沉市场,与更多符合蓝月亮"以消费者为核心"理念的经销商和零售门店开展合作。

据了解,蓝月亮已顺利完成全国O2O战略规划,积极布局社区零售业务,满足地方消费者的需求。目前,O2O模式已成为蓝月亮发展线下业务的重要助力。2021年,蓝月亮首次参与京东到家、美团闪购等O2O平台"双11"活动,展现出强劲的品牌影响力和渠道运营能力,"双11"当天夺得京东到家织物清洁品类销售额排行榜第一、美团闪购家用清洁剂品类销售额排名第一。

(资料来源:蝉联多平台第一,蓝月亮"双11"背后还有这些点值得关注. 中国商报 2021-11-19)

结合上述案例,分析:

(1) 蓝月亮的成功,对化工企业有哪些启示?

(2) 化工企业在设计营销渠道时应主要考虑哪些因素?

项目十 化工产品促销策略

学习目标

【知识目标】

1. 熟悉化工产品促销策略的概念及作用；
2. 熟悉化工产品促销手段；
3. 掌握化工产品广告促销策略；
4. 掌握化工产品营业推广策略；
5. 掌握化工产品人员推销策略。

【能力目标】

1. 能够根据化工企业及产品特点选择促销策略；
2. 能够根据化工企业及产品特点选择广告媒体；
3. 能够根据化工企业及产品特点制定营业推广策略。

【价值目标】

1. 培养爱岗敬业的精神；
2. 培养沟通交流的能力；
3. 树立法律意识；
4. 树立文化自信。

一、化工产品促销的概念与作用

（一）促销的概念

促销，是指化工企业以各种有效方式向目标市场传递有关信息，启发、推动或创造用户对企业产品和劳务的需求，并引起购买欲望和购买行为的一系列综合性活动。化工产品促销的本质是化工企业与目标市场之间的信息沟通。

（二）促销的作用

（1）提供企业信息。通过宣传，可以让用户了解化工企业及其产品特点，从而提高用户的关注度，激发购买欲望，为实现和扩大销售做好舆论准备。

（2）唤起需求。新产品上市之初，用户对产品的认知程度较低，消费积极性和购买欲望也不高。通过有效的促销活动，可以引起用户兴趣，创造新的需求，从而为新产品打开市场，建立声誉。

（3）促进销售。促销是创造竞争差异性，提升竞争优势、打击竞争对手的有效手段。化工企业可以通过有效的促销提升竞争优势，促进产品销售。

（4）树立形象。通过促销活动，化工企业可以树立良好的企业形象和产品形象，尤其是通过对名、优、特产品的宣传，促使用户对企业及其产品产生好感，从而培养和提高品牌忠诚度，巩固和扩大市场占有率。

（三）化工产品促销组合

1. 化工产品促销组合方式

促销组合是一种组织促销活动的策略思路，是化工企业运用广告、人员推销、营业推广、公共关系四种基本的促销方式组合成一个策略系统，使企业的全部促销活动互相配合、协调一致，最大限度地发挥整体效果，从而顺利实现企业的营销目标。

促销组合是一种系统化的整体策略，四种促销方式构成了这一整体策略的四个子系统，每个子系统都包括了一些可变因素，即具体的促销手段或工具。某一因素的改变意味着组合关系的变化，也就意味着一种新的促销策略。

（1）人员推销。人员推销是指化工企业派出推销人员或委托推销人员，直接向用户介绍、推广、宣传，以促进产品销售的活动。

化工产品的人员推销可以是面对面交谈，也可以通过电话、信函交流。推销人员的任务除了完成一定的销售量外，还必须及时发现用户的需求并开拓新的市场，创造新的需求。

（2）广告促销。广告是化工企业以付费的形式，通过一定的媒介，向广大目标用户传递信息的有效方法。广告不是一味地单向沟通，而是把企业与用户共同的关心点结合起来考虑广告的制作和传播。

（3）营业推广。营业推广是由一系列短期诱导性、强刺激的战术促销方式组成的。它一般只作为人员推销和广告的补充方式。与人员推销和广告相比，营业推广不是连续进行的，只是一些短期性、临时性的、能够使用户迅速产生购买行为的措施。

（4）公共关系。公共关系是化工企业通过有计划的长期努力，影响社会团体与公众对企业及产品的态度，从而使企业与社会团体及公众建立良好的关系。良好的公共关系可以起到维护和提高企业声望，获得社会信任的目的，从而间接促进产品的销售。

2. 影响化工产品促销组合决策的因素

（1）促销目标。促销目标是影响化工企业促销组合决策的首要因素。不同的促销方式都有各自独立的特性和成本。企业营销人员应根据具体的促销目标选择合适的促销方式组合。

（2）产品类型。不同类型的产品，用户在信息需求、购买方式等方面存在较大差异，化工企业应采用不同的、有针对性的促销方式组合。

（3）市场特点。目标市场的不同特征是影响化工企业促销组合决策的重要因素。在地域广阔、分散的市场,广告有着重要的作用。如果目标市场较为集中,使用人员推销方式更为有效。此外,目标市场的其他特性,如消费者收入水平、文化、风俗习惯、经济政治环境等也会对各种促销方式产生不同的影响。

(4) 产品生命周期。在不同的生命周期阶段,化工企业的营销目标及重点都不一样,因此,促销方式也不尽相同。投入期,为了让用户尽快认识并了解新产品,企业可利用广告与公共关系广为宣传,同时配合使用营业推广和人员推销,鼓励用户试用新产品。成长期,企业要继续利用广告和公共关系来扩大产品的知名度。成熟期,市场竞争激烈,企业要用广告及时介绍产品的改进,同时使用营业推广增加产品的销量。衰退期,营业推广的作用更为重要,同时配合少量的广告来保持用户的记忆。

(5) "推动"策略和"拉引"策略。根据促销信息流动的方向,化工企业可以将促销方式分为"推动"策略和"拉引"策略。"推动"策略要求企业以人员推销方式进行促销活动。"拉引"策略则要求企业在广告方面投入较多,以建立消费者的需求欲望。

二、化工产品广告策略

(一) 广告的概念与作用

1. 广告的概念

广告不仅是企业普遍重视和广泛应用的一种促销形式,也是用户接触最多、对社会生活影响最大的促销方式。

1948年,美国营销协会定义委员会(The Committee on Definitions of the American Marketing Association)形成了一个具有较大影响的广告定义,即广告是由可确认的广告主,对其观念、商品或服务所作的任何方式付款的非人员式的陈述与推广。

美国广告协会对广告的定义是,广告是付费的大众传播,其最终目的为传递情报,改变人们对广告商品的态度,诱发其行动而使广告主得到利益。

综合以上观点,广告是指以广告主的名义,并由其支付一定费用,通过大众传媒向公众传递关于商品或服务的信息,并劝说其购买的一种促销活动。广告不同于一般大众传播和宣传活动,其特点主要表现在:

(1) 任何广告都有明确的主体,即广告主。广告是企业为实现一定的营销目标而向现实或潜在用户传递商业信息而进行的活动。

(2) 广告的内容是商品、服务或观念。企业通过广告传递的信息一般有:商品信息,即有关商品品牌、特性、质量等方面的信息;服务信息,即有关服务种类、方式等信息;观念信息,即企业信誉、形象等信息。

(3) 广告是通过大众传媒进行信息传播。广告与人员推销的人际传播不同,不是以个人而是以群体作为传播对象。

(4) 广告需要支付费用。企业进行广告宣传必须付费,在广告制作与发布过程中都需要支付一定的费用。

(5) 广告是对特定目标市场的信息传播。广告是有目的、有计划,是连续的一种促销活动。广告必须根据企业或产品的目标市场来确定广告对象,传播的范围并非越广越好、时间并非越长越好。因此,广告在媒体选择上、定位分析中、表现方式上必须符合特定对象的特点及心理特征。

2. 广告的作用

（1）对企业的作用。从市场营销实践看，在企业生存与发展中，广告是企业竞争的武器。企业可以通过有效的广告制作吸引受众，以尽可能少的投入获得尽可能多的产出。利用精准的广告定位，通过有针对性的广告策略，为企业争取一定的市场份额，同时，利用广告还可以传播企业文化、树立企业形象。

（2）对消费者的作用。广告是消费者获取商品信息的重要来源。广告的反复渲染、反复刺激，以及造成的视觉、感觉印象可以扩大产品知名度，增强消费者的信任感，让消费者产生现实购买欲望，刺激消费。此外，一些广告提供的信息，如商品特性、功能、用途、使用范围等，也可以为消费者购买决策和购买行为提供便利。

（二）广告的类型

（1）根据内容不同，可分为商品广告、企业广告、服务广告和观念广告等。

（2）根据选用的媒体不同，可分为报纸广告、杂志广告、印刷广告、广播广告、电视广告、网络广告、邮寄广告、路牌广告、霓虹灯广告、橱窗广告、包装广告等。

（3）根据传播范围不同，可分为国际性广告、全国性广告、区域性广告和地区性广告等。

（4）根据目的不同，可分为营利性广告和非营利性广告。

（5）根据对象不同，可分为消费者广告、工业用户广告、商业批发广告和媒介性广告。

（6）根据诉求方式不同，可分为理性诉求广告和感性诉求广告。

（7）根据产生效益的快慢，可分为速效性广告和迟效性广告。

（8）根据产品生命周期阶段的不同，可分为开拓期广告、竞争期广告和维持期广告。

（9）根据表现艺术形式的不同，可分为图片广告、文字广告、表演性广告、演说广告和情节性广告等。

无论何种类型的广告，企业必须根据消费者的不同消费心理特点，选择合适的广告类型，以达到最佳的宣传效果。

（三）广告媒体的选择

1. 广告媒体的概念

广告媒体，是指向公众发布广告信息的载体。不同的广告媒体在覆盖面、广告效果、传递速度、制作费用等方面存在较大差异。广告媒体的类型主要有：

（1）报纸广告

报纸是最古老的一种广告媒体。报纸广告优点是：传播及时，传播范围广，覆盖率高；读者面宽而且稳定，版面伸缩余地大；缺点是：时效短，注目率低（庞杂的内容易分散读者注意力），表现能力有限。

（2）广播广告

广播广告的优点是：迅速及时，听众广泛；制作简便，费用较低廉；缺点是：时效短，表现方式单一，传递的信息量有限，遗忘率高。

（3）电视广告

电视广告的优点是：覆盖面广，收视率高，能综合利用各种艺术形式，表现力丰富，形象生动，感染力强；缺点是：费用昂贵、时效较短。

（4）网络广告

网络广告的优点是：具有空间无限、即时互动、能进行效果衡量。未来，网络可能会成为最重要的广告媒体。

2. 广告媒体的选择

由于不同的广告媒体具有不同的特点，因此，化工企业在选择广告媒体时需考虑以下因素：

（1）产品特点。不同性质的产品有不同的使用价值、使用范围和宣传要求，广告媒体只有满足产品特性，才能取得较好的广告效果。一般而言，对于日用化学品，适合选用能直接传播到目标消费者的广告媒体，如广播、电视、网络等。

（2）消费者接触媒体的习惯。化工企业在选择媒体时，还要考虑目标市场消费者接触广告媒体的习惯。一般认为，能使广告信息传递到目标市场的媒体是最有效的媒体。如对儿童用品的广告宣传，宜选择电视媒体。

（3）媒体的传播范围。媒体传播范围的大小直接影响广告信息传播区域。适合消费者普遍使用的日用化学品，应以全国性发行的报纸以及广播、电视等作为广告媒体；属于区域性销售的产品，可选择地方媒体进行信息传播。

（4）媒体费用。不同的广告媒体，其收费标准也不相同，因此，化工企业应综合考虑媒体费用、广告宣传效果等选择广告媒体。

（四）广告制作的步骤

1. 确定目标

广告的目标一般分为销售效果目标和传播效果目标。销售效果目标，是指化工企业期望通过广告完成的销售目标。传播效果目标，是衡量化工企业通过广告与消费者的沟通程度，通常用受众人数来表示。

化工企业的广告目标是在特定时期内，对特定的广告对象所要完成的特定沟通任务和所要达到的沟通程度。广告目标必须服从企业目标市场、市场定位以及营销组合等各项既定决策。广告目标的设定应该非常明确具体，可分为提供信息、说服购买和提醒使用。

说服性广告最常用于化工产品竞争趋于激烈的阶段，目标是影响用户消费心理，为品牌培植选择性需求。提醒性广告主要在化工产成熟期使用，目标是保持用户对其产品的注意和忠诚。

2. 确定预算

广告是企业的一种付费宣传活动，因此，必须围绕目标控制广告成本。如果预算过低，达不到宣传效果；如果预算过高，不仅造成浪费，还会增加企业成本，减少利润。因此，为了实现广告预算的合理化，化工企业要认真分析影响广告预算的各种因素，如产品生命周期、市场竞争状况、企业的竞争战略、产品的差异性等。

化工企业广告预算的确定通常采用以下方法：

（1）量力而行法。化工企业根据自己的财力决定广告预算的方法。

（2）销售百分比法。化工企业以特定的销售额（销售实绩或者预计的销售额）或销售单价的百分比确定广告预算。采用销售百分比法的优点是，广告费用与业绩挂钩，增强竞争的稳定性。缺点是，容易出现因果倒置现象，有可能丧失市场机会，与企业的营销战略发生冲突。

（3）竞争对等法。化工企业采取比照竞争者广告支出确定广告预算。

（4）目标任务法。化工企业在明确广告特定目标、确定达到该目标必须完成的任务的基础上，估算完成各项任务所需费用，得出广告预算。这种方法的优点在于能使营销管理者较好地处理市场份额、广告展示水平、试用率等与广告预算总额的关系，克服预算费用确定的盲目性。

3. 制定内容

广告内容主要包括主题、文案、创意等内容。广告主题即广告的中心思想，即在众多可以反映企业和产品特点以及可以激发消费者购买欲望的因素中，选择某些可以实现广告目的的因素予以表现。广告文案是在确定的广告目的和主题下，对如何表达广告主题的形式、语气、措辞及版式等具体内容所进行的文字描述，是对广告信息的具体表现。广告文案一般包括以下内容：

（1）广告标题，即出现在广告开头，用以对广告内容加以提示并吸引消费者注意的醒目语句。

（2）广告正文，即具体表现产品广告内容的各种文字材料。

（3）广告口号，即对化工企业或产品特征进行高度概括的标志性短语，也称广告语。

（4）画面设计，即用图画、影像、色彩以及版面布局等形象化的视觉语言对广告的主题和内容进行形象化表现。

此外，化工企业在广告内容的设计上还要考虑受众目标及所处区域的法律法规、文化习惯及宗教信仰等因素。

4. 确定媒体

媒体是企业与消费者沟通的媒介。目前，常用的广告媒体有报纸、广播、电视、网络。化工企业选择何种媒体作为自己的宣传工具，需要综合考虑产品的特点、媒体的形式、受众目标的习惯以及媒体费用等因素。

5. 评估效果

广告效果的评估，一方面是为了衡量广告的客观结果，另一方面是为企业今后的广告活动提供参考依据。广告效果的评价标准有两个，一是产品销售效果，即在指广告播出后一段时间内，产品销售额的变动与广告费的比例；二是信息传递效果，即广告的收听、收看人数和目标用户对广告的印象。

三、化工产品营业推广策略

（一）营业推广的概念与作用

1. 营业推广的概念

营业推广又称销售促进，是指企业在特定目标市场上，运用各种短期诱因鼓励消费者和中间商购买、经销或代理企业产品或服务的促销活动。营业推广是人员推销、广告和公共关系以外的能刺激需求、扩大销售的各种促销活动。营业推广的特点主要有：

（1）非规则性和非周期性。营业推广不像广告、人员推销、公共关系作为一种常规性的促销活动出现，而是一种短期的和额外的促销工作，其着眼点在于短期内解决某些更为具体的促销问题。

（2）灵活多样性。营业推广的方式较多，可以根据企业及其产品的不同特点、不同的市场营销环境灵活地加以选择和运用。

(3) 短期效益明显。只要推广的方式选择运用得当，营业推广的效果可以很快在经营活动中显示出来，不像广告、公共关系需要较长周期。因此，营业推广最适合完成短期的营销目标。

2. 营业推广的作用

(1) 吸引消费者购买。营业推广的首要目的就是让用户产生购买欲望，尤其是在企业推出新产品或吸引用户方面。营业推广的刺激比较强，容易引起用户注意，使其在了解产品的基础上产生购买行为，也可以让用户追求某些方面的优惠而使用产品。

(2) 奖励品牌忠实者。营业推广有许多方式，如销售奖励、赠券等通常都附带价格上的优惠，其直接受惠者是经常购买和使用该产品的用户。这种奖励可以让他们更加乐于购买本企业产品，以巩固企业的市场占有率。

(3) 实现企业营销目标。营业推广实际上是企业让利于用户，通过多种方式，使广告宣传的效果得到更有力的增强，从而达到增加产品销售的目的。

(二) 营业推广的方式

化工产品营业推广的方式多种多样，每一个企业不可能全部采用。这就要求企业根据促销目标、目标市场的类型及市场环境等因素选择适合本企业的营业推广方式。

1. 面向消费者的营业推广方式

① 赠送促销。向消费者赠送样品或试用品，赠送样品是介绍新产品最有效的方法，缺点是费用高。样品可以选择在商场散发或在其他产品中附送，也可以公开赠送，或入户派送。

② 折价券。折价券可以通过广告或直邮的方式发送。在购买某种产品时，持券人可以免付一定金额的货款。

③ 包装促销。以较优的价格提供组合包装和搭配包装的产品。

④ 抽奖促销。消费者购买一定的产品之后可获得抽奖券，凭券进行抽奖获得奖品或奖金。

⑤ 现场演示。企业派促销员在销售现场演示本企业的产品，向用户介绍产品的特点、用途和使用方法等。

⑥ 联合推广。企业与零售商联合促销，将一些能显示企业优势和特征的产品在商场集中陈列，边展示边销售。

⑦ 参与促销。消费者参与企业的促销活动，如技能竞赛、知识比赛等活动，进而获取企业奖励。

⑧ 会议促销。举办各类展销会、博览会、业务谈判会等，会议期间进行现场产品介绍、推广和销售活动。

2. 面向中间商的营业推广方式

① 批发回扣。企业为争取批发商或零售商多购进自己的产品，在某一时期对经销本企业产品的批发商或零售商加大回扣比例。

② 推广津贴。企业为促使中间商购进产品并帮助企业推销产品，支付给中间商一定的推广津贴。

③ 销售竞赛。根据中间商销售本企业产品的业绩情况，给予不同的奖励，如现金奖、实物奖、免费旅游、度假奖等，以起到激励的作用。

④ 扶持零售商。生产商对零售商专柜的装潢予以资助，提供 POP 广告，以强化零售网络，促使销售额增加；可派遣厂方信息员或代培销售人员，以此提高中间商推销本企业产品的积极性和能力。

3. 面对内部员工的营业推广方式

面对企业内部员工的营业推广，主要是针对内部销售人员，鼓励他们积极推销产品或处理某些老产品，或促使他们开拓新市场。一般可采用销售竞赛、免费提供人员培训、技术指导等形式。

（三）化工企业营业推广的决策过程

1. 确定营业推广目标

面对不同的目标市场，化工企业营业推广的目标也各不相同。对于消费者，营业推广的目标是，鼓励经常和重复购买、吸引新用户试用，改进和树立品牌形象等。对于中间商，营业推广的目标是，促使中间商购买、销售本企业产品，鼓励非季节性购买，增强中间商对品牌的忠诚度，建立固定的产销关系。对推销人员，营业推广的目标是，鼓励推销人员推销本企业产品，开拓新市场，寻找更多的潜在用户，努力提高销售业绩。

2. 选择营业推广方式

营业推广的方式很多，但如果使用不当，反而适得其反。因此，选择合适的方式是取得营业推广效果的关键因素。化工企业一般要根据目标对象的接受习惯、产品特点和目标市场状况等综合分析选择营业推广工具。

此外，化工企业的同一营业推广目标也可以使用多种营业推广方式来实现，因此，企业必须进行营业推广方式的比较选择和优化组合，以实现最优的推广效果。

3. 制定营业推广方案

化工企业在制定营业推广方案时，要注意以下几点：

（1）比较和确定刺激程度。要使营业推广取得成功，一定程度的刺激是必要的。刺激程度越高，引起的销售反应也会越大，但这种效应也存在着递减规律。因此，化工企业要对以往的营业推广实践进行分析和总结，结合新的市场特点，确定适当的刺激程度。

（2）选择营业推广对象。化工企业营业推广是面向目标市场的每一个人还是有选择的某类群体？范围控制有多大？哪些群体是营业推广的主要目标？这种选择的正确与否都会直接影响到营业推广的最终效果。

（3）选择营业推广的时机和期限。为了达到最佳效果，化工企业必须确定何时开始营业推广活动，应持续多长时间效果最好等问题。持续时间过短，消费者无法实现重复购买，企业不能实现最大利益；持续时间过长，消费者丧失新鲜感，对企业产生不信任感，影响企业声誉。因此，企业应综合考虑产品生命周期、消费者收入状况、购买心理、市场竞争状况等因素，选择合适的营业推广时机。

（4）确定营业推广预算。营业推广预算的确定可以采用两种方法，一是先确定各种具体的促销方式的费用，然后加总得出企业总预算；二是先确定企业促销总预算，然后按一定比例，确定营业推广的预算。

4. 实施营业推广方案

虽然营业推广方案是在经验基础上确定的，但化工企业仍然需要对营业推广方式的选择是否适当进行检验，如刺激程度是否理想、现有的途径是否有效。检验可采取询问消费者、填写调研表、在有限的地区内试行等方式开展。营业推广方案实施时，企业要密切注意和测量市场反应，并及时进行必要的推广范围、强度、频度等调整，对营业推广方案的实施进行良好控制，以顺利实现预期目标。

5. 评估营业推广效果

营业推广方案实施后，要对其有效性进行评估。常用的评估方法有两种，一是阶段比较法，即把营业推广前、中、后企业市场份额的变化进行比较，从中分析营业推广的效果。二是跟踪调查法，即采用消费者调研的方式，在营业推广结束后，了解有多少参与者能回忆起此次营业推广、其看法如何，有多少参与者从中受益，以及此次活动对其日后品牌选择的影响等。

四、化工品公共关系策略

（一）公共关系的概念与特征

1. 公共关系的概念

公共关系，是指企业为改善与社会公众的关系，促进公众对企业的认识、理解及支持，达到树立良好企业形象、促进产品销售目的的一系列活动。公共关系的构成主要包括以下内容：

（1）公共关系主体。公共关系主体主要有社会组织、工商企业和政府。

（2）公共关系客体。公共关系客体是指现实或潜在利益的相关群体。一般包括内部公众（员工和股东）、外部公众（消费者、中间商、竞争者、中介机构等）、媒介公众及社区公众等。

（3）公共关系传播的手段。公共关系传播的手段主要是指主体和客体间传播的方式。

（4）公共关系目标。公共关系目标是为了树立良好的企业形象或化解危机，即为企业培育和谐的内、外部环境。

2. 公共关系的特征

（1）对象具有广泛性。公共关系的对象是一个多元化网络，包括企业内部和外部所有的社会关系，它们直接或间接地影响着企业的市场营销活动。良好的社会关系是化工企业成功营销的重要保证，因此，建立和保持企业与社会公众的良好关系对企业营销活动具有重要作用。

（2）树立形象是公共关系的核心。公共关系的首要任务是树立和保持企业的良好形象，争取社会公众的信任和支持。企业拥有良好的形象和声誉，就拥有了宝贵的社会资源，就能获得公众广泛的支持与合作。否则，就会产生不良后果，使企业面临困境。可见，以创建良好企业形象为核心的公共关系，涉及企业营销活动的各个方面，并且是长期积累、不断努力的结果。

（3）促进产品销售是最终目的。公共关系的目的在于加强沟通，增进理解，在企业行为与公众利益一致的基础上提升对企业的信任与好感，使广告等其他促销活动产生更大效益，最终实现扩大产品销售的目标。

（4）是一种长效促销方式。公共关系比广告等其他促销方式的成本低，但效果却十分明显，尤其是对于需要让消费者建立信任感的商品。有时消费者对广告存有戒心，广告的作用难以发挥，而通过公共关系，能获取公众的信任，消除消费者疑虑。

（二）公共关系的主要类型

1. 宣传型公共关系

宣传型公共关系，是指化工企业利用各种宣传途径和方式对外宣传，提高企业的知名度，从而形成良好的社会舆论。宣传型公共关系是运用大众传媒和内部沟通，开展宣传工作，树立良好企业形象的公共关系活动。其特点是主导性强、时效性强、传播面广、推广组织形象效果好。

2. 征询型公共关系

征询型公共关系，是指化工企业采集社会信息、掌握社会发展趋势的公共关系活动。其目的是通过信息采集、舆论调查、民意测验等工作，加强双向沟通，使企业了解社会舆论、民意民情、消费趋势，为经营管理决策提供背景信息服务，使企业行为尽可能与国家的总体利益、市场发展趋势以及民情民意相一致，同时，也向公众传播或暗示企业意图，加深公众印象。

3. 交际型公共关系

交际型公共关系，是指化工企业为获取关键性公众或某些重要公众对组织的支持而实施的工作模式。这种工作模式主要包括举办招待会、座谈会、酒会、舞会等活动，通过与目标公众之间的直接接触和感情上的联络，建立广泛可靠的社会关系网络，加深关键性公众及重要公众对企业的感情与了解，为日后开展业务奠定基础。

4. 服务型公共关系

服务型公共关系，是指化工企业向社会公众提供各种附加服务和优质服务的公共关系活动，其目的在于以实际行动使目标公众得到实惠。通过提高公众满意度，争取公众的支持，以实现塑造良好形象、增强市场竞争力、促进企业稳步发展的目标。

5. 社会型公共关系

社会型公共关系，是指以企业名义发起或参与社会性活动，在公益、慈善、文化、体育、教育等社会活动中充当主角或参与者，在支持社会事业的同时，扩大企业的整体影响力。

（三）公共关系的实施步骤

化工企业在公共关系活动的实施过程中必须遵循一定的程序，主要包括确定目标、选择方法、实施计划和评价效果等四个步骤。

（1）确定目标。化工企业在调查研究的基础上，根据社会公众对企业的了解和意见，确定公共关系具体目标。公共关系主要是利用信息沟通的原理和方法来开展活动，因此，在不同时期，企业公共关系的具体目标是不同的。

（2）选择方法。正确的方法是实现公共关系目标的根本保证，化工企业应根据总目标的要求和具体情况选择实现公共关系目标的方法。不同的方法具有不同的针对性及不同的适用范围，有的可以增进目标公众的支持与理解，有的可以提高企业知名度，有的可以促进产品销售。

（3）实施计划。对化工企业而言，公共关系活动的开展存在着许多不确定因素。为了保证公共关系计划的实现，要有组织保障，明确公共关系部门职责；要提高公共关系人员的整体素质；要坚持诚信原则；要善于抓住机遇。

(4) 评价效果。化工企业对公共关系活动效果的评价往往存在一定困难。主要原因，一是信息传播的成效是一个潜移默化的过程，很难用具体数据反映出来；二是公共关系往往是与其他促销方式一起进行的，最终效果难以单独列出。

五、化工产品人员推销策略

（一）人员推销的概念与特点

1. 人员推销的概念

人员推销是一种最古老的促销方式。所谓人员推销，是指企业派出销售人员，在一定的推销环境中，运用各种推销技巧和手段，与一个或一个以上可能成为购买者的人交谈，通过口头陈述推销产品，促进和扩大销售。

人员推销灵活性强，针对性强，信息反馈快，是一种双向互动式的信息传递方式。通过面对面的交谈，推销人员可以与消费者保持密切联系，对消费者的问题与意见及时做出反馈。但是人员推销的受众范围较窄，成本较高。

2. 人员推销的特点

人员推销可完成其他促销方式无法实现的目标，特别是在洽谈磋商、完成交易等方面效果非常显著。相对而言，人员推销更适合于推销性能复杂的产品。当销售活动需要更多地解决问题和进行说服工作时，人员推销是最佳选择。具体而言，人员推销的特点主要有：

(1) 人员推销可满足推销人员和潜在用户的特定需求。针对不同类型的用户，推销人员可采取不同的、有针对性的推销手段和策略。

(2) 人员推销往往可在推销后立即成交。在推销现场使用户做出购买决策，完成购买行动。

(3) 推销人员可直接从用户处得到信息反馈，包括用户对推销人员的态度、对推销产品和企业的看法与要求等。

(4) 人员推销可以提供售后服务和追踪，及时发现并解决产品在售后和使用中出现的问题。

(5) 人员推销成本高，所需人力、物力、财力和时间量大。

（二）人员推销的作用与步骤

1. 人员推销的作用

(1) 探寻市场。推销人员应该寻找机会，发现潜在用户，创造需求，开拓新的市场。

(2) 传递信息。推销人员经常地、有效地与用户保持密切联系，及时向现有的与潜在用户传递产品和服务信息，为其提供与购买活动有关的参考资料。

(3) 销售产品。销售产品是人员推销的中心任务，要求推销人员精通推销技术，如接近用户、介绍产品、处理用户异议、达成交易。

(4) 收集情报。推销人员在推销过程中还要收集和调研情报，定期向企业汇报，反馈信息。

(5) 服务。推销人员要积极开展售前、售中、售后服务。

(6) 分配。在企业的某些产品出现短缺时，推销人员要能够准确评估用户的情况，向企业提出合理分配短缺产品的方案,并安抚未被满足用户的不满。

2. 人员推销的工作步骤

(1) 寻找用户。寻找用户的目标是找到准用户。准用户是指既可以获益于某种推销的产品,又有能力购买这种产品的个人或组织。只有有了特定的推销对象,推销人员才能开始实际的推销工作。潜在用户必须具备五个条件:有需求、有能力、有购买决策权、有接近的可能性、有使用能力。

寻找用户的方法和途径有很多,如市场调查法、查阅资料法、广告开拓法、连锁介绍法还有地毯式访问法、个人观察法等。

(2) 用户资料审查。用户资格审查的目的是确认用户。在接近某个潜在用户之前,推销人员要辨认出那些最有购买意向的企业和个人,制定推销面谈计划并积极开展推销活动,保证较高的推销效率。

(3) 接近用户。接近用户是指推销人员直接与用户发生接触,以便成功地转入推销面谈。推销人员在接近用户时要自信,面带微笑,注重礼仪,及时消除用户的疑虑。

(4) 约见。约见是指推销人员事先征得用户同意接见的行动过程。

(5) 面谈。面谈是整个推销过程的关键性环节,是指推销人员运用各种话题和语言说服用户购买的过程。

(6) 成交。人员推销的重要环节是促使用户做出购买决定。推销人员在认为时机已经成熟时,应抓住时机,促使交易达成。

需要注意的是,产品售出后,推销活动并未就此结束,推销人员还应该与用户继续保持联系,了解其对产品的满意程度,并及时处理用户意见,消除他们的不满。良好的售后服务,可以提高用户的满意度,增加产品再次销售的可能性。

(三) 推销人员应具备的素质

尽管推销人员的工作和职责是有差异的,但推销工作对推销人员素质的要求却是基本相同的。推销工作的复杂性决定了推销人员必须具备较好的素质。

推销人员不是先天就具备推销素质的,而是靠自身的努力去完善的。只要认真学习、努力实践,就可以成为优秀的推销人员。现代企业的推销人员是开拓市场的先锋,推销工作的基点是满足用户的需求,寻求交易双方的共同利益。推销人员不仅是企业的代表,也是用户的顾问。为此,推销人员应具备较高的思想道德素质和业务素质。

1. 强烈的事业心

推销人员的事业心主要表现为,要有献身于推销事业的工作精神,不怕艰苦,任劳任怨,全心全意为用户服务,有取得事业成功的坚强信念。推销人员的责任感主要表现在,忠于企业,忠于用户。推销人员的一言一行都代表着企业的形象,都必须为企业负责,为树立企业的良好信誉作出贡献,不能有损害企业利益的行为发生。同时,推销人员要对用户的利益负责,真心实意满足用户的需求,帮助用户解决困难和问题。

2. 良好的综合素质

推销人员要把现代市场营销观念贯彻到推销工作之中,把用户需求视为企业推销的目标,把用户需求的满足程度视为检验推销活动的标准。在工作中要主动发掘用户的潜在需求,不断创造新的需求,激起用户的购买欲望,并善于把企业利益和用户的利益协调一致,把企业的利益和良好的服务相结合,既要当好企业的推销人员,又要当好用户的服务员和参谋。当企业利益与用户利益发生矛盾时，应做好协调工作，从用户利益出发，调整企业的经营。推销人员还要掌握营销策略、市场供求情况、潜在消费者数量、分布、购买动机、购买能力、法律法规等的相关知识。

3. 优秀的个人品质

优秀的推销人员还应具备良好的文化素质。对推销人员来说，同行竞争的焦点往往是文化素质的差异。在文化素质方面，要求推销人员具有一定的专业知识，如经济学、市场学、心理学、经济法、社会学等，除此之外，还应在文学、艺术、地理、历史、哲学、自然科学、国际时事、外语等方面充实自己。博学多才是推销人员成功的重要因素。

推销人员还应具备相应的法律素质，工作中要有强烈的法律意识和丰富的法律知识。推销工作是一种复杂的社会活动，受到一定的法律法规制约。推销过程中，推销人员应注意衡量自己的言行是否合法。

项目实施

1. 思考与练习

(1) 简述各种促销方式的特点。

(2) 化工企业应该如何选择促销组合方式？

(3) 结合实例分析化工企业如何选择广告媒体。

(4) 简述人员推销的特点和具体实施步骤。

(5) 化工产品营业推广的内容与形式有哪些？

(6) 结合实施分析化工企业如何更好地开展危机公关。

2. 案例分析

万华化学：绿色减碳的时代先锋

碳达峰、碳中和目标是国家重大战略决策。万华化学积极响应"双碳"目标部署，站在绿色低碳新时代的最前沿，加快推进产业绿色化发展，逐步实现原料清洁化、多元化、低碳化，完善清洁生产绿色制造体系。2021年，公司组建碳排放管理团队，全方位开展节能低碳工作，通过优化能源结构、节能降耗、加强碳足迹和水足迹管理，促进节能减排，提高能源和资源利用效率，实现人类与环境的和谐发展。

为助力企业园区减碳，打造"零碳"工业园，万华化学通过废热循环利用、氯化氢循环利用等多项减碳技术挖掘节能潜力，实施节能技术改造，不断提高能源利用效率，为行业、社会打造减碳标杆。2017—2021年，万华化学节能降耗项目共节约能源消耗25.4万吨标煤，减少二氧化碳排放66万吨。其中，2021年共征集节能降耗项目277项，节能量达11万吨标煤，减少二氧化碳排放近30万吨。

为建设好清洁低碳、安全高效的能源体系，万华化学还积极探索新能源电力的替代，加大清洁能源的投资和应用，布局光伏、风电等新能源项目。此外，2021年万华化学还通过市场化交易方式，购买绿色电力7.16亿千瓦时，占公司全年总用电量的13%，超额完成山东省12.5%的非水可再生能源消纳指标。

在关注自身减排的同时，万华化学积极推动供应链碳减排，减少产品碳足迹。2021年，万华化学全面开启碳排放管理工作，更新发布《万华化学碳排放管理程序》和《万华化学碳排放计算指南》,探索制定"双碳"路径规划。

(资料来源:万华化学:绿色减碳的时代先锋.中化新网.)

结合上述案例,分析:

万华化学的做法对提升企业的社会形象有何促进作用?

项目十一　化工产品推销实战

学习目标

【知识目标】
1. 熟悉化工产品推销准备工作的主要内容；
2. 掌握化工产品推销洽谈的原则与方法；
3. 掌握化工产品推销成交的方法。

【能力目标】
1. 能够寻找化工产品的潜在用户；
2. 能够进行化工产品的客户关系管理；
3. 能够开展化工产品的洽谈工作；
4. 能够做好化工产品的售后管理与服务。

【价值目标】
1. 培养爱岗敬业的精神；
2. 树立文化自信；
3. 培养团队合作意识；
4. 培养大局意识。

一、化工产品推销准备

（一）化工产品推销前准备工作

1. 树立信心

信心是推销胜利的法宝，自信是推销成功的第一秘诀，推销人员的信念决定着最终的推销结果。如果想取得成功，化工产品推销人员要相信企业的产品是市场上最好的，相信自己能够胜任推销工作，相信自己能够说服用户购买产品，相信自己能够战胜推销活动中的各种困难。这种信心对用户而言也是最有价值的，因为只有这样，才能认同化工企业及其产品。

在与用户传递信息、与潜在用户接触以及向他们推销产品时，信心会决定化工产品推销人员的激情，热情和自信会影响潜在用户的态度。

英国心理学家克列尔·拉依涅尔提出的十条规则可帮助推销人员增强自信心。

第一条：每天照三遍镜子。清晨出门时，对着镜子修饰仪表，整理着装，务必使自己的外表处于最佳状态；午饭后，再照一遍镜子，修饰一下自己，保持整洁；晚上就寝前洗脸时再照照镜子。这样一来，你就不会为自己的仪表担心而专业地工作与学习。

第二条：不要总想着自己身体的缺陷。每个人都有缺陷，对自己的身体缺陷想得越少，自我感觉就会越好。

第三条：请记住，你感觉明显的事情，其他人不一定注意得到。当你在众人面前讲话感到面红耳赤时，众人可能只是看到你两腮红润，令人愉快而已。

第四条：不要过多地指责别人。如果你常在心里指责别人，这种毛病就可能成为习惯，总爱批评别人是缺乏自信的表现。

第五条：请记住，大多数人喜欢的是听众。当别人讲话时，你不必用机智幽默的插话来博取别人的好感，你只要注意听别人讲话，他们就一定会喜欢你。

第六条：为人要坦诚，不要不懂装懂，对不知道的东西要坦白地承认，不能故作冷漠，否则，只能引起别人的厌烦。

第七条：要在自己的身边找一个能分享快乐和分担痛苦的朋友，这样在任何情况下你都不会感到孤独。

第八条：不要试图用酒精来壮胆提神。如果你羞涩腼腆，那么就是喝得再多也无济于事，只要你潇洒大方，滴酒不沾也会讨人喜欢。

第九条：请记住，拘谨可能使某些人对你怀有敌意。如果某人不理睬你，不要总觉得自己有错。对于有敌意的人，少讲话虽不是最好的方法，但却是唯一的方法。

第十条：一定要避免使自己处于不利的环境中。因为，当你处于不利的环境时，虽然人们会对你表示同情，但他们同时也会感到比你地位优越而在心里轻视你。

2. 熟悉企业情况

了解和熟悉企业情况是推销人员开展工作的前提和基础。熟悉企业情况，包括企业的基本情况、企业组织运作情况、企业经营情况、企业营销情况等。

企业的基本情况主要包括注册时间、成立日期、注册资本、法定代表人、历史沿革、类型与性质等。

企业组织运作情况主要包括企业主要负责人、内设部门与职责、企业横向分工与纵向行政隶属关系、企业规模等。

企业经营情况主要包括企业经营范围与产品结构、经营规模、现有产品、市场占有率、行业地位、销售状况、利润情况等。

企业营销情况主要包括营销队伍、营销手段、消费群、竞争对手、替代产品等。

需要注意的是，推销人员在熟悉企业情况的同时，还必须清楚地知道竞争对手的情况，因为用户会常常会将本企业产品与竞争对手的产品加以比较，然后决定购买哪一种产品。对于竞争对手，推销人员一定要公平、客观地评价，如果缺乏事实依据，刻意贬低竞争对手及其产品，会使用户产生厌烦心理，影响本企业产品的销售。

3. 熟悉产品

虽然推销人员不可能了解所推销产品的全部信息，但是掌握产品的基本内容却是必须的。一般来说，用户在购买之前，会设法更多地了解产品特征，以降低购买风险，最大限度满足自己的需求。为此，化工产品推销人员应主要关注产品的以下内容：

（1）产品的生产过程及生产工艺。推销人员对产品的生产过程及生产工艺的了解，可以表现出较高的专业水平。用户总是相信专业人士的眼光，即便推销任务没有完成，用户也愿意与推销人员成为朋友。

（2）了解产品的特性与功能。用户购买产品是为了获得使用价值，因此，用户会更多地关注产品的使用功能。如果推销人员能对产品的使用特点有详尽的了解，就可以突出产品的特色，打消用户顾虑。

（3）了解产品的使用与维修。用户希望购买物美价廉的产品。物美体现在产品能够较全面地满足用户的需求。价廉并不是单纯的便宜，其实，产品的使用寿命就是价廉的一个体现，越是使用时间长的产品，用户获得使用功能的时间就越长，满足感就越强。因此，推销人员对产品维修、保养知识的精通也是为了强化其专业人士的形象。

（4）了解产品的售后保证措施。售后保证是为了让用户在购买时吃一颗"定心丸"。如果没有售后保证，用户会对推销行为产生"一锤子"买卖的认识，也会影响企业后续营销活动的效果。

（5）了解竞争产品的有关知识。推销人员要想排除竞争产品对推销行为的干扰，就一定要把竞争产品看作自己的产品来研究，对本企业产品了解有多深，就应该对竞争产品的了解有多深。

（二）寻找化工产品潜在用户

所谓潜在用户，是指对某类产品（或服务）存在需求且具备购买能力的待开发用户。这类用户与企业存在着销售合作机会，经过推销人员的努力，可以把潜在用户转变为现实用户。寻找潜在用户是化工企业推销人员的一项重要任务。在激烈的市场竞争中，谁拥有的潜在用户越多，未来的销售业绩就会越好。

1. 寻找潜在用户的原则

（1）确定潜在用户的范围

在寻找潜在用户前，首先要确定潜在用户的范围，使寻找范围相对集中，提高寻找效率，避免盲目性。潜在用户的范围包括两个方面：一是地理范围，即确定推销品的销售区域。二是交易对象的范围，即确定准用户群体的范围。

（2）树立"随处留心皆用户"的意识

作为推销人员，要想在激烈的市场竞争中不断发展壮大自己的用户队伍，提升推销业绩，就要养成一种随时随地搜寻潜在用户的习惯和意识。

（3）选择合适的途径

对于大多数产品而言，寻找推销对象的途径或渠道不止一条，究竟选择何种途径、采用哪些方法更为合适，还应将产品的特点、推销对象的范围及产品的推销区域结合起来综合考虑。

（4）重视老用户

一位推销专家深刻地指出，失败的推销人员常常是从找到新用户来取代老用户的角度考虑问题，成功的推销人员则是从保持现有用户并且扩充新用户的角度考虑问题，这样可以使销售额越来越多，销售业绩越来越好。对于新用户的销售只是锦上添花，没有老用户做稳固的基础,对新用户的销售也只能是对所失去的老用户的抵补,总的销售量不会增加。

推销人员必须树立"老用户是最好的用户"理念,遵守"80%的销售业绩来自20%的用户"的2/8法则。这20%的用户应是与推销人员有长期合作关系的用户,如果丧失了这20%的用户,将会丧失80%的市场。

2. 寻找潜在用户的方法

(1) 个人观察法。个人观察法是指推销人员依靠个人的知识、经验,通过对周围环境的直接观察和判断,寻找潜在用户的方法。个人观察法主要是依据推销人员个人的职业素质和观察能力,通过察言观色,运用逻辑判断和推理来确定潜在用户,是一种古老且基本的方法。

对推销人员来说,个人观察法,是寻找潜在用户的一种简便、易行、可靠的方法。这种方法成本较低,但有一定的局限性,对推销人员能力要求较高。

(2) 地毯式访问法。地毯式访问法,是指在特定区域内,推销人员对可能成为潜在用户的个人和组织进行逐一访问,从中寻找潜在用户的方法。这种方法可以借机进行市场调研,能够比较客观和全面了解用户需求情况,扩大产品的市场影响力,同时,还可以积累推销工作经验。这种方法的缺点是有一定的盲目性,由于事前缺少与潜在用户的沟通,会使其产生抵触心理,从而给推销工作带来较大的阻力。地毯式访问法可以采用推销人员亲自上门、发送电子邮件、电话等方式进行,主要适用于日化消费品的推销。

(3) 连锁介绍法。连锁介绍法,是推销人员请求现有用户介绍未来可能的潜在用户的方法。这种方法可以避免推销人员寻找用户的盲目性,容易赢得潜在用户的好感和信任,在西方被认为是最有效的寻找潜在用户的方法之一,被称为"黄金用户开发法"。

(4) 中心开花法。中心开花法也称名人介绍法,是指推销人员在某一特定范围内,寻找一些有影响的中心人物,使其成为自己的用户,并在这些中心人物的协助下把该范围内的组织或个人变成潜在用户的方法。

该方法遵循的是"光辉效应法则",即中心人物的购买与消费行为可能对他的崇拜者形成示范作用与先导效应,从而引发崇拜者的购买与消费行为。在许多产品的销售领域,影响者或中心人物是客观存在的。特别是对于时尚性产品的销售,只要确定中心人物,使之成为现实的用户,就很有可能引出一批潜在用户。一般来说,中心人物包括在某些行业里具有一定的影响力的声誉良好的权威人士、对行业里的技术和市场具有深刻认识的专业人士、具有行业里广泛人脉关系的信息灵通人士。

(5) 广告搜寻法。广告搜寻法,是指推销人员利用广告媒介寻找潜在用户的方法。这种方法是利用大众传播媒介,把有关产品的信息传递给潜在用户,从而刺激和诱导用户购买。广告媒介的信息量大、传递速度快、接触用户范围广,是其他推销方式无法比拟的。

(6) 资料查阅法。资料查阅法,是指推销人员通过收集、整理、查阅各种情报资料来寻找潜在用户的方法。通过资料查阅法寻找用户,既能保证一定的可靠性,也减少了工作量,提高了工作效率,同时,可以最大限度地减少业务工作的盲目性和用户的抵触情绪。更为重要的是,可以展开先期的用户研究,了解用户的特点、状况,提出适当的推销策略。但采用这种方法,要求推销人员必须对资料的时效性和准确性进行鉴别。

(7) 市场咨询法。市场咨询法,是指推销人员利用社会上各种专门的市场信息服务机构或国家行政管理部门提供的咨询信息寻找潜在用户的方法。这种方法的优点是方便迅速、费用较低、信息可靠。

(8) 委托助手法。委托助手法，是指推销人员委托他人寻找潜在用户的方法。采用这种方法，推销人员可以把更多的时间和精力放在有效推销上。由助手帮助推销人员不断开辟新区域，可以从深度和广度两个方面寻找潜在用户，同时，避免了陌生拜访的压力。由助手先做铺垫，再引荐给推销人员，有利于推销工作的开展。此外，行业间与企业间都存在着关联性，某一行业或企业生产经营情况的变化，首先会引起与其关系最密切的行业或企业的注意，适当地运用委托助手来发掘新用户、拓展市场，是一个行之有效的方法。

(9) 网络搜寻法。网络搜寻法，是指推销人员利用各种现代信息技术与互联网平台搜寻潜在用户的方法，它是信息时代非常重要的一种寻找用户的方法。推销人员可以在相关网站通过关键词快速寻找潜在用户，从而节省时间，避免盲目行为，提高推销工作的效率，降低推销成本和市场风险。通过互联网，推销人员可以获得潜在用户的联系方式、潜在用户企业的介绍、潜在用户企业的产品等信息。

3. 寻找潜在用户的技巧

在化工产品推销过程，并不是每一位潜在用户都能成为推销人员的目标用户，需要对其进行资格审查，分析其是否具备成为目标用户的条件。

① 用户需求审查

用户需求审查，是指推销人员对潜在用户是否存在对推销产品的真实需求做出审查与评估，从而确定具体推销对象的过程。从某种意义上说，用户需求审查就是寻找现实用户的过程。用户需求审查的内容主要包括：

一是对现实需求的审查。现实需求是指已经发现的没有被满足的需求，此时用户已经认识推销产品，同时认为通过购买行为可以寻求满足的平衡与和谐。

二是审查需求特点和预测购买数量。用户需求审查不仅包括用户需求可能性的审查，还应对用户的需求量进行评价。

三是对潜在需求的审查。推销人员如果发现寻找到的用户名单中，有的虽然没有现实需求，但是存在着未来的需求，这就是推销产品的潜在用户。

四是对特定需求审查。在用户需求审查中，如果发现有特殊需求的用户，推销人员应该继续审查，确切了解特定用户的需求特点，以便在日后的推销活动中给予满足。

② 用户购买能力审查

购买能力审查的目的，是推销人员确定潜在用户是否具备购买推销品的经济能力，以便选择有推销价值的目标用户。对用户购买能力审查主要包括：

一是对现有购买能力的审查。现有购买能力的审查，主要是推销人员通过对用户现有收入水平、经营状况等进行全面审查，了解其财务状况和实际支付能力。

二是对潜在购买能力的审查。有些潜在用户因业务发展或资金流动等原因，会出现暂时资金困难，对那些将来可能成为目标用户或具有潜在购买能力的用户，推销人员可保留其潜在用户的资格，采用延期付款或分期付款等方法，待其状况好转后再开展推销工作。

③ 用户购买资格审查

对推销产品具有购买需求和支付能力的用户如果不具备购买资格，也不是合格的目标用户。因此，推销人员要对潜在用户的购买资格进行审查，审查购买人是否具有作为市场经营主体的行为能力以及对推销产品的购买是否有某些限制。由于购买者主要是个人与组织，因此，用户购买资格审查的主要内容就是审查以家庭为主的购买者和以法人资格进行购买的角色和影响因素。

家庭及个人的购买人资格审查的内容包括家庭购买决策类型、购买角色等。

法人购买的决策者资格审查的内容包括对购买行为类型进行审查、对不同性质的企业决策者的审查、不同购买组织和制度的审查、不同购买程序阶段决策人的审查等。

④ 用户购买信用审查

用户购买信用审查主要涉及推销结束后货款能否安全收回，这在很大程度上取决于用户的信用度。为尽量避免交易风险，推销人员应尽可能对用户信用度作出独立而准确的判断。

（三）接近准备用户

接近准备用户，指推销人员在接近目标用户之前进一步深入了解该用户的基本情况，设计接近和面谈计划，谋划如何开展推销洽谈的过程。接近准备工作的内容主要包括：分析市场营销环境、熟悉推销产品（产品的功能与特点、产品的价格、产品的质量、新产品的特性等）。

（四）约见用户

约见用户，也称为商业约会，是指推销人员事先征得用户同意接见的行动过程。约见实际上既是接近准备的延续，又是接近过程的开始。只有通过约见，推销人员才能成功地接近准用户，顺利开展推销洽谈。推销人员还可以根据约见情况进行推销预测，为制定洽谈计划提供依据。此外，约见还有助于推销人员合理地利用时间，提高推销效率。

1. 约见的内容

（1）确定约见对象。对于企业而言，董事长、经理、厂长等是企业或有关组织的决策者，是推销人员首选的约见对象。

（2）确定约见事由。推销人员每次约见用户要尽量说出不同的理由，一般包括推销产品、市场调查、提供服务、签订合同、收取货款、走访用户等。

（3）确定约见时间。推销人员在确定约见时间时，要考虑用户的特点、访问的目的、访问的地点和路线，要尊重用户的意愿。

（4）确定约见地点。推销人员在确定约见地点时要尽量方便用户并避免干扰。地点的选择可以是用户的工作地点、家庭住所，也可以是公共场所或是推销人员的工作地点。

2. 约见的主要方法

（1）当面约见。当面约见，是指推销人员和用户面对面约定访问的具体事宜。通过这种方式，推销人员不仅对用户有所了解，而且便于双向沟通，缩短彼此的距离，易达成有关约见的时间、地点等事宜。

当面约见的优点主要表现为，有利于发展双方关系，加深感情；有助于推销人员进一步做好拜访准备；当面约见一般比较可靠，有时约见内容比较复杂，当面约见有助于保守商业机密；是一种简便易行的约见拜访方法。

当面约见的局限性主要表现为，有一定的地理局限性；效率不高；虽然简便易行，有时容易引起误会；一旦被用户拒绝，会使推销人员处于被动不利的局面，不利于下一次接近和拜访。

（2）电话约见。电话约见，是指推销人员用电话约见用户。这种约见方法的优点是，迅速、方便、经济、快捷，使用户免受突然来访的干扰，也使推销人员免受奔波之苦，可以节省大量时间。使用电话约见，推销人员必须熟悉电话约见的原则，掌握电话约见的正确方法。打电话时，推销人员应事先设计好开场白，在语言的组织和运用中要注意技巧。

（3）信函约见。信函约见，是指推销人员通过信函或电子邮件等方式约见用户。这种方法的优点是，简便快捷、易于掌握、费用低廉，可免受当面约见用户时的层层人为阻碍，可以畅通无阻地将信息传递给目标用户。缺点是约见时间较长，不能用紧急约见，用户对产品等信息的反馈率低，推销人员无法及时解答用户的疑问。采用信函约见时，信函内容要简洁扼要、重点突出、内容准确。

（4）委托他人约见。委托他人约见，是指推销人员委托第三方约见用户。委托约见可以借助第三方与推销对象的特殊关系，克服目标用户对陌生推销人员的戒备心理，取得目标用户的信任与合作；有利于进一步推销接近与洽谈。缺点是使用范围小，容易使用户产生非正式洽谈的感觉。采用这种方法时，推销人员要真正了解第三方与推销对象的关系。

（5）广告约见。广告约见，是指推销人员利用广告媒体约见用户的方式。广告进行约见，可以把约见的目的、对象、内容、要求、时间、地点等准确地告诉广告受众。在约见对象不具体、不明确或者约见用户太多的情况下，采用这一方式比较有效。此外，也可在约见对象十分明确的情况下，进行集体约见。广告约见有约见对象多、覆盖面大、节省推销时间、提高约见效率等优点，但也存在针对性较差、费用较高、难以引起目标用户注意力等不足。

（五）拜访用户

拜访用户，是指推销人员为推销洽谈的顺利开展而与推销对象正式接触的过程。拜访新用户的目的主要包括，推荐企业品牌、技术与产品，与用户建立联系、了解用户需求、发现关键决策人等。拜访老用户的目的主要包括，了解产品使用情况、推介新产品、维护稳定的用户关系等。拜访的方法有以下几种。

（1）介绍接近法

介绍接近是指推销人员通过自我介绍、他人介绍或产品介绍等方式与用户联系接近。

① 自我介绍法。自我介绍法，是推销人员通过口头介绍让用户了解自己的身份、背景及来访的目的，以期让用户加深印象。这种方式可以利用语言优势取得用户的好感，打开对方的心扉。推销人员还可以通过参加有关协会、学会等有名望、有影响的社会团体，取得用户的信任，获得接近的机会。

② 他人介绍法。他人介绍法，是推销人员借助与访问对象关系密切的第三方的介绍，达到接近用户的目的。他人介绍法有信函介绍、电话介绍或当面介绍等。在推销人员与所拜访用户不熟悉的情况下，他人介绍是一种行之有效的接近方法。

③ 商品接近法。商品接近法，是推销人员直接利用所推销的产品引起用户的注意和兴趣，从而顺利进入推销洽谈的方法。推销人员可以直接把产品、样本、模型等介绍给用户，以产品的特性引起用户的注意。这种方法适合款式新颖、功能独特、设计精美、造型别致的产品。

（2）利益接近法

利益接近法，是指推销员人抓住用户追求利益的心理，用所推销的产品或服务能带来的利益引起用户的注意和兴趣，从而接近用户的方法。采用这种方法时，推销人员对产品利益的陈述要能打动用户的心理，另外，要实事求是，不可夸大其词。

(3) 好奇接近法

好奇接近法，是指推销人员利用用户的好奇心理接近用户的方法。即先引起用户的好奇心，然后说明购买可能带来的利益，从而接近用户洽谈。

(4) 馈赠接近法

馈赠接近法，是推销人员通过馈赠礼物来接近用户的方法。采用这种方法，比较容易获得用户的好感，拉近与用户的距离。但是在使用时要注意，一是赠品最好符合用户的爱好；二是赠品最好选择要推销的产品；三是赠品必须质地优良、外观精美、包装考究；四是赠品不宜过于贵重，并要符合国家的有关法规。

(5) 赞美接近法

赞美接近法，是指推销人员以赞美的语气博得用户的好感，来接近用户的方法。人们在心情愉快的时候，很容易接受他人的建议，推销人员要善于抓住机会，正确地引导推销活动。使用这一方法时，一要注意词语要恰到好处，不要虚情假意，引起反感；二要选择合适的赞美方式，对不同类型的用户，赞美的方式也要有所不同。

(6) 请教接近法

请教接近法，是指推销人员通过向用户请教有关问题，请用户帮忙解答来接近用户的方法。这种方法体现了以尊重用户、满足用户自尊的心理需求为原则的推销思想，尤其对那些个性较强，有一定学识、身份和地位的专家型用户更为适合。

(7) 陈述接近法

陈述接近法，是指推销人员利用直接陈述吸引用户，进而转入洽谈的方法。直接陈述的内容可以是价格、服务等各方面的优惠条件，也可以是产品的新特点以及企业的有关情况介绍等。采用这种方法时，推销人员要注意有理有据、高度概括、富有新意及感染力。

(8) 问答接近法

问答接近法，是指推销人员利用提问的方式或讨论问题的方式接近用户的方法。推销人员采用这种方法时要注意，一是问题必须简明扼要，抓住用户的关注点，最好能形象化、量化；二是突出重点、有的放矢；三是要有针对性、耐人寻味，问题应该是用户乐意回答并且容易回答的，要避免有争议、伤感情的问题。

(9) 表演接近法

表演接近法，是指推销人员利用各种戏剧性的表演手法来展示产品的特点，从而引起用户注意和兴趣的方法。这是一种古老的推销方法，在现代推销过程中，采用这种方法实际上是把产品演示过程戏剧化，将用户的兴趣激发起来。表演的内容应与推销的产品有关，最好是不露声色并且能让用户参与其中。

（六）化工企业客户关系管理

1. 客户关系管理的含义

客户关系管理，是指企业为提高核心竞争力，利用相应的信息技术以及互联网技术，协调企业与用户在销售、营销和服务上的交互，从而提升管理方式，提供创新的个性化客户交互和服务的过程。客户关系管理的核心思想是以客户为中心，提高客户满意度，改善客户关系，增加市场份额。

2. 客户关系管理的任务

(1) 保留老用户，避免客户流失

用户是企业的宝贵财富，稳定住企业的基层用户是企业生存的基本条件，重视和维持高层用户是推动企业发展的动力。因此，化工企业要做到，一是提高产品和服务质量。企业要充分考虑用户的感受和期望，将他们对产品和服务的评价转移到关注产品和服务的质量上来。二是加强与用户的信息沟通。企业的推销人员要了解用户的需求，与用户交流对市场的见解，让用户接受企业的营销策略，建立企业与用户良好的合作关系。三是保证高效快捷的执行力。企业要想留住已有的用户群体，良好的策略与执行力缺一不可。作为管理者，重塑执行力的观念有助于制定更健全的策略。面对激烈的市场竞争，企业管理者要重新进行角色定位，从只注重策略制定转变为策略与执行力兼顾。

(2) 吸引新用户，增加企业的客户资源

客户关系管理要求企业以客户满意为中心，在这一思想指导下进行的市场细分、目标市场选择、市场定位才能更加准确地把握用户需求，提供更加快速和周到的优质服务，吸引更多的用户。在实际工作中，要用客户关系管理理念分析用户需求，提供满足其需求的产品和服务，同时观察和分析用户行为对企业收益的影响，从而优化企业与客户的关系。

(3) 提高用户满意度，培育客户忠诚度

市场经济条件下，产品的同质化越来越严重，因此，用户越来越重视企业的产品与服务能否满足其个性化需求。在激烈的市场竞争中，用户是企业至关重要的资源。如何不断提高用户满意度和客户忠诚度是企业扩大市场份额的唯一选择。

二、化工产品推销洽谈

(一) 化工产品推销洽谈的目标与内容

推销洽谈，又称"推销面议"，是指推销人员运用各种方式、方法和手段，向用户传递推销信息，并设法说服其购买产品和服务的协商过程。在现代推销环境里，推销洽谈的方式和方法在不断变化，推销人员可以利用一切沟通工具，除了传统意义上的面对面洽谈外，还有电话、邮件、网络视频、电子邮件等形式。

1. 化工产品推销洽谈的目标

推销洽谈的目标，既取决于用户购买活动的一般心理过程，又取决于推销活动的发展过程。因此，现代推销洽谈的目标在于向用户传递信息，激发购买欲望，诱发购买动机，说服用户，达成交易。

(1) 说服用户达成交易

推销人员必须向用户全面介绍推销产品的情况，包括品牌、功能、质量、价格、服务、销售量、市场地位以及生产企业的情况。用户只有对相关信息充分了解的情况下，才能做出购买决策。洽谈之初，推销人员要将自己掌握的有关信息迅速传递给用户，以帮助用户尽快认识和了解推销产品的特性及其所能带来的利益，为用户购买决策提供信息依据，增强用户对推销产品以及生产企业的好感，诱发购买兴趣。同时，推销人员在向用户传递信息时必须客观、恰当、实事求是。

(2) 准确把握用户需求

从营销学的角度讲，只要能够发现购买需求和动机，就可以预测和引导购买行为。购买行为是受购买动机支配的，而动机又源于人的基本需求。推销人员在洽谈之初就必须抓住用户的购买心理，投其所好地开展推销洽谈，并针对需求展示推销产品的功能。只有当用户真正认识到推销产品的功能和利益，感受其所带来的满足感，才能产生购买动机。

（3）恰当处理用户异议

在推销洽谈中，用户接收到推销人员传递的有关推销产品的信息后，经过分析会提出一系列看法和意见，这就是用户异议。如果用户异议处理不好或未能及时排除，就很难说服用户达成交易。产生用户异议的原因有两方面，一是推销人员所发出的信息本身不全面；二是用户对推销产品的相关知识不了解。因此，优秀的推销人员必须掌握尽可能多的与推销产品相关的知识。只有这样，才能圆满地解答用户提出的各种问题，妥善处理异议，帮助用户加深对推销产品的认识，取得信任，顺利达成交易。

（4）促使用户做出购买决定

推销洽谈过程中，推销人员必须准确把握用户购买决策前的心理冲突，利用各种理智的和情感的手段去刺激用户的购买欲望，引导其做出购买决定，促成交易。推销人员可以采用各种方式，强调购买推销产品后所能得到的利益，满足用户的特殊要求，同时，给予一些优惠，提供优质服务，强化购买欲望，为用户最终做出购买决定而努力。

2. 化工产品推销洽谈的内容

化工产品推销人员必须针对用户关心的问题，事先确定推销洽谈可能涉及的内容。推销洽谈一般包括以下内容：

（1）产品

产品包括产品本身及其规格、性能、款式、质量等，这是用户最关心的内容。对用户而言，购买的目的是获得产品的使用价值，满足其生活消费的需要。对于中间商来说，购买产品的目的是转卖，满足其实现盈利的需要。不同用户的需求不同，所关心的产品的侧重点也有很大差异。因此，推销人员应在全面了解用户真正需求的前提下，将其所关心的产品信息传递给对方。

（2）价格

成交价格的高低，直接影响交易双方的经济利益，所以，价格是推销洽谈中最重要的内容，也是极为敏感的问题。买卖双方能否成交，关键在于价格是否适宜。推销洽谈中，买卖双方要考虑与价格相关的成本、付款条件、通货膨胀状况、彼此信任与合作程度等有关因素，商定一个双方都满意的价格。

在产品交易中，货款的支付方式也是关系双方利益的重要内容。推销洽谈中，买卖双方应明确货款结算方式及结算使用的货币、结算时间等具体事项。

（3）服务

服务是化工产品推销洽谈中不可或缺的一个环节，推销人员要将企业所承诺的服务范围准确、真实地传递给用户。化工产品售后服务的内容一般包括交货时间、送货方式、送货地点、运输方式等；提供零配件、工具、维修以及技术咨询和培训服务等；技术指导、操作使用、消费需求等；免费安装、维修、退换、养护、保养等。

（4）保证条款

保证条款是指在化工产品交易过程中，买卖双方对买进、售出的产品要承担的义务、责任。保证条款实质上是为了明确双方在交易中的权利和义务，既是一种担保措施，也是纠纷解决的办法。通常情况下，为了避免纠纷，双方都要严格、谨慎地签订保证条款来保证交易的顺利进行。

为了防止意外和随机因素对合同执行的影响，交易双方还应就合同的取消条件以及履约和违约等有关权利、义务进行洽谈，并对合同纠纷中引起的诉讼及处理办法进行协商，以免引起不必要的麻烦。

（二）化工产品推销洽谈的原则与步骤

1. 化工产品推销洽谈的原则

推销洽谈的原则，是指推销人员具体从事推销洽谈的准则。为了达到推销目的，实现洽谈的目标，推销人员可采用灵活多样的方法和技巧说服用户。但无论推销人员采取何种方法，在推销洽谈中都必须遵循以下原则。

（1）针对性原则

针对性原则，是指化工产品推销人员的推销洽谈必须体现推销目的，具有明确的针对性。也就是说，推销人员的推销洽谈必须针对推销环境，针对用户的消费心理、购买目的和购买动机，针对推销产品的特点等，灵活地运用各种推销方式、方法进行有的放矢的推销活动。用户不同，需求不同，因此，推销人员在洽谈中应把握好用户的思想，弄清楚需求的实质，根据推销产品的特点设计洽谈方案，恰到好处地宣传、说服，以引起用户的关注。

（2）鼓动性原则

鼓动性原则，是指化工产品推销人员在推销洽谈中用自己的信心、热心和诚心，以丰富的知识有效地感染用户，说服和鼓动其采取购买行动。作为推销人员，始终要抱定成功的信念，相信自己的产品和服务，热爱自己的事业。同时，在推销洽谈中要表现出专家风范，用广博的知识去说服和鼓动用户，善于用具有感染力和鼓动性的语言去生动形象地传递非理性信息，打动用户。

（3）倾听性原则

倾听性原则，是指化工产品推销人员在推销洽谈中，不能只向用户传递推销品信息，还要注意倾听用户的意见与要求。倾听，会使用户感到推销人员对自己的尊重，没有施加压力；会使用户感到推销人员在尽心了解自己的问题，提供真正有效的服务。为了达到推销目标，化工产品推销人员切忌滔滔不绝从企业自身的角度去介绍产品，要善于观察用户的需求。许多成功的推销经验证明，有时推销人员说得越多反而越会使用户产生反感情绪，相反，尽量让用户去表达自己的意愿，少说多听有时会取得意想不到的效果。

（4）参与性原则

参与性原则，是指化工产品推销人员在推销洽谈过程中，积极地设法引导用户参与推销洽谈，促进信息双向沟通。坚持参与性原则，有助于用户进一步了解推销产品的功能、特点，熟悉推销产品的使用方法，加深对推销产品的印象，诱发购买动机。因此，要求推销人员必须掌握推销洽谈的主动权，在控制推销洽谈的局势和发展进程的前提下，充分调动用户的积极性，引导其发表意见、回答问题或试用推销产品等，促使用户做出购买决策。

（5）诚实性原则

诚实性原则，是指化工产品推销人员在推销洽谈中切实对用户负责，真心诚意与用户进行推销洽谈。推销人员在推销中失去诚实，就意味着失去用户，甚至会永远地失去。诚实性原则包括以下三方面内容：

① 讲真话，实事求是地传递推销产品信息，力争取得用户的信任。

② 出示真实可靠的身份证明和推销产品证明，打消用户疑虑，坚定购买决心。

③ 货真价实，树立良好的推销信誉。

2. 化工产品推销洽谈的步骤

就化工产品而言，推销洽谈大致可分为准备阶段、摸底阶段、报价阶段、磋商阶段和成交阶段。

（1）准备阶段

化工产品推销人员在推销洽谈前必须进行充分的准备，才有可能实现预期目的。

① 制定计划

制定计划是化工产品推销洽谈准备阶段的首要环节，主要包括：洽谈的预期评价；确定推销洽谈的时间、地点；进一步核实用户的基本情况；提供产品样品和服务的有关信息；选择推销洽谈的策略和方法；做好洽谈的心理准备等内容。

能否制定合理的推销洽谈计划直接关系到推销工作的成败，化工产品推销人员要提前做好各种准备，如对用户基本情况的了解，需要掌握用户客的姓名、年龄、职务、性格、偏好、工作作风、所在部门的公司状况等；此外，为了能够达成购买意向，还需要知道用户的资金情况、是否有权购买、是否有迫切的需求动机等。向用户提供的产品和服务信息包括，产品的性质、类别、功能、特色以及能为用户带来的利益等。只有这样，推销人员才能在推销洽谈中灵活、自信、有针对性地开展推销工作。

② 推销洽谈的工具准备

化工产品推销人员在推销过程中不能单纯靠说话，还需要利用各种推销工具，如推销产品、推销产品模型、文字资料、图片资料、推销证明资料等。推销工具可以直观、形象、生动地展现在用户面前，产生较强的说服力和感染力，使其加深印象从而产生购买动机。

（2）摸底阶段

摸底阶段是化工产品推销洽谈双方试探性地提出问题，互相了解对方，旨在建立推销洽谈气氛、交换意见、开场陈述。这一阶段一般从见面入座开始到洽谈实质内容之前。首先，双方要努力建立合作、诚挚、轻松愉快的洽谈气氛。为此，要把洽谈场地布置得赏心悦目，使推销洽谈者的举止行为给用户留下热情、诚挚、轻松、美好的印象。其次，双方要及时交换意见和看法，就推销目的、计划、人员情况等方面取得一致意见，即使双方早已联系，也应在正式洽谈中重新明确一下。再次，为了进一步摸清对方的原则、态度，可以从主要问题、期望目标、主要原则、变通措施等开始陈述或提出倡议。

摸底阶段，双方最好不要直奔主题，最好以一些非业务性、轻松的话题开头，这将对推销洽谈起到积极的促进作用，也将是后期工作得以顺利进行的润滑剂。

（3）报价阶段

报价阶段是化工产品推销洽谈双方分别提出具体交易条件，是开场陈述的具体化，涉及谈判双方的基本利益，是推销洽谈十分重要的阶段，是推销洽谈的核心和关键。

在推销洽谈中，不论谁先报价，都需要综合考虑价值和风险两种因素。报价时，要掌握报价时机与报价原则。一般而言，当对方对推销产品的使用价值有所了解后再报价。对方询问价格时是报价的最好时机，最好按照产品等级报价，便于对方结合自身情况综合考虑。报价时力求果断、明确、清楚、无保留、不犹豫，尽量留有充分的磋商余地，便于对方讨价还价。

（4）磋商阶段

磋商阶段也称"讨价还价"阶段，是化工产品推销洽谈双方为了各自利益，对各种具体交易条件进行磋商和商讨，以逐步减少彼此分歧的过程。在这一阶段，双方都极力阐述自己的立场、利益的合理性，施展各自的策略和手段，企图说服对方接受自己的主张或做出一定程度的让步。

磋商阶段是双方利益矛盾的交锋阶段，谈判双方之间存在分歧或彼此处于对立状态是不可避免的，因此，双方适当地让步是寻求解决彼此分歧、达成协议的办法。在此阶段，化工产品推销洽谈人员切记，在没有真正把握对方意图和想法时，不轻易做出妥协让步。此阶段是推销洽谈最关键的阶段，也是最难的阶段，处理好这个阶段的问题是洽谈取得成功的关键。

此外，在磋商阶段，双方最好形成备忘录。备忘录并不视为合同或协议，只是双方当事人暂时商定的一个意向，是以后达成正式协议的基础。

(5) 成交阶段

成交阶段是化工产品推销洽谈的最后阶段，也是收获最终成果的阶段。当双方进行实质性的磋商后，经过彼此的妥协让步，重大分歧基本消除，意见逐步统一，趋势逐渐明朗，双方就交易条款达成共识，于是推销洽谈便进入了成交阶段。这一阶段，化工产品推销人员应主动把握好时机，用语言或行为向对方发出成交信号。当对方明确表示愿意成交时，推销人员应对最后成交的问题进行归纳和总结。

双方签约时可以参考备忘录的内容，回顾双方达成的原则性协议，对洽谈的内容加以归纳、总结、整理，并用准确规范的法律条文进行表述，最后由双方代表正式签字生效。正式协议的条款要求具体、明确、规范、严密；价格、数量、质量要求等要准确；支付方式、交货期限、售后服务及履约责任要明确；标的名称要标准化、规范化，符合法律规范。当谈判协议审核通过之后，谈判双方都要履行正式的签约手续。这样化工产品推销洽谈的成交阶段才视为结束。

（三）化工产品推销洽谈的方法

化工产品推销洽谈的方法主要有提示洽谈法和演示洽谈法两类。

1. 提示洽谈法

所谓提示洽谈法，是指化工产品推销人员在推销洽谈中利用语言，启发、诱导用户购买推销品的方法。

(1) 直接提示法

直接提示法，是指化工产品推销人员直接向用户呈现推销产品，劝说用户购买推销产品的洽谈方法，是一种被广泛运用的推销洽谈方法。直接提示法的特点是，推销人员接近用户后立即向其介绍产品，陈述产品的优点与特征，然后建议购买。这种方法简单明快，能节省时间，加快洽谈速度，符合现代人的生活节奏。采用直接提示法时应注意，一是提示的内容必须突出重点；二是提示的内容要易于理解；三是提示的内容应符合用户心理。

一位化工产品推销人员在推销一种试剂时对用户的提示如下："听说你们在寻找一种反应速度更快的试剂，我们公司新近开发了一种新的试剂产品，它能将反应速度提高5～6倍，这是这种试剂的实验报告。您看看，一定会达到你们的要求。如果你们满意，请快点订货。不然的话，因为订货量太大，很难保证交货期。"

(2) 间接提示法

间接提示法，是指化工产品推销人员间接地劝说用户购买推销品的洽谈方法。这种方法可以有效地排除面谈压力，避重就轻，营造有利的面谈气氛。

应用间接提示法可以虚构一个用户，也可以是一般化的泛指。使用间接提示法的好处在于，可以避免一些不太好直接提出的动机与原因，使用户感到轻松、合理，从而容易接受化工产品推销人员的购买建议。

(3) 明星提示法

明星提示法，也叫名人提示法或威望提示法，是指化工产品推销人员借助名人的声望来说服用户购买推销品的洽谈方法。明星提示法迎合了人们求名的情感购买动机，另外由于明星提示法充分利用了一些名人、名家、名厂等的声望，可以消除购买疑虑，使推销人员和推销产品在用户心目中产生明星效应，因此，推销效果比较理想。使用这一方法时应该注意，提示中的明星应该是用户普遍喜欢的对象，明星本身确实使用了企业的产品并且效果不错。

(4) 鼓动提示法

鼓动提示法，是指化工产品推销人员通过传递推销信心、刺激用户产生购买欲望，使用户立即采取购买行为的洽谈方法。例如，"今天是优惠期的最后一天""只剩这最后一批产品了"等。

使用鼓动提示法时要注意，一是要有针对性地采取提示策略，避免大范围使用，否则会给用户留下虚伪的印象。二是鼓动的信息必须是真实准确的。三是要考虑用户的个性，一般情况下，鼓动提示法不适合个性较强、偏内向以及沉稳的用户。

(5) 积极提示法

积极提示法，是指化工产品推销人员用积极的语言或其他积极方式劝说用户购买推销产品的方法。所谓积极的语言，可以是肯定的、正面的提示，热情的、赞美的语言等能产生正向效应的语言。

采用积极提示法时，化工产品推销人员可先与用户一起讨论，再给予正面的、肯定的答复，从而克服正面语言过于平坦的缺陷。此外，所用的语言与词句都应是实事求是、可以证实的。

(6) 联想提示法

联想提示法，是指化工产品推销人员通过提示事实、描述情景，使用户产生某种联想，刺激其产生购买欲望的洽谈方法。联想提示法要求推销人员善于运用语言的艺术去表达、描绘，避免刻板、教条的语言，也尽量避免使用过分夸张、华丽的辞藻。这样，提示的语言才能打动用户、感染用户，让用户觉得贴切可信。

一位推销室内涂料推销员的一句话打动了用户："这种颜色的涂料用在客厅时，有种置身大自然的感觉。"这一方法中，涂料推销人员向用户勾画出梦幻般的情景，让用户去想象，使产品更具有吸引人的魅力，从而达到强化购买欲望的良好效果。

(7) 逻辑提示法

逻辑提示法，是指化工产品推销人员使用逻辑推理来劝说用户购买产品的一种洽谈方法。它通过逻辑的方法，促使用户进行理智思考，从而明确购买的利益与好处，并最终做出理智的购买抉择。

在运用逻辑提示法时应注意，一是这种方法适用于有较强理智购买动机的用户。二是要以理服人。推销人员要了解产品的科学原理，避免强词夺理。三是要做到情理并重。推销人员应该把科学的逻辑推理与说服艺术结合起来，既晓之以理，又动之以情，从而使用户采取购买行为。

例如:"所有企业都希望降低成本,我公司生产的这种产品可以降低生产成本,提高经济效益。所以,贵厂可以考虑使用这种产品。"

2. 演示洽谈法

演示洽谈法又称直观示范法,是指化工产品推销人员运用非语言形式,通过实际操作产品或辅助物品,让用户直接感受产品信息,最终促成购买的洽谈方法。

(1) 产品演示法

产品演示法,是指化工产品推销人员通过直接演示产品本身,劝说用户购买的洽谈方法。推销人员通过对产品的现场展示、操作表演等方式,把产品的性能、特色、优点表现出来,使用户对产品有直观的了解。从现代推销学原理上讲,产品本身就是一个沉默的推销员,是最准确、最可靠的信息来源。

产品演示法的作用主要有两个方面,一是形象地介绍推销产品。千言万语不如让用户直接与推销品见面。二是起到证实作用。通过真实可信的推销情景,让用户直观了解。

使用产品演示法时,一是要根据产品的特点选择演示内容、方法、时间、地点等;二是要根据推销洽谈进展的需要,选择适当的时机;三是要注意演示的步骤与艺术、演示的气氛与情景效应,最好是边演示边讲解;四是要让用户参与其中,使其亲身体验产品的优点,从而产生认同感与占有欲望。

(2) 文字图片演示法

文字、图片演示法,是指化工产品推销人员通过展示与产品有关的文字、图片资料等,劝说用户购买的洽谈方法。在不能或不便直接展示产品、或用语言难以说明的情况下,化工产品推销人员通过向用户展示产品的文字、图片、图表、音像等资料,能更加生动、形象、真实可靠地介绍产品。例如,产品工作原理、运行数据、价目表等,通过文字、图片可以做到动静结合,图文并茂,收到良好的推销效果。

(3) 影视演示法

影视演示法,是指化工产品推销人员利用录音、录像、光盘等进行演示,劝说用户购买产品的洽谈方法。这种方法融推销信息、推销情景、推销气氛于一体,具有很强的说服力和感染力,容易让用户产生身临其境的感觉,同时,这种方法还有利于消除用户异议,提高推销的成功率。

(4) 证明演示法

证明演示法,是指化工产品推销人员通过演示有关证明资料或进行破坏性表演,劝说用户购买产品的洽谈方法。这是现代推销洽谈中经常用到的方法,如展示生产许可证、产品质量鉴定书等。使用证明演示法时应注意,一是证明资料准备充分;二是演示的推销证明资料真实可靠;三是选择恰当的时机和方法进行证明演示。

(四) 化工产品推销洽谈的策略与技巧

在化工产品推销洽谈的过程中,正确巧妙地运用策略与技巧可以起到事半功倍的作用,能够顺利化解僵局,使双方达成一致意见。

1. 化工产品推销洽谈的策略

(1) 最后通牒策略

在化工产品推销洽谈过程中,富有经验的推销人员常常体验到,通常约有90%的时间用来讨论一些无关紧要的事情,而关键性和实质性问题是在最后不到10%的时间里谈成的。

因此，化工产品推销人员必须合理安排好洽谈全部时间与最后时间的关系。首先，要安排好洽谈时间表，合理估计每个问题使用的时间；其次，将开始的大部分时间用来讨论外围问题或枝节性问题，而将"最后十分钟"的时间用来洽谈实质性或关键性的问题。这样安排时间的好处在于，避免洽谈一开始就在讨论实质问题上发生"触礁""翻船"。

（2）自我发难策略

自我发难策略，是指在化工产品推销洽谈中，针对对方有可能提出的问题，先自行摆出，再加以解释并阐明立场的洽谈策略。这种策略必须建立在深入调查、知己知彼的基础上，问题的选择必须恰当，理由必须令人信服。否则，不但达不到预定目标，还会使自己处于被动局面。

例如，由于本企业报价比其他同类企业高20%，对方一定会对这一问题心存疑惑，并且会怀疑洽谈的诚意，进而影响他们对洽谈的态度和信心。因此，在洽谈开始就应予以介绍，与同类产品的报价相比，本企业的价格高20%，看起来似乎价格过高，但是实际并不高。首先，本企业采用的是进口优质原料，质量绝对可靠；第二，本企业完全按ISO9000标准进行生产和管理，产品合格率比其他同类产品高30%；第三，本产品获得国家发明专利，有独特的性能；第四，一年之内，对不合格的产品一律免费退换；第五，本企业是行业中最大的供应商，能够保证长期稳定的供应。通过这种自我发难，解释疑难，让对方感到我方是以诚相见，从而解除疑虑，顺利实现洽谈目的。

（3）步步为营策略

步步为营策略，是指在化工产品推销洽谈中，不是一次就提出总目标，而是先从某一具体目标入手，步步为营，最后完成整个目标的洽谈策略。此策略一般是在谈判时间充裕、谈判议题较少，或是各项议题的谈判均比较艰难的情形下使用。使用该策略时要小心谨慎，力戒急躁和冒进；要言行一致，有理有据，使对方觉得情有可原。

步步为营策略有利于取得阶段性胜利，进而一步一步掌握主动。相反，如果一揽子将本企业目标全部说出来，会令对手难以接受。例如，先就订货数量、产品规格、型号、质量标准等进行洽谈，待达成一致意见后再就产品价格进行洽谈，然后，就付款方式、交货时间等进行洽谈。如果在每个具体问题上都取得了成果，也就完成了总的洽谈任务。

（4）折中调和策略

折中调和策略，是指在化工产品洽谈处于僵持局面时，由一方提出折中调和方案，对方也作出一些让步以达成协议的策略。这一策略适用于双方实力相当，对分歧相持不下，也无法在其他方面做出让步，但是无论如何也不能放弃洽谈等情况。此策略体现了平等互利原则，也是推销人员经常使用的策略。折中调和策略常用的方法有：

① 价格折中，这是最常见的折中调和办法。如买方最高出价50元，卖方最低售价60元，中间有10元差价，为了达成合作，买卖双方各让5元，最后以55元成交。

② 条件折中。通常双方立足于自身条件，以本企业优势条件退让，换取其他方面的补偿。例如，企业承诺直接从对方取货，承担运费，做出让步，同时要求对方在售后服务等方面提供同等价值的服务。

③ 条件与价格折中。这是指企业在降低条件的同时，要求对方在价格方面给予补偿。例如上例中，也可以要求对方价格降低的数额与运费相等。该策略一般是在取得一定的谈判成果之后才开始运用的，通常是在谈判接近尾声，双方均已经到了彼此最后底限时才能运用，否则主动的一方容易陷于被动。

(5) 参与说服策略

在化工产品推销洽谈中,如果推销人员首先发表评论,可能会引起对方的异议,因此,聪明的推销人员会先倾听对方的意见,在对方提出自己能够接受的意见后,结合实际情况做出适当的补充和修改。这种策略降低了用户反对的概率。

(6) 寻找共同点策略

化工产品的推销洽谈几乎都是从寻找共同点开始的,因为双方都不愿意接受不同意见。从部分意见相同点开始洽谈,可以形成良好的气氛,缩短双方的感情距离,为进一步洽谈打下良好基础。

2. 化工产品推销洽谈的技巧

(1) 倾听技巧

倾听技巧,是指在推销洽谈过程中,化工产品推销人员要善于倾听,要给用户充分表达的机会,而不是一味地口若悬河、滔滔不绝。倾听能够发现事实真相,了解用户的真实想法,赢得用户的好感,减少洽谈的失误。推销人员在倾听时,一要专注。要认真思考对方的问题,找到用户的需求,从而确定恰当的洽谈方法。二要鉴别。要善于听出用户言语中蕴涵的观念和用意。三要容忍不同意见,不要中途打断或驳斥对方讲话。四要积极回应。在积极回应对方的观点时,不要长篇大论、喧宾夺主。

(2) 语言技巧

化工产品推销人员应当熟练掌握一定的语言技巧,才能保证推销洽谈的顺利进行。

① 阐述的技巧

阐述是指推销人员说明自己的观点。在推销洽谈中,为了争取主动,切不可过早地表明自己的立场、观点、目标,可先请对方进行阐述。通过倾听了解对方的意图后,再根据对方的立场有针对性地阐明观点。需要注意的是,阐述时可以针对性地叙述说明对方关心的问题,力求做到语言准确、翔实,不可使用"好像""大概""差不多"等词语。涉及机密问题时,要做到滴水不漏。

② 提问的技巧

化工产品推销人员在推销洽谈中,为了摸清对方意图,往往需要向用户提出问题。提问时,态度要谦和友好、用词要恰当婉转,要耐心听完对方的讲话再提问。同时要做到,问题的范围界限比较清楚,能让用户的回答有具体内容;提出一些能促进洽谈成功的关键性问题;避免令人难堪、不快,甚至有敌意的问题,以免伤害用户感情,使洽谈陷入僵局。

③ 回答的技巧

推销洽谈过程中,对于用户的提问,化工产品推销人员要坚持诚信原则,给予客观真实的回答,赢得用户的好感和信任。同时,回答时要有条有理,言简意赅,通俗易懂。但是,如果用户出于自身利益,提出一些难题或者是涉及企业秘密的问题,推销人员应该使用一些技巧来回答。

对于一些不便回答的问题,应使用模糊语言,向对方透露一些不太确切的信息或者回避问题中的关键问题,转移话题;也可采取反攻法,要求对方先回答自己的问题;或者找些客观理由表示暂时无法回答对方问题;倘若对方明确反对自己的观点,甚至言辞过于激动、情绪激昂,为避免直接冲突,化工产品推销人员要用幽默的语言,委婉含蓄地表达,避免出现僵局迫使洽谈破裂。

④ 处理僵局的技巧

在推销洽谈中,经常会出现各抒己见、互不相让的僵持局面,使洽谈无法进行,甚至导致洽谈不欢而散。这就需要化工产品推销人员掌握一些处理僵局的技巧，有效化解洽谈僵局。

一是要尽量避免僵局出现。化工产品推销人员为避免僵局出现，有时需要暂时放下既定目标，在原则允许的范围内给予一定的妥协退让。推销洽谈中，如果推销人员发现现场气氛不对或者对方略有不满时，应该尽量寻找轻松和谐的话题。对确实不能让步的条件，可以先肯定用户的部分意见，在大量引用事实证据的基础上反驳对方，使其知难而退。

二是要设法绕过僵局。推销洽谈中，若僵局已形成，一时无法解决，可暂时放下此问题，避而不谈，待时机成熟后再商定。若由于双方意见分歧出现僵局，要推心置腹交换意见，化解冲突，此外还可以邀请有影响力的第三方进行调解。

三是打破僵局。僵局形成后，绕过僵局只是权宜之策，最终要想办法打破僵局。打破僵局的方法有，一是扩展洽谈领域。单一的交易条件不能达成协议，可把洽谈的领域扩展，如价格上出现僵局时，可在交货期、付款方式等方面适当让步。二是更换洽谈人员。在洽谈陷入僵局时，可以换一个推销人员参与洽谈。三是让步。在不过分损害企业利益的前提下，可以考虑做一些小的让步。

三、化工产品推销成交

推销成交，是指用户接受化工产品推销人员的推销建议及推销演示，购买推销产品的行动过程。成交是推销洽谈的继续，是推销全过程的最后阶段，也是推销工作的目标。只有最终达成交易，才是成功的推销。

在成交阶段，化工产品推销人员不仅要继续接近和说服用户，反复进行信息沟通，而且要采取有效措施帮助用户做出最后的选择，促使其采取购买行动，直至履行成交手续。

（一）化工产品推销成交的基本策略

1. 消除成交障碍

通常情况，用户不会主动提出购买要求，而是等待推销人员提出成交要求。可见，成交的障碍不仅仅来自用户，有时还会来自推销人员。

化工产品的成交障碍主要来自两个方面，一是用户异议。对这些来自用户方面的成交障碍，化工产品推销人员可以通过适当的推销方法和推销技巧加以化解、消除。二是推销人员心态。对这些来自推销人员方面的成交障碍，推销人员应树立信心，努力消除不利的推销心态。

容易造成成交障碍的原因有：

（1）急于求成

由于推销人员缺乏对成交失败的心理准备，因而，在推销过程中常常急于求成。这样，往往会增加推销难度，降低推销利益，影响用户的购买决策，甚至导致推销失败。实际上，再优秀的推销人员都会经历失败，化工产品推销人员应以坦然、平静的心态接受推销活动可能产生的各种后果。

（2）职业自卑

推销人员的职业自卑感会对与用户的交往产生消极影响。只有努力克服自卑、战胜自我，不断加强职业修养，培养职业自豪感和自信心，全面了解工作的意义和价值，激发自身兴趣、勇气和潜能，才能做好本职工作。

(3) 等用户开口

一些推销失败的原因就在于推销人员耻于向用户提出购买要求，总是被动等待，认为用户在推销洽谈结束后会自动提出成交要求。实际上，绝大多数具有购买意向的用户会采取被动的购买态度，所以，推销人员不要坐等用户提出成交要求，而应该主动地向用户提出购买要求。

(4) 害怕被拒绝

在推销过程中，一些推销人员在即将成交的最后阶段放弃了，主要原因是他们不愿承担失败和被拒绝的风险，因此，常常采用含蓄、暗示的方式，而不是直接向用户提出成交的要求。其实，只有善于开口提出要求的人才可能是赢家。

2. 捕捉成交信号

成交信号，是指推销过程中，用户有意或无意流露出的各种成交意向。大多数用户为了取得心理上的优势，确保按自己提出的交易条件成交，实现利益最大化，往往不会主动提出成交请求。但是，用户的成交意向会通过其他方式在不经意间表现出来。化工产品推销人员如果能善于观察用户的言行举止，从中捕捉到一些成交信号，就有可能因势利导地达成交易。常见的成交信号有：

(1) 语言信号

语言信号，是指在推销过程中，用户通过语言表现出来的成交意向。例如，压低价格、挑剔款式包装、询问交货时间地点、付款条件、交易方式等具体事宜，对产品质量及产品加工问题提出具体要求，询问有关售后服务、维修、退换货条件等问题。

(2) 行为信号

行为信号，是指在推销过程中，用户某些举止行为中表现出来的成交意向。例如认真阅读推销资料，认真倾听推销人员的介绍、比较各项交易条件，要求推销人员展示产品、试用产品等。

(3) 表情信号

表情信号，是指在推销过程中，用户的面部表情所表现出来的成交意向。例如面带微笑、目光关注产品、下意识地点头、陷入沉思状态等。

(4) 事态信号

事态信号，是在推销过程中，就形势的发展和变化用户所表现出来的成交意向。例如要求看销售合同、同意下次约见、态度逐渐转好、向推销人员引见有关负责人或高层决策者等。

化工产品推销人员要密切关注用户表现出来的一切成交信号，准确把握时机，及时向用户提出购买要求。

3. 保留成交余地

一是化工产品推销人员应该及时提出推销重点，说服和吸引用户。但是，推销人员不要一开始就把交易条件和盘托出，因为用户从对产品产生兴趣到做出购买决定，总是需要经过一定过程的。到了成交阶段，推销人员如能再提示某个推销要点和优惠条件，就能促使用户产生购买决策。如果，一开始就口若悬河，既不利于用户逐步接受推销信息，又不利于最后成交。

二是即使某次推销活动双方未能达成交易，推销人员也要留下一定余地，以便在日后还有成交的机会。因为，用户的需求总是在不断变化的，一次没有接受，并不意味着永远不接受。

4. 掌握成交时机

一个完整的推销过程，需要经历寻找用户、推销接近、推销洽谈、处理异议和促成交易等不同阶段，但并不是每一次成交都必须经过每一个阶段。这些不同的阶段相互联系，相互影响，相互转化，任何一个阶段都可能达成交易。化工产品推销人员必须机动灵活，随时发现成交信号，把握成交时机。

（二）化工产品推销成交的方法

成交的方法，是指推销人员在适当的时机，用以启发用户做出购买决定、促成用户购买产品的推销技巧。常用的成交方法有下列几种：

1. 请求成交法

请求成交法也称提议成交法，是一种最简单、最常见的成交方法，是指推销人员在接收到成交信号后，用确切的语言主动向用户提出购买建议，以求适时成交。

通常，在洽谈中，如果推销人员和用户已经就主要问题达成了一致意见，推销人员应抓住时机主动向对方提出成交请求，快速达成交易。比如推销人员对用户说："如果没有什么问题，我建议现在就把合同签订下来吧！""既然没有什么需要讨论的了，您可以在这个合同上签字了。""您的要求基本上满足了，我回去后按您的意思拟好合同，下午送过来请您签字吧！"

请求成交法的关键在于把握恰当的时机，注意运用语言技巧，要让对方感到顺理成章，否则，可能会给用户造成压力，产生抵触情绪，使推销人员失去成交的主动权。

2. 选择成交法

选择成交法，是指推销人员提供几种可供选择的购买方案，让用户选择其中一种从而达成交易的方法。

采用选择成交法，从表面上看，似乎把成交的主动权交给了用户，但事实上只是让用户在一定范围内有选择权，成交的主动权仍然掌握在推销人员手中。当推销人员直接将具体购买方案供用户选择时，用户通常不会拒绝，而是按照推销人员提出的选择方案进行选择，从而有效地达成交易。

使用选择成交法时，尽量避免向用户提出太多的方案，2~3个选项即可。

3. 限期成交法

限期成交法，是指推销人员通过限制购买期限从而达成交易的方法。

限期成交法是推销人员利用用户"取巧"心理进行推销活动，对用户产生"机不可失，时不再来"的心理影响，营造出有利于成交的环境氛围，从而取得较好的推销效果。采取这种方法往往能给用户带来实际的好处，因而比较受用户的欢迎。

4. 从众成交法

从众成交法，是指推销人员利用用户的从众心理，促使其立刻购买产品的一种成交方法。

从众行为是一种普遍存在的社会现象。用户之间的相互影响和相互说服力，往往大于推销人员的说服力。利用用户的从众心理达成交易，是一种最简单的方法。用户在购买某些产品前，往往会向推销人员询问此前购买该产品的人多不多。如果产品已经取得了部分用户的认同，就能让推销人员的说辞更具有说服力，有利于消除用户的疑虑，增强其购买信心。但是，对于一些喜欢标新立异的用户，使用该方法会引发反从众行为，从而拒绝成交。

5．优惠成交法

优惠成交法，是指推销人员通过向用户提供某种优惠条件从而达成交易的方法。该方法是利用用户在做出购买决策时总希望能获得更大利益的心理，实现让利销售，达成交易。

采用优惠成交法，可以利用成交优惠条件促成大批交易，提高成交效率，甚至推销滞销品，减轻库存压力，加快资金周转。但是，采用优惠成交法，通过让利促成交易，会导致销售成本上升。若没有把握好让利的尺度，还会减少销售收益。此外，采用优惠成交法，有时会让用户误以为优惠产品是次品，从而丧失购买信心，不利于促成交易。成交优惠条件除价格优惠外，还可以提供赠品、设备安装、人员培训、以旧换新等。

6．激将成交法

激将成交法，是指推销人员采用一定的语言技巧刺激用户，使用户在逆反心理的作用下完成交易的成交技巧。使用激将成交法，可以减少用户的异议，缩短整个成交阶段的时间。

采用激将成交法时，语言一定得当、要给用户留面子。否则，把握不好会破坏成交气氛，失去成交的机会。

7．小狗成交法

小狗成交法，是指先使用、后付款的成交方法。统计表明，如果用户能在实际购买之前先试用产品，交易的成功率将会大大增加。

8．鲍威尔成交法

对于那些明明认可产品质量和服务，却迟迟不作出购买决定的用户而言，影响购买的因素不是购买的利益，而是他们犹豫不决的性格。对此，可以采用鲍威尔成交法。

鲍威尔成交法，适用于性格软弱、犹豫不决的用户，他们习惯听取别人的意见，在其潜意识中需要别人替他做出购买决定。因此，推销人员可以主导购买决策过程，为用户作出决定。

9．局部成交法

局部成交法，是指推销人员利用局部成交来促成整体成交的方法。

一般来说，用户在做出重大决策时往往存在较大的心理压力，对于成交决策也比较慎重。为了减轻用户的心理成交压力，帮助其尽快决策，推销人员可以采取化整为零的办法，将整体的、全部决策划分为分散性的多个决策。先把有争议的问题搁置起来，促成用户做出局部购买决策，再在适当的时候做出整体购买决策。

如果用户拒绝某个局部成交的要求，推销人员可以继续提出其他局部的成交要求，以求进一步尝试成交。

（三）化工产品销售合同的签订与履行

成功的推销人员不仅要善于说服用户，促成交易，还要学会准确、慎重地签订合同，把购销关系以合同的形式确定下来。销售合同，是指出卖人向买受人转移标的物的所有权，买受人支付价款的合同。推销人员与用户订立合同后，才算真正意义上的成交。

1．化工产品销售合同的内容

（1）当事人的名称和住所。签订合同时，自然人要写清楚自己的姓名，法人和其他组织要写明单位的名称，还要写上各自的住所。

（2）标的。合同双方权利和义务共同指向的对象，如货物、劳务、工程项目等。标的是订立合同的目的和前提，也是合同不可缺少的重要内容。

（3）数量。数量是确定合同当事人权利义务大小的尺度，订立合同必须有明确的数量规定，没有数量合同是无法履行生效的。

（4）质量。质量是标的物的具体特性，也是标的物内在质量和外观形态的综合。质量条款由双方当事人约定，必须符合国家有关规定和要求。

（5）价格。价格是指作为买受人的一方向交付标的物的一方支付的货币金额，是合同的主要条款。

（6）履行的期限、地点和方式。履行期限是指履行合同义务的时间界限，是确定合同是否按时履行或延期履行的标准，是一方当事人要求对方履行义务的时间依据。履行地点是指当事人按合同规定履行义务的地点，即在何地交付标的物。履行方式是指当事人交付标的物的方式，即以何种方式完成合同规定的义务。

（7）违约责任。违约责任是指当事人一方或双方，出现拒绝履行或延迟履行、不适当履行或者不完全履行等违约行为后，对过错方追究的责任。

（8）解决纠纷的方式。为了防患于未然，合同需注明违约赔偿条款，对于争议和纠纷可以采用协商、调解、仲裁、诉讼等四种解决方法。

2. 化工产品销售合同履行的原则

化工产品合同订立后，双方当事人都应严格按照合同的约定全面履行合同义务。履行合同的原则，是指当事人在履行合同时必须遵循的一般准则，主要包括适当履行原则、协作履行原则、情势变更原则、经济合理原则等。

（1）适当履行原则

适当履行原则，是指当事人应依照合同约定的标的物、质量、数量等，由适当主体在适当的期限、地点，以适当的方式，全面完成合同义务的原则。这一原则要求：

第一，履行主体适当。即当事人必须亲自履行合同义务或接受履行，不得擅自转让合同义务或合同权利让其他人代为履行或接受履行。

第二，履行标的物及其数量和质量适当。即当事人必须依照合同约定的标的物履行义务，而且还应依合同约定的数量和质量来给付标的物。

第三，履行期限适当。即当事人必须依照合同约定的时间来履行合同，债务人不得迟延履行，债权人不得迟延受领。如果合同未约定履行时限，则双方当事人可随时提出或要求履行，但必须给对方必要的准备时间。

第四，履行地点适当。即当事人必须严格依照合同约定的地点来履行合同。

第五，履行方式适当。履行方式包括标的物的履行方式以及价款或酬金的履行方式，当事人必须严格依照合同约定的方式履行合同。

（2）协作履行原则

协作履行原则，是指在合同履行过程中，双方当事人应互助合作、共同完成合同义务的原则。合同是双方民事法律行为，债务人实施给付需要债权人积极配合受领给付，才能达到合同目的。由于在合同履行过程中，债务人比债权人更多地受到诚实信用、适当履行等原则的约束，协作履行往往是对债权人的要求。协作履行原则也是诚实信用原则在合同履行方面的具体体现。

协作履行原则具有以下几个方面的要求：第一，债务人履行合同债务时，债权人应适当配合受领给付。第二，债务人履行合同债务时，债权人应创造必要条件、提供方便。第三，债务人因故不能履行或不能完全履行合同义务时,债权人应积极采取措施防止损失扩大,否则,应就扩大的损失自负其责。

(3) 情势变更原则

合同有效成立后,若因双方当事人以外的原因,使构成合同基础的情势发生重大变更,致使继续履行合同将导致显失公平,当事人可以请求变更和解除合同。

所谓情势变更,是指在合同有效成立之后,因不可归责于双方当事人的原因发生情势变更,致使合同基础动摇或丧失,若继续维持合同原有效力显失公平或不能实现合同目的,允许变更合同内容或者解除合同。

情势变更原则的意义,在于通过司法权力的介入,强行改变合同已经确定的条款或撤销合同,在合同双方当事人订约意志之外,重新分配交易双方在交易中应当获得的利益和风险,其追求的价值目标,是公平和公正。

(4) 经济合理原则

经济合理原则,是指在合同履行过程中讲求经济效益,以最小的成本取得最佳的合同效益。交易双方都是理性地追求自身利益最大化的主体,因此,如何以最少的履约成本完成交易过程,一直是合同当事人追求的目标。

(四) 化工产品售后管理与服务

1. 成交管理与服务的意义

与用户达成签约、完成履约并不意味着推销活动的结束,推销人员还应完成一系列后续工作,包括与用户保持密切的联系并建立良好关系,为用户提供优质的售后服务,收回货款,以及市场需求调研、建立用户档案、完成推销工作总结等,以使企业在激烈的市场竞争中取得优势,为下一次交易夯实基础。

售后管理与服务是新推销工作的起点,好的服务能加深用户对企业和产品的信任,促使重复购买。通过服务与跟踪,化工企业可以获得用户反馈信息,进一步了解消费需求和消费心理。同时,推销人员还可以积累更多的经验,为新的推销工作提供广泛有效的途径和线索。

2. 售后服务

售后服务,是指产品出售后推销人员所提供的各种服务活动。售后服务主要包括:送货、安装、调试、退货、换货、维修、配件、人员培训,以及处理用户不满、投诉、赔偿等。从推销工作来看,售后服务本身也是一种促销手段,特别是在产品高度同质化的情况下,服务的差异化显得尤为重要。优质的售后服务,有利于化工企业在激烈的市场竞争中取得优势,有利于获取市场信息,可以维护企业良好的商业信誉,为产品树立良好的口碑,实现用户重复购买。此外,在追踪跟进阶段,推销人员要采取多种形式,不断提高售后服务质量,提高推销工作的效率及效益。

3. 用户异议与处理

用户异议,是指用户对推销产品、推销人员、推销方式和交易条件发出的怀疑、抱怨,提出否定或反对意见。

(1) 用户异议的类型

① 需求异议。需求异议是指用户认为不需要产品而形成的一种反对意见。它往往是在推销人员向用户介绍产品后,用户当面拒绝。这类异议有真有假。真实的需求异议是成交的直

接障碍。推销人员如果发现用户真的不需要产品，应该立即停止推销。虚假的需求异议既可表现为用户拒绝的一种借口，也可表现为用户没有认识或不能认识自己的需求。推销人员应认真判断用户需求异议的真伪，设法让虚假需求异议的用户了解推销产品的利益和服务，产生购买意愿。

② 财力异议。财力异议是指用户认为缺乏货币支付能力的异议。一般来说，对于用户的支付能力，推销人员在寻找用户的阶段已进行过严格审查，因而，在推销中能够准确辨认真伪。推销人员可以根据具体情况，或协助对方解决支付能力问题，如答应赊销、延期付款等，或通过说服使用户觉得购买机会难得而负债购买。对于作为借口的异议，推销人员应该在了解真实原因后再作处理。

③ 权力异议。权力异议是指用户以缺乏购买决策权为理由而提出的一种反对意见。推销人员在寻找目标用户时，已经对购买人的决策权力进行过认真分析。面对没有购买权力的用户，极力推销产品是推销工作的严重失误，是无效营销。在决策人以无权决策作为借口拒绝推销人员及其产品时，放弃推销更是推销工作的失误。推销人员必须根据自己掌握的有关情况对权力异议进行认真分析和妥善处理。

④ 价格异议。价格异议是指用户以推销产品价格过高而拒绝购买的异议。当用户提出价格异议时，表明其对推销产品有购买意向，只是对产品价格不满意而进行讨价还价。在实际工作中，价格异议是最常见的，推销人员如果无法处理这类异议，就难以达成交易。

⑤ 产品异议。产品异议是指用户认为产品本身不能满足需求而形成的一种反对意见。产品异议表明用户对产品有一定的认识，但了解还不够，不知产品能否能够满足自身需求。因此，推销人员一定要充分掌握产品知识，能够准确、详细地向用户介绍产品的使用价值及其利益，从而消除异议。

⑥ 营销员异议。营销人员异议是指用户认为不应该向某个推销人员购买产品的异议。有些用户不愿购买推销产品，是因为对某个推销人员有异议。为此，推销人员应对用户以诚相待，多进行感情交流，做用户的知心朋友，消除异议，争取用户的谅解与合作。

⑦ 货源异议。货源异议是指用户认为不应该向有关企业购买产品的一种反对意见。用户提出货源异议，表明其愿意购买产品，只是不愿从这个企业购买。当然，有些用户是利用货源异议来与推销人员讨价还价，甚至利用货源异议拒绝推销人员的接近。因此，推销人员应认真分析货源异议的真正原因，利用恰当的方法来妥善处理。

⑧ 购买时间异议。购买时间异议是指用户有意拖延购买时间的异议。由于推销环境、用户及营销方法等不同，用户表示异议的时间也不相同。一般来说，表示异议的时间有以下几种：

第一，首次会面。推销人员应预料到用户开始就有可能拒绝安排见面时间。如果其具备潜在用户的条件，推销人员应事先做好心理准备，想办法说服用户。

第二，产品介绍阶段。这一阶段，用户很可能提出各种各样的质疑和问题。事实上，推销人员正是通过用户的提问去了解其兴趣和需求。提出疑问，往往是购买的前兆。

第三，营销结束（试图成交）阶段。用户的异议最有可能在推销人员试图成交时提出。这一阶段，如何有效地处理用户的异议显得尤为重要。如果推销人员只在前面两个阶段圆满地解决了用户的异议，在最后关头却不能说服用户，那一切的努力都将付诸东流。

为了避免在成交阶段出现过多的异议，推销人员应该在准备介绍时就主动回答用户有可能提出的异议，为成交打下基础。如果在试图成交阶段用户的异议接二连三，则说明在推销介绍阶段存在的漏洞较大。

(2) 用户异议的处理方法

① 转折处理法。转折处理法是推销工作的常用方法，即推销人员根据有关事实和理由间接否定用户的意见。采用这种方法，首先要承认用户的看法有一定道理，然后再讲出自己的看法。此法一旦使用不当，可能会使用户提出更多的意见。

② 转化处理法。转化处理法是利用用户的反对意见自身来处理。用户的反对意见具有双重属性，既是交易的障碍，又是一次交易机会。这种方法是直接利用用户的反对意见转化为肯定意见。使用这种技巧时，一定要讲究礼仪，不能伤害用户的感情。转化处理法一般不适用于与成交有关的或敏感性的反对意见。

③ 以优补劣法。以优补劣法又称补偿法。如果用户的反对意见确实切中了产品或企业服务中的缺陷，推销人员不可回避或直接否定。明智的办法是肯定缺点，然后淡化处理，利用产品的优点来补偿甚至抵消这些缺点。这样有利于使用户实现心理平衡，作出购买决策。

④ 委婉处理法。推销人员在没有考虑好如何答复用户的反对意见时，可以先用委婉的语气把对方的反对意见重复一遍，这样可以削弱对方的气势。有时转换一种说法会使问题容易解决。

⑤ 合并意见法。合并意见法是将用户的几种意见汇总成一个意见，或者把用户的反对意见集中在一个时间讨论。总之，是要减少反对意见对用户的影响。但在使用时需要注意，不要在一个反对意见上纠缠不清，而应是在回答了用户的反对意见后马上转移话题。

⑥ 反驳法。反驳法是指推销人员根据事实直接否定用户异议的处理方法。直接反驳对方容易使气氛僵化而不友好，使用户产生敌对心理，不利于用户接纳推销人员的意见。因此，使用时态度一定要友好而温和，最好是引经据典，这样才有说服力，同时又可以增强用户对产品的信心。反驳法的缺点在于，容易增加用户的心理压力，伤害用户的自尊心和自信心，不利于推销成交。

⑦ 冷处理法。对于用户一些不影响成交的反对意见，推销人员最好不要反驳，采用不理睬的方法是最佳的。冷处理法的缺点在于，不理睬用户的反对意见会使其产生反感，甚至失去推销机会。

项目实施

1. 思考与练习

(1) 化工产品推销准备的主要内容有哪些？

(2) 简述化工产品推销洽谈的目标与内容。

(3) 简述化工产品推销成交的策略与方法。

(4) 简述化工产品售后管理与服务的具体方法。

(5) 结合实例分析化工产品推销人员应该如何满足不同的客户需求。

2. 案例分析

学点"顾客心理学"

一位油漆推销员为了扩大自己产品的销路，来到一家用漆大户，想找采购部的经理谈谈生意。但连续几次都被秘书挡在门外，说经理没空。推销员实在耐不住，就设法向秘书打听是什么原因。秘书告诉他，这个星期六是经理儿子的生日，经理正忙着为儿子收集喜欢的邮票，许多推销员都被打发走了。听完秘书的话，推销员转身走了。第二天，他又求见经理，秘书照样不让进，推销员解释说："我这次来不是推销油漆，而是来送邮票的。"秘书放行了。推销员见到经理后首先将自己收集的一些邮票放在经理面前，经理欣喜不已，顾不得询问来人的身份，就急忙同推销员谈起邮票来。两个小时很快过去了，推销员要起身告辞，经理如梦初醒，忙问："对不起，你贵姓，找我是不是有事？"等推销员介绍之后，经理说："这好办，明天请你带上合同来找我。"

结合上述案例，分析：

（1）化工企业推销员应具备的基本素质有哪些？

（2）案例中的推销员成功的原因是什么？

项目十二　化工产品国际市场营销与网络营销

学习目标

【知识目标】
1. 掌握国际市场营销的内涵与作用；
2. 熟悉影响化工企业进入国际市场的因素；
3. 掌握电子商务的功能与特点；
4. 熟悉网络营销的概念与特点。

【能力目标】
1. 能够根据化工企业及产品特点选择国际市场营销方式；
2. 能够根据化工企业及产品特点制定网络营销策略；
3. 能够根据化工企业及产品特点选择网络营销平台。

【价值目标】
1. 培养爱国主义精神；
2. 树立文化自信；
3. 养成网络安全意识；
4. 培养团队合作精神。

一、化工产品国际市场营销

（一）国际市场营销的内涵

国际市场营销（International Marketing）是企业根据国外用户的需求，将产品或服务提供给国外的用户，最终获得利润的贸易活动。这种国际商业行为，既受到世界经济技术发展的影响，又受到目标市场的国家或地区的政治、社会、文化、法律等营销环境的影响。对国际市场营销的理解主要包括以下四个方面：

（1）国际市场营销的主体是企业；

(2) 国际市场营销的范畴是一国以上的市场，包括本国市场；
(3) 国际市场营销的内容是提供产品和劳务；
(4) 国际市场营销的目的是取得更大的经济利益。

（二）国际市场营销与国内市场营销

作为营销学的一个分支，国际市场营销学与国内市场营销学的基本理论相同，也包括市场营销理论、细分市场、分析市场机会，选择目标市场，制定营销计划、战略与策略等。但是国际市场营销所面对的环境更为复杂，因此，要求企业必须认真地研究并制定各种策略与战略去应付。

国际市场营销与国内市场营销的区别主要体现在以下几点：

(1) 营销环境的差异性。由于各国的文化、政治、经济等都存在差异，市场千变万化，国际环境相对复杂，因此，企业在一国成功的营销策略未必适用于另外一个国家。

(2) 竞争者的全球性。国内市场营销只是面对本国的竞争者，竞争范围只是在本国市场。国际市场营销需要面对本国及全球的竞争者，竞争范围大，竞争更加激烈。

(3) 营销管理的困难性。在多个国家开展营销活动，企业必须充分考虑不同目标市场的特点，进行统一规划、控制与协调，使整个营销活动成为一个整体，实现总体利益最大化。

(4) 营销策略的差异性。由于环境的差异性，国际市场营销与国内市场营销在营销策略的制定上存在较大差异。在涉及产品、定价、渠道、促销等具体策略时，国际市场营销与国内市场营销采取的策略与技巧不尽相同。

（三）化工企业开展国际营销的作用

(1) 开展国际营销，有利于企业找到新的有利的市场。有些化工产品在国内市场上已相对饱和，通过开展国际市场营销活动，企业可以在国际市场上找到新的发展机会和目标市场。此外，化工企业在开拓国际市场的同时，还可以在国外找到更为有利的生产条件，例如有的国家生产成本低、投资条件优惠等。对于有实力的化工企业而言，其生产经营目标是在全球范围谋取收益和市场份额，而不是在狭隘的地区市场或国内市场上追求最高的利润。

(2) 开展国际营销，利于引进先进技术和利用外资。通过产品出口换取外汇，化工企业可以从国外引进先进技术，促进生产工艺改进，提高企业产品研发能力，进而提升企业及其产品在市场的知名度和竞争力。

(3) 开展国际营销，有利于促进企业提高生产技术和经营管理水平。一般而言，国际市场上的竞争对手要比国内更强，化工企业开展国际营销必须遵守国际规则，采用国际标准，使产品的质量、品种、包装、服务等都能达到国际水平，这就要求企业不断提高生产技术和经营管理水平。

(4) 开展国际营销，有利于保护外销市场和原料的供应。有的外销市场所在国家为了维护本国企业的利益，对进口产品实行高关税或进口限额，这样加大了他国出口企业的困难。因此，一些企业改在进口当地设厂，生产和销售原产品则可以受到当地政府保护，扩大原有的外销市场。

（四）化工企业开展国际市场营销的方式

国际市场竞争激烈、复杂多变，化工企业在决定进入国际市场时，也需要与国内市场营销活动一样，分析市场营销环境、开展市场调研、选择目标市场、制定有针对性的市场营销策略。在初步确定国外目标市场后，企业还要认真分析市场规模、市场增长率、营销费用、竞争状况、市场风险及获利情况等。化工企业一旦决定了选择哪个国家的市场作为目标市场，就必须制定进入该国市场的营销战略。一般而言，化工企业产品进入国际市场主要有三种方式，产品出口、契约模式和对外直接投资。

1. 产品出口

产品出口是指企业将在本国生产的产品在国际市场上进行销售。采用这种方式，企业的生产要素全部留在国内，风险相对较小。从宏观角度看，出口有利于增加国家外汇储备，扩大国内就业，促进经济增长，因而受到各国政府的普遍支持。产品出口有直接出口和间接出口两种形式。

(1) 直接出口

直接出口，是指企业将产品直接出售给外国经销商或用户，独立完成产品出口业务。对于化工企业而言，直接出口主要有以下几种方式：

① 设立国内出口部

该部门是企业的对外销售部门，负责直接将产品销售给国外用户，而不通过国外经销商、代理商等中介，这是企业最直接的一种出口方式。

② 国外经销商和代理商

国际经销商直接购买企业产品，拥有产品所有权；而国外代理商是代表企业在国际市场推销企业产品，不占有产品，但要抽取佣金。在企业不了解国外市场又想尽快地进入国际市场时，可以把产品卖给国外经销商，或委托国外代理商代售。

③ 设立驻外办事处

设立办事处实质是企业跨国化的前奏。办事处可开展生产、销售、服务等工作。优点是，企业可以更直接接触市场，信息回馈准确迅速，集中力量经营本企业产品，扩大市场占有率。缺点是设立国外办事处的费用较高。

④ 建立国外营销子公司

国外营销子公司的职能与驻外办事处相似。二者的不同之处在于，子公司是作为一个独立的当地公司建立的，在法律上、赋税上、财务上都有独立性，这说明企业已更深入地介入了国际营销活动。

采用直接出口方式，化工企业能迅速地掌握国外市场动向，从而有利于企业改进产品，提高产品对国际市场的适应性和竞争力；有利于积累跨国营销经验，树立企业在国际市场的声誉，从而有利于开拓国际市场；增加了企业对产品流向和价格的控制能力。

(2) 间接出口

间接出口，是指将企业将产品卖给国内出口商或委托出口代理商代理出口。按产品所有权是否转移，间接出口可分为两种类型，一种是中间商向企业直接购买产品，拥有产品的所有权，另一种是中间商只作为生产企业的代理人代理销售产品，与企业是一种委托代理关系，中间商不拥有产品所有权。

采用间接出口方式，化工企业可以利用出口商或出口代理商的国外渠道和外销经验，迅速打开国际市场；企业不必增设外销机构和人员，节省直接渠道费用；可以在一定程度上减轻企业资金负担，降低经营风险。但是采用间接出口方式，企业对产品流向和价格控制程度较低，有时甚至不能控制；企业难以迅速掌握国际市场信息，不利于提高产品对国际市场的适应性和竞争力；企业无法获得跨国营销的直接经验，难以在国际市场上建立自己的声誉。

2. 契约模式

契约模式主要包括：许可证模式、特许经营模式、合同制造模式、管理合同模式、工程承包模式和双向贸易等六种。

（1）许可证模式。许可证进入模式是指企业在一定时期内向国外法人单位转让其工业产权（如专利、商标、配方等无形资产）的使用权，以获得提成或其他补偿。许可证最明显的好处是能绕过进口壁垒的困扰，而且政治风险很小，但是这种方式不利于对目标国市场的营销规划和方案的控制，还可能将被许可方培养成强劲的竞争对手。

（2）特许经营模式。这种模式和许可证进入模式很相似，所不同的是，特许方要给予被特许方生产和管理方面的帮助。在这种模式下，特许方不需投入太多的资源就能快速地进入国外市场，而且还对被特许方的经营拥有一定的控制权。但是很难保证被特许方按照特许合同的规定来提供产品和服务，不利于特许方在不同市场上保持一致的品质形象。

（3）合同制造模式。合同制造模式是指企业向国外企业提供零部件由其组装，或向外国企业提供详细的规格标准由其仿制，由企业自身负责营销的一种方式。采取这种模式不仅可以输出技术或商标等无形资产，而且还可以输出劳务和管理等生产要素，以及部分资本。但是由于合同制造往往涉及零部件及生产设备的进出口，有可能受到贸易壁垒的影响。

（4）管理合同模式。管理合同模式是指管理公司以合同形式承担另一公司的一部分或全部管理任务，以提取管理费、一部分利润或以某一特定的价格购买该公司的股票作为报酬。利用这种模式，企业可以利用管理技巧，不发生现金流出而获取收入，还可以通过管理活动与目标市场国的企业和政府接触，为以后的营销活动提供机会。但这种模式具有阶段性，即一旦合同约定完成，企业就必须离开东道国，除非又有新的管理合同签订。

（5）工程承包模式。工程承包模式是指企业通过与国外企业签订合同并完成某一工程项目，然后将该项目交付给对方的方式进入外国市场。它是劳动力、技术、管理甚至是资金等生产要素的全面进入和配套进入，这样有利于发挥工程承包者的整体优势。工程承包进入模式最具吸引力之处在于，它所签订的合同往往是大型的长期项目，利润颇丰。但也正是由于其长期性，这类项目的不确定性因素也因此而增加。

（6）双向贸易模式。双向贸易模式是指在进入一国市场的同时，同意从该国输入其他产品作为补偿。双向贸易通常是贸易、许可协定、直接投资、跨国融资等多种国际经营方式的结合。根据补偿贸易合同内容的不同，双向贸易可以分为易货贸易、反向购买和补偿贸易三种形式。

3. 对外直接投资

对外直接投资模式属于进入国际市场的高级阶段。我国的"走出去"战略所指的主要就是投资模式。投资模式包括合资进入和独资进入两种形式。

（1）合资进入。合资指的是与目标国家的企业联合投资、共同经营、共同分享股权及管理权，共担风险。合资企业可以利用合作伙伴的成熟营销网络，而且由于当地企业的参与，企业容易被东道国所接受。但是也应看到由于股权和管理权的分散，公司经营的协调有时候比较困难，而且公司的技术秘密和商业秘密有可能流失到对方手里，将其培养成将来的竞争对手。

（2）独资进入。独资指企业直接到目标国家投资建厂或并购目标国家的企业。独资经营的方式可以是单纯的装配，也可以是复杂的制造活动。企业可以完全控制整个管理和销售，独立支配所得利润,技术秘密和商业秘密也不易丢失。但是独资要求的资金投入很大,而且市场规模的扩大容易受到限制,还可能面临比较大的政治和经济风险,如货币贬值、外汇管制、政府没收等。

阅读材料

河南能源化工产业"借船出海""一带一路"沿线

河南能源化工集团有限公司(以下简称"河南能源")与中国机械设备工程股份有限公司(以下简称"CMEC")在北京签署战略合作框架协议。双方致力于优势互补、资源共享、互助发展,着力推动河南能源化工产业"借船出海""一带一路"共建国家。

CMEC 是国内首家大型工贸公司,以工程承包为核心业务,以贸易、投资、研发及国际服务为主体,在全球 48 个国家拥有国际承包项目,在"一带一路"共建国家参与建设了 400 多个项目,贸易网络遍布 150 多个国家和地区。河南能源作为河南省最大的工业企业,其化工板块有 35 家主要化工企业、94 套化工装置、18 个种类的产品,产能近 1000 万吨,占河南省化工产业四分之三。2019 年,河南能源位居中国石油和化工企业 500 强第 7 位,非央企的第 2 位。

在化工产品价格低迷、化工产能普遍过剩的背景下,河南能源坚持改革、开放、合作、共赢的原则,开启化工产业转型发展的"加速度",并以此次签约为契机,借助 CMEC 在装备、工程等领域的成熟经验和海外市场的网络渠道,加强双方合作,推动化工产业的战略转移和优势重塑。

根据合作意向,在"一带一路"共建国家,河南能源和 CMEC 将围绕河南省产业援疆(哈密北)煤电化综合示范园区的规划和建设,共同推动河南能源煤化工装置向资源富集地战略转移,前期谋划合作项目包括年产 6 万吨聚甲醛、20 万吨甲醇、20 万吨乙二醇生产综合体项目和 50 万吨天然气制乙二醇项目等;围绕乌兹别克斯坦纳沃依自由工业经济区,利用当地资源、政策优势,谋划氨、尿素、三聚氰胺、聚氯乙烯(PVC)、离子膜烧碱等化工项目,共同规划打造天然气化工特色产业园区;借助 CMEC 的海外网络,将河南能源的一部分氨醇、尿素、甲醇、合成氨的化工装置和技术服务整体转移至有需求的越南、津巴布韦等国家。

(资料来源:河南能源:化工产业"借船出海""一带一路"沿线. 新华网.)

(五)影响化工企业进入国际市场的因素

1. 目标国家的市场因素

目标国家的市场因素包括市场规模和竞争结构。如果目标国家的市场规模较大,或者市场潜力较大,则企业可以考虑以投资模式进入,尽可能地扩大销售额;反之则可以考虑以出口模式和契约模式进入,以保证企业资源的有效使用。如果目标市场的竞争结构是垄断或寡头垄断型,企业应考虑以契约模式或投资模式进入,以使企业有足够的能力在当地与实力雄厚的企业竞争,如果目标国家的市场结构是分散型的,则以出口模式为宜。

2. 目标国家的环境因素

(1)政治和经济环境。如果目标国家的政局稳定、法制健全、投资政策较为宽松、人均国民收入比较高、汇率稳定，则可以考虑采取投资模式进入，反之则以出口模式或契约模式进入为宜。

（2）地理和社会文化环境。如果目标国家距离本国较远，为了省去长途运输的费用，则可以考虑契约模式或投资模式。如果目标国家的社会文化和本国文化差异较大，则最好先采取出口模式或契约模式进入，以避免由于文化的冲突造成的摩擦成本。

（3）材料、劳动力、资本市场、基础设施等的易获得性和价格。如果目标国家的生产要素的价格比较低、基础设施比较完善，则比较适合采取投资进入模式，否则应采取出口模式。

3. 国内因素

国内因素主要包括本国市场的竞争结构、生产要素和环境因素三个方面。如果本国市场是垄断竞争或寡头垄断型，企业可以考虑以契约或投资模式进入国外市场。如果本国市场的竞争程度比较高，则企业可以采取出口模式。从生产要素来看，如果本国生产要素比较便宜且容易获得，则企业可以采取出口模式进入国际市场。所谓的本国的环境要素是指本国政府对出口和对外投资的态度。

4. 企业产品因素

企业产品要素的密集度、价值高低和技术含量。劳动密集型和资源密集型产品主要以具有丰富自然资源的国家为生产基地，如果目标国家具备这些条件，那么可以采取投资模式，就地设厂，以节省出口的中间费用。如果企业生产的产品价值高、技术复杂，考虑到目标国市场的需求量，以及当地技术基础的配套能力，则以出口模式为宜。产品的服务性和适应性。如果客户对产品的售后服务要求比较高，以及那些需要做出大量适应性变化以销售到国外市场的产品，企业最好采取契约模式或投资模式进入。另外，企业的主线产品、核心技术在进入目标国市场时，大多采取投资方式，且以独资为主。

5. 企业的核心竞争力

就核心竞争力而言，企业可以分为两类：一类企业的核心竞争力是技术诀窍，另一类企业的核心竞争力是管理诀窍。当企业的竞争优势建立在技术诀窍上时，应尽量避免许可协定和合资企业的经营方式，以降低技术失控的可能性。当企业的竞争优势建立在管理诀窍上时，品牌即为他们最为宝贵的财富。由于品牌是受法律保护的，因此，可以采取特许经营和建立子公司相结合的方法。

6. 企业资源与投入因素

企业在管理、资金、技术、工艺和销售方面的资源越充裕，企业在进入方式上的选择余地就越大。如果企业的资金较为充足，技术较先进，且积累了丰富的国际市场营销经验，则可以采取直接投资模式进入国外市场。反之，则以出口模式和契约模式为宜，待企业实力增强，积累了一定的国际市场营销经验后再采取直接投资模式。

二、电子商务

（一）电子商务的概念与功能

1. 电子商务的概念

20世纪90年代以来，伴随着互联网的迅速发展，电子商务的足迹已经遍布社会的每一个角落，不断改变着人们的生活方式和企业的生产运作模式。

电子商务，是指人们利用电子手段进行商业、贸易等商务活动，是传统商务活动的电子化。电子手段包括电子技术、电子工具、电子设备及系统，如电话、电报、传真、电子数交换、通信网络、电子货币和互联网等。商务活动包括询盘、报价、磋商、签约、履约、支付等经济活动。

电子商务分为狭义与广义之分。狭义的电子商务（Electronic Commerce，EC）是指人们利用电子手段进行的以商品交换为中心的各种商务活动，是指公司、厂家、企业与消费者个人双方或多方通过计算机网络，主要是通过互联网进行的商务活动。广义的电子商务（Electronic Business，EB）是指各行各业（包括政府机构和企业、事业单位等）中各种业务的电子化，包括电子商务、电子政务、电子军务、电子医务等。

2. 电子商务的内涵

电子商务是人们使用电子工具从事各种经济活动，是在技术和经济高度发达的现代社会，由掌握现代信息技术、商务理论和实务活动规则的人利用信息网络环境系统化地使用各类电子工具，高效率、低成本地实施电子化运作。完整的电子商务内涵应包括以下内容：

（1）电子商务的前提

电子信息技术的广泛应用已经渗透到人类社会的各个领域，以互联网和计算机为代表的现代电子信息技术可以帮助人们获取知识、延伸人类的智力，是对自然界信息、人类社会信息进行采集、加工、处理、储存、传输等的工具，是实现电子商务的前提条件。

（2）电子商务的核心

第一，电子商务是一个社会系统，既然是社会系统，其中心必然是人；第二，商务系统实际上是由围绕商品贸易的各个方面、代表着各方面利益的人组成的关系网；第三，在电子商务活动中，归根结底起关键作用的是人。因为工具的制造发明、工具的应用、效果的实现都是靠人来完成的，所以，人在电子商务中具有决定性作用。

（3）电子商务的本质

电子商务的目标是通过互联网这一最先进的信息技术来进行商务活动，所以它要服务于商务，满足商务活动的要求，商务活动是电子商务永恒的主题。从另一个角度来看，商务也是不断地发展变化，电子商务的广泛应用将给商务本身带来巨大的影响，从根本上改变人类社会原有的商务方式，给商务活动注入全新的理念。

（4）电子商务的基础

电子商务具有很强时代烙印，是高效率、低成本、高效益的电子商务。因此，电子商务的基础是能跟上信息时代发展步伐的成系列、成系统的电子工具。从系列化讲，电子工具应该是从商品需求咨询、商品配送、商品订货、商品买卖、货款结算、商品售后服务等伴随商品生产、消费，甚至再生产的全过程的电子工具。如：电视、电话、电报、电传、EDI（Electronic Data Interchange）、EOS（Electronic Ordering System）、POS（Point of Sale）、MIS（Management Information System）、DSS（Decision Support System）、电子货币、电子商品配送系统、售后服务系统等。从系统化讲，商品的需求、生产、交换要构成一个有机整体，构成一个大系统，同时，为防止"市场失灵"还要将政府对商品生产、交换的调控引入该系统。而能达此目的的电子工具主要为局域网（LAN）、城市网（MAN）和广域网（WAN）等。它们是纵横相连、宏微结合、反应灵敏、安全可靠的电子网络。

（5）电子商务的对象

从社会再生产发展的环节看，在生产、流通、分配、交换、消费这个链条中，发展变化最快、最活跃的就是中间环节的流通、分配和交换。这些中间环节又可以看成是以商品的贸易为中心来展开的,即:商品的生产主要是为了交换——用商品的使用价值去换取商品的价值,围绕交换必然产生流通、分配等活动,它连接了生产和消费等活动。通过电子商务,可以大幅度地减少不必要的商品流动、物资流动、人员流动和货币流动,减少商品经济的盲目性,减少有限物质资源、能源资源的消耗和浪费。

3. 电子商务的功能

(1) 广告宣传

电子商务使企业可以通过自己的 Web 服务器、网络主页 (Home Page) 以及电子邮件 (E-mail) 在全球范围内进行广告宣传,宣传企业形象和发布各种商品信息,客户也可能通过互联网迅速地找到所需的企业及商品信息。与其他各种广告形式比较,网上广告宣传成本较低、传递给用户的信息量最为丰富。

(2) 咨询洽谈

电子商务可以使企业借助即时通信工具(如 QQ、MSN)、电子邮件(E-mail)、BBS 等了解市场及商品信息、洽谈交易事务,如有需求还可以通过互联网进行交流,这种交流超越了时间与空间,减少了人与人面对面洽谈的限制,交流的形式多种多样。

(3) 网上订购

对消费者而言,电子商务最为直观和方便的功能就是网上购物,现代社会中工作的紧张和生活节奏的加快,使人们需要减少购物的时间和过程,这样,越来越多的消费者选择网上购物方式,不仅减少了排队等候的时间,而且可以浏览到更多的物品。

(4) 网上支付

网上支付是电子商务交易过程中的重要环节。网络作为一种新的交易手段,势必带动着新型付款方式的形成,除了购物的支付外,人们在生活中还可以通过网络缴纳通信费、水电费、交通费等费用。对于网上支付的安全问题现在已有 SET 协议等来保证。

(5) 电子账户

网上支付必须要有电子金融来支持,也就是银行或信用卡公司及保险公司等金融单位要为金融服务提供网上操作的服务,而电子账户管理是其基本的组成部分。信用卡号或银行账号都是电子账户的一种标志,其可信度需配以必要的技术措施来保证。

(6) 服务传递

电子商务通过服务传递系统将客户试订购的商品尽快地传递到已订货并付款的用户手中。对于有形商品,服务传递系统可以对本地和异地的仓库在网络中进行物流的调配并通过物流完成商品的传递;无形的商品如软件、电子读物、信息服务等则可以立即从电子仓库中将商品通过网络直接传递到最终用户。

(7) 意见征询

企业可以通过电子商务系统及时收集客户对商品和销售服务的反馈意见,这样可以使企业获得改进产品、发现市场的商业机会,提高企业的网上运作能力。

(8) 交易管理

电子商务的交易管理系统可以对网上交易活动全过程中的人、财、物、客户及企业内部进行协调和管理。电子商务的上述功能,为网上交易提供了一个良好的交易环境,使电子商务的交易过程得以顺利和安全完成,并可以使电子商务获得更广泛的应用。

4. 电子商务的特点

(1) 交易虚拟化。通过以互联网为代表的计算机网络进行的贸易，贸易双方从贸易磋商、签订合同到支付等，无须当面进行，均通过计算机网络完成，整个交易完全虚拟化。

(2) 交易成本低。距离越远，网络上进行信息传递的成本相对于信件、电话、传真的成本而言就越低；买卖双方通过网络进行商务活动，无须中介者参与，减少了交易的有关环节；电子商务实行"无纸贸易"，可减少90%的文件处理费用；卖方可通过互联网络进行产品介绍、宣传，可以减少相关费用。

(3) 交易效率高。电子商务克服了传统贸易方式费用高、易出错、处理速度慢等缺点，极大地缩短了交易时间，使整个交易快捷方便。

(4) 交易透明化。买卖双方从交易的洽谈、签约到货款的支付、交货通知等整个交易过程都在网络上进行。通畅、快捷的信息传输可以保证各种信息之间互相核对，可以防止伪造信息的流通。

（二）电子商务对社会的影响与变革

1. 电子商务改变商务活动的方式

传统商业把生产者与消费者在时间和上空间上分割开来，充当生产者与消费者的中介，生产者生产的产品需要通过商场的沟通才能到达消费者手中，商场是信息流、物质流汇集的中枢，离开了传统商业作中介，生产和消费就会既不方便又缺乏效率。

电子商务使商场存在的主要理由动摇了，厂家在自己的网页上展示产品的形象，提供产品的信息，不需要商家在中间传递信息和销售商品，而消费者也不必要花费大量的时间去逛商场，可以在网络上挑选自己喜欢的商品。

2. 电子商务改变人们的消费方式

通过互联网，消费者可以足不出户、货比多家选购商品，在商品价格、支付方式、取货模式等方面拥有更大的主动权。

3. 电子商务改变企业的生产方式

由于受到互联网的影响，企业传统的生产方式受到越来越多的挑战，企业必须想方设法调整自己适应这种新的环境。因此，企业将原来的生产什么、推销什么、消费者购买什么改为企业根据用户需求进行产品的设计与生产，以适应市场竞争及个性化选择。出现上述变化的主要原因是，过去信息传递速度慢，企业获得信息的渠道与途径少，缺乏对市场的了解，因此，只能采用"推"的模式；而随着互联网的普及与应用，企业获取信息的途径与速度已大为改观，企业能够充分了解消费者的需求，并通过努力向市场提供具有个性化的产品，以提高市场竞争能力，即采用了"拉"的模式。

4. 电子商务给传统行业带来一场革命

互联网普及、应用之前，企业无法第一时间了解市场变化，无法准确把握用户的偏好，因此，绝大多数企业为了满足更多用户需求，必须保有大量库存，并且要进行多个层次的市场营销活动，当时，企业的生产特点为"大批量、少品种"。在电子商务条件下，企业可以借助各种信息工具，特别是互联网及时了解消费者需求的变化，做到"多品种、小批量、零库存"生产，大大降低了库存成本，提高资金使用效率。

5. 电子商务带来一个全新的金融业

电子商务应用中的一个关键环节是电子支付，为了保证电子支付的顺利进行，网上银行、信息卡、电子支付系统以及网上金融服务等将传统的商业银行带入了一个全新的领域。1995年10月全球第一家纯粹的网上银行——美国安全第一网络银行诞生,改变了人们对银行的基本认识与看法,标志着一种全新金融运行模式的产生。

6. 电子商务改变政府行为

在电子商务时代,企业应用电子商务进行生产经营、银行实现金融业务电子化、消费者实现网上消费的同时,电子政府或网上政府将随着电子商务的发展成为社会运行中一个重要的角色,它也将借助互联网提供给社会各行各业更加广泛、更加便利、更加快捷的服务。

(三)电子商务的类型

按照不同的标准,可以把电子商务分为不同的类型,但主要的还是按照交易主体来进行区分。

1. 按电子商务交易主体分类

(1)企业对企业的电子商务

企业对企业(Business to Business, B2B)的电子商务,是指企业对企业的电子商务,即企业与企业之间通过互联网进行产品、服务及信息的交换,包括发布供求信息,订货及确认订货,支付过程及票据的签发、传送和接收,确定配送方案并监控配送过程等。B2B的典型代表是阿里巴巴、中国化工网等。

B2B电子商务是电子商务中历史最长、发展最完善的电子商务,它能迅速地带来利润和回报。除了具有高效率、低成本和安全透明等电子商务的一般特点外,B2B电子商务同时还具有自身的显著特点。

① 市场潜力大。相对于其他类型的电子商务模式,B2B电子商务大多为企业之间的中间产品的大批量交易,交易规模和潜力巨大。

② 交易效率高、成本低。企业借助B2B电子商务平台可以在线提供关于产品、技术支持和订单状况的信息,从而节省了资金。和其他客户建立网络信息联系后,企业可以减少以书面形式而导致的时间浪费。与供应商、客户的电子联系也使企业维持较低的存储费用,大大降低了企业在这方面的费用。

③ 买方和卖方双赢。通过B2B电子商务提供个性化的服务,买方可以在众多供应商中进行挑选,同时产品价格更加透明,可以清楚地了解原材料的市场供应情况;卖方可以了解市场需求,减少了产品推广的成本和由于对买方的不了解造成的错误。同时,对于中小企业则有机会平等地参与产品销售的竞争,降低了进入市场的门槛。

④ 供应链管理大大改善。供应链是企业得以生存的重要商业循环系统,降低供应链的运营成本对于企业提高利润有重要的影响。B2B电子商务技术通过互联网,动态维持企业的供货、合同制造、分销、运输和其他贸易合作伙伴,真正建立高效的全球供应链系统。

⑤ 行业化突出、专业性强。B2B涉及的交易主体都是企业,呈现出明显的行业特点。一般平台运营商都具有较深的行业背景,能够为交易各方提供专业性服务,能重构买卖双方的销售渠道和进货渠道,整合企业供应链,降低销售和采购成本,大幅度节省中间费用,提高工作效率。

⑥ 配送和结算相对容易。B2B电子商务大多为企业之间的大批量交易,可以利用企业现有的配送网络或第三方物流实现大批量的集中配送。此外,企业间电子商务的交易额也较大,信用容易控制,大多数银行都能为企业提供便利的网上银行服务。

(2) 企业对消费者的电子商务

企业对消费者（Business to Consumer，B2C）的电子商务，是以互联网为主要手段，由商家或企业通过各种网站向消费者提供商品和服务一种商务模式。目前，在互联网上遍布了各种类型的B2C网站，提供从鲜花书籍到计算机、汽车等各种消费者品和服务。按企业和消费者买卖关系，B2C电子商务的模式可分为两类，一是卖方企业—买方个人模式，即商家出售商品和服务给消费者个人的电子商务模式。在这种模式中，商家首先开设网上商店，公布商品的品种、规格、价格、性能等，或者提供服务种类、价格和方式，由消费者选购、下单、付款后，商家送货上门。二是买方企业—卖方个人模式，即企业在网上向个人求购商品或服务的一种电子商务模式。这种模式应用最多的是网上招聘人才，如智联招聘网等。

(3) 消费者对消费者的电子商务

消费者对消费者（Consumer to Consumer，C2C）的电子商务是指消费者作为卖方，通过互联网平台提供商品或服务给其他消费者。C2C电子商务的特点如下。

① C2C电子商务的参与者多、覆盖面广。从理论上说，C2C电子商务是最能体现互联网精神和优势的，数量巨大、地域不同、时间不一的买方和同样规模的卖方通过一个平台找到合适的对家进行交易，在传统领域要实现这样大的工程几乎是不可想象的。同传统的市场相比，它不再受到时间和空间限制，节约了大量的市场沟通成本，其价值是显而易见的。

② 商品信息多，质量参差不齐。C2C网站有着数量众多的待出售物品，不仅有人们日常生活中的常用物品如衣服、鞋帽、化妆品、家电、书籍等，也有各种各样的新鲜玩意如游戏点卡、个人收藏、顶级奢侈品等。此外，商品的质量也是参差不齐：既有全新的，也有二手的；既有大工厂统一生产的，也有小作坊个人制作的。总之，C2C电子商务网站就像把传统的大商场、特色小店、地摊和跳蚤市场统统融合在了一起。因此，商品信息也是相当庞杂。

③ C2C电子商务的交易方式十分灵活。C2C电子商务不同于传统的消费交易方式。过去卖方通常具有决定产品价格的优势，而消费者的议价空间十分有限，C2C电子商务网站的出现，使得消费者也有决定商品价格的权力，并且可以通过消费者相互之间的竞价结果让价格更有弹性。因此，通过这种网上竞拍的方式，消费者在掌握了议价的主动权后可以获得更多的实惠。

④ C2C电子商务能够广泛地吸引用户。打折永远是吸引消费者的制胜良方。由于拍卖网站上经常有商品打折，对于注重实惠的消费者来说，这种网站无疑能引起消费者的关注。对于有明确目标的消费者（用户），他们会受利益的驱动而频繁光顾C2C；而那些没有明确目标的消费者（用户），他们会为了享受购物过程中的乐趣而流连于C2C。

(4) 政府对企业的电子商务

政府对企业（Government to Business，G2B）的电子商务是指政府通过互联网络系统精简业务管理流程，迅速为企业提供各种信息服务，包括电子税务、电子证照办理以及信息咨询等服务。这一模式主要包括以下内容：

① 电子采购与招标。电子采购与招标，指通过相关网络平台公布政府采购与招标信息，为企业特别是中小企业参与政府采购提供必要的信息帮助与政策支持，向它们提供有关政府采购的政策和程序，使政府的采购行为接受来自社会各方面的监督，使其真正成为"阳光下的交易"。这一政府服务的提供者如中国政府采购网。

② 电子税务。电子税务，指企业通过政府税务网络系统平台完成税务登记、申报、查询

③ 电子证照办理。电子证照办理，指企业可通过政府网站在线申请办理各种证件，如营业执照等，这一服务模式大大缩短办证周期，减轻了企业负担；此外，企业通过相关部门网站还可了解国家的最新政策、法规等信息。如中华人民共和国国家市场监督管理总局。

④ 信息咨询服务。信息咨询服务，指政府将拥有的各种数据库信息对企业开放，以方便企业利用。如招商引资的信息、办事程序及有关政策等。如中华人民共和国国家统计局。

⑤ 为中小企业服务。为中小企业服务，指政府利用宏观管理的优势，为提高广大中小企业的国际竞争力和知名度而提供的各种服务与帮助。如中国中小企业信息网。

2. 按电子商务交易客体分类

（1）有形商品交易电子商务。这类商品交易过程包含的信息流和资金流可以完全实现网上传输，但仍需要利用传统的物流渠道完成商品的传递，这种类型的电子商务也被称为非完全电子商务。

（2）无形商品交易电子商务。无形商品包括软件、电影、音乐、电子读物、信息服务等可以数字化的商品。无形商品由于其自身特点，交易过程可以完全通过互联网实现，因此，这种类型的电子商务也被称为完全电子商务。

三、化工产品网络营销

（一）网络营销的概念与特点

1. 网络营销的概念

网络营销又称为在线营销，是企业整体营销战略的一个组成部分，是为实现企业总体经营目标所进行的，以互联网为基本手段营造网上经营环境的各种活动。

网络营销不仅仅是商家在网站上发布产品信息，而是贯穿于厂商与厂商之间、厂商与消费者之间、消费者与消费者之间的商品买卖、产品促销、网上洽谈、广告发布、市场调查等。它使营销活动打破了时空限制，营销的空间范围大大扩大了，直到世界范围和虚拟的网络空间，营销活动的时间也扩大至全天 24 小时，一年 365 天。

2. 网络营销的特点

（1）实现了个性化营销。丰富多彩的产品，品类丰富的市场，网络市场是一个巨大的市场集合体，网络消费者群体的一些特征使其对个性化产品的需求很旺盛，而网络市场提供了更广阔的选择空间，满足更个性化的需求。

（2）真正实现了全球营销。网络的全球性使得网络营销跨越了国家和地区的限制，在巨大的全球市场发挥作用。网络营销给国际贸易往来带来了便利，即使处于深山的农产品通过互联网也可以走出深山，冲出国门，走向世界。

（3）具有交互性，提高企业快速应变能力。企业市场营销的成功与否取决于其能否对市场充分研究及理解，能否迅速把握市场行情。网络营销使企业可以真正实现和消费者的实时双向互动，以最快的速度抓住市场机遇。

（4）改变了企业的竞争方式。传统市场环境下，化工企业的竞争可以分为价格竞争和非价格竞争，而占更多比例的是价格竞争，非价格竞争主要是围绕质量、品牌等价值因素的竞争。网络环境下，企业的竞争方式发生了变化，更加多元化，例如强调个性化的定制营销的兴起，企业开始在创新和服务上不断努力。

(5) 营造了相对公平的竞争环境。传统环境下，化工企业所处的地理位置、规模、设施设备，都会影响企业的竞争地位，网络营销环境下，企业的竞争不再受到时空、规模、资金的限制。

（二）化工产品网络营销策略

对于进行网络营销的化工企业来说，营销策略的选择非常重要，这关系到企业网络营销能否取得成功。在网络营销环境下，传统的营销策略被赋予了新的内容，成为独特的网络营销策略。

1. 网络营销的产品策略

传统意义上的产品一般都是实实在在的物理意义上的产品，在电子商务下，产品的种类得到了扩展，不但包括有形产品，还包括无形的数字化产品。一般说来，根据产品形态不同，网上销售的产品可以分为两大类，即实体产品和虚体产品。

实体产品是指具有物理性状的产品，可以看得见，摸得着。理论上讲，网络上可以销售任何实体产品，但在实践中，由于网络市场的成熟程度和网民消费心理、消费习惯的影响，使得有些产品并不适合网上销售。目前，适合网上销售的实体产品一般具有以下特征：

(1) 具有高技术性能或与计算机软硬件相关；
(2) 传统市场不易买到，例如个性创意新产品；
(3) 标准化程度较高的产品；
(4) 通过文字、图片等网上信息就可以做出购买决策的产品；
(5) 便于配送，物流成本相对较低的产品。

虚体产品的最大特点是无形化。在网络上销售的虚体产品主要是数字化产品和服务。数字化产品的种类很多，如计算机软件，先提供免费下载和试用，到一定期限后付费购买。再比如，音乐和视频，可以付费下载使用。而数字化服务近几年的发展也特别快，如票务服务、法律咨询、远程医疗、旅游预约、金融咨询、资料检索等。这些服务由于不受时空限制，方便快捷而越来越受到人们青睐。现在一些医院还开展网上预约挂号，给患者带来了便利，也方便了医院的管理工作。

2. 网络营销的价格策略

适合网络营销的定价策略有很多，化工企业只有找对适合自身的定价策略，制定出合理的价格，才能在营销中取得成功。在实际营销活动中，可以采取以下相关定价策略。

(1) 低价策略

企业为了拓展网上市场，有时制定一个超低价格，甚至是零利润价格，这种定价方式被称为直接低价策略，适合于价格弹性较大的日用品。有时候低价策略是通过给予用户一定的折扣实现的，叫作折扣低价策略。有的企业为了拓展网上市场，会制定临时促销定价，被称为促销定价策略。

(2) 定制生产定价策略

网络上的一对一营销方式使得网上定价可以实现定制化，不同的用户以不同的价格将同一产品买走，用户在网络上通过网络技术，在网站上自行配置和设计满足自己需求的个性化产品，同时承担自己所愿意付出的价格成本。如 Dell 公司的网站可以帮助用户在网上定制订购自己的电脑。

(3) 使用定价策略

用户通过在互联网注册后可以直接使用某公司产品，只需要根据使用次数进行付费，而不需要将产品完全购买。如一些软件产品、音乐、电影等都可以按使用或点播次数付费。

(4) 拍卖竞价策略

分为竞价拍卖、竞价拍买和集体议价。竞价拍卖是商家利用网络上的拍卖程序可以实现商品的在线拍卖，在一定时间和价格范围内价高者得。如淘宝网上发布商品除了可以发布一口价商品，还可以发布拍卖商品，即设定底价，让买家竞价购买。竞价拍买则是由买家发布购买意愿，由众多卖家竞标，价低者得。集体议价也是一种特殊的拍卖竞价策略，买的人越大，价格可能越低，属于用数量来价格充当谈判筹码的一种购买方式。如酷必得网站就提供集体杀价的购买方式供消费者选择。

(5) 免费价格策略

免费价格策略是指企业的产品或服务以零价格的形式提供给消费者。在互联网上，免费价格策略的应用处处可见，如免费软件、免费音乐、免费信息服务等，这是一种占领市场的有力手段。

3. 网络营销的渠道策略

网络营销渠道是借助互联网将产品从生产者转移到消费者的中心环节。一个完善的网上销售渠道有三大功能：订货功能、结算功能和配送功能。

网络分销渠道可以分为网络直销和网络间接销售两种。网络直销是指企业通过网络直接分销渠道直接销售产品。常见的做法是企业在互联网上直接建立独立站点，申请域名，制作商品销售网页。网络间接销售则是通过网络销售中介机构销售商品，如中国商品交易市场、中国商品交易中心等都是这种中介机构。对于企业来说，选择合理的销售渠道非常重要。而实践中，更多的企业是双管齐下，既拥有自己的销售站点，同时又依靠网络销售中介来增加销售量，这被称为"双道法"。

4. 网络促销策略

互联网将是今后企业对外宣传、联系的窗口和营销运作的重要途径。而开展网络促销主要有四种方式：网络广告、站点推广、销售促进和关系营销。其中，前两种是常用的方式。

(1) 站点推广

站点推广是网络促销的常用手段之一，站点推广的方法主要包括注册搜索引擎、举办各种网络促销活动引发用户参与、免费的应用、折扣手段、友情链接的充分利用等。

(2) 网络广告

网络广告是常用的网络促销策略，关于网络广告的定义还没有一个统一的定义，主要指的是以数字代码为载体，采用先进的电子多媒体技术设计制作，通过互联网广泛传播，具有良好的交互功能的广告形式。网络广告按照表现形式可以分为旗帜广告、按钮广告、漂移广告、画中画广告、全屏广告、三维广告、游戏广告、声音广告、视频广告、富媒体广告十种形式。其中，视频广告和富媒体广告是近几年兴起的新广告形式。

目前网络广告市场正以惊人的速度增长，网络广告发挥的效用越来越显得重要。与传统广告相比，网络广告具有以下特点：

① 传播范围广，无时空限制。网络广告是一种全天候、全方位的网络信息服务方式，一年365天，一天24小时，无论身处何方，消费者都可以足不出户接收到网络广告所传达的信息。

② 定向与分类明确。网络广告的定向性非常准确，因为许许多多的网站和网络应用已经把网民分成了一个一个的小群体。如新浪女性频道就是针对女性群体的，所以，生产化妆品的企业可以针对性地将网络广告投放在这类女性频道上。

③ 具有强制性和用户主导性的双重属性。一方面，网络广告用夸张的视觉手法和音效以及技术上的设置使得用户不得不注意到网络广告；而另一方面，网络广告点击与否，是否达成广告主所期待的网络广告目标则由用户自己决定，而用户也可以通过广告中所提供的途径向广告主主动反馈，这反映了一定的用户主导性。随着网络广告应用越来越广泛，近些年网络广告出现越来越突出强制性特点的趋势。如使用一些全屏广告、视频广告、富媒体广告来强制用户浏览。

④ 易于实时修改。在传统媒体上广告发布后很难更改，即使可以改动，往往也需要付出很大的经济代价。而网络广告使用多媒体技术设计制作，可以按照需要及时变更广告内容。

⑤ 精确有效的统计。传统广告的发布者无法确切计算有多少人接触过广告信息，因而对广告效果的评估并不精确。而网络广告发布者可以通过公共权威的广告统计系统提供的庞大的用户跟踪信息库，找到各种有用的反馈信息。也可以利用服务器端的访问记录软件，如Cookie程序等，追踪访问者在网站的行踪，获得访问者的点击次数、浏览次数以及时间、地域分布等有用信息。

（三）我国化工行业 B2B 电子商务平台建设

随着传统化工企业受环保、人工成本、大环境影响整体发展受限，化工品供应商与采购商将不断加快线上布局趋势，加快企业数字化转型。传统化工企业可考虑第三方企业搭建成熟高效的 B2B 电子商务系统，以科技数据带动线上线下融合，帮助传统化工企业升级业务和模式，并通过 B2B 系统自助交易的方式，建立互联网的客户接待模式，将营销与产品销售相结合，提高销售效率，推进业务数字化，迎来新的发展机遇。

1. 国内化工行业 B2B 平台的搭建需求

传统的化工行业具有信息不透明、产品销路狭窄、管理水平低下、资金紧缩等诸多缺点。具体表现为产品海量、数千万种化工产品；中小企业占比多，地域分布广，对产品需求分散；产能结构性过剩，亟待 B2B 平台分销疏导；中间商渠道长，信息严重不对称；物流仓储环节信息化程度低、效率低下。由于化工行业缺乏新兴技术行业，因此，亟须通过 B2B 平台提高信息服务、金融服务以及仓储服务能力。传统化工企业将 B2B 线上交易平台运用到供应链中，可以消除信息不对称、降低交易成本，实现物流信息实时透明化，提高供应链效率。

2. B2B 电子商务平台系统的核心功能

（1）询价单管理

通过 B2B 电子商务系统，化工行业供应商可发布商品库存信息，采购商可根据采购量、支付方式等进行询价，供应商可在商家中心进行报价。

（2）供应商等级

通过 B2B 系统的采购商等级模块，可以对不同等级、不同渠道、不同模式的采购商实施精细化管理，有利于供应商制定优惠折扣政策、解决供销分工不明确等企业核心运营问题。

（3）电子合同

买卖双方的线上交易可以通过 B2B 系统提供电子合同，通过 CA 数字认证技术和数字证书产品实现有效的电子签名,让电子合同具备防篡改、抗抵赖的特性,拥有与纸质合同同等的法律效力。

(4) 在线咨询

通过 B2B 电商系统提供的在线咨询功能模块,化工企业可以发布商品库存、价格、企业简介等信息,采购商或消费者可根据采购数量、支付方式等咨询产品详细信息,促进成交。

(5) 大数据统计分析管理

通过 B2B 电子商务系统的搭建,应用大数据和信息化手段可以充分了解市场和消费信息,构建用户画像,梳理化工市场上游信息,建立统一的管理制度,严格监控各个上游产地的发展状况和优劣势。

(6) 仓储物流服务

B2B 电子商务系统平台中可以建立仓储模块,不仅为化工行业提供传统的仓储服务,还可以提供后期组装、包装、打码、贴唛、客户服务等增值服务。

(7) 授信支付与供应链金融

通过 B2B 电子商务平台,可以为化工行业提供大额在线支付以及授信评估、风控预警等服务,同时,通过对接第三方金融平台,为供需双方搭建可信的供应链金融服务平台。

通过 B2B 电子商务系统的搭建,能够有效帮助传统化工企业打通化工全产业链的信息流、物流、资金流、订单流的交易闭环,加快企业数字化转型。

阅读材料

我国化工行业电子商务发展现状

在我国工业化和城市化进程不断加速的当下,化工产品已经覆盖到了人们生活的方方面面。工业制造、基础设施的建设等方面的快速发展为化工产业奠定了巨大的市场需求基础,进一步促进了化工产业的发展。

近年来,随着垂直领域的化工 B2B 系统平台涌现,电商新零售等新型商业模式的渗透率越来越高,使传统化工行业市场仅存的价格优势也逐渐被摧毁,整个行业陷入了经营困局。化工行业出现的一系列放缓迹象表明了我国化工行业在国家经济转型升级与攻坚阶段所暴露出的众多问题需要尽快解决,比如结构性产能过剩,要素成本推高、利润增幅下降、税负加重等,"加快转型升级、实现创新发展",已成行业内和企业间的共识。

电子商务改变了以往传统化工企业在生产、交易、资金运作以及流通等各个环节的独立运作模式,把这些供应链要素打通,建立起端到端协同运作管理,集询价交易、信用评价、物流协同、金融支持、数据管理为一体的全流程协同运作体系,最终实现了整个化工产业与化工企业的创新发展与生态划圈。B2B 电子商务本着"降本增效"的出发点,点亮了化工业进行产业互联网化的指路明灯。

化工行业在与 B2B 电子商务相互结合上有着天然的优势。首先在产品的种类上,化工业有众多的 SKU 并且交易规模巨大;其次,国内化工行业虽然上游生产企业较为集中,但是下游企业地域布局分散,而且这些下游企业的产品需求不聚焦,此时的化工产品买卖双方需要一个平台,去打破信息不对称与不透明的局面;第三,国内化工业产能存在的结构性过剩主要内因是供需失衡,此时需要出现一个 B2B 平台进行分销疏导;第四,仓储物流上,由于化工产品异于其他大宗品，比如安全性要求极高，所以在渠道安全与速度的选择上，运用传统的线下模式获取的物流信息相对比较庞杂导致的价格不透明、安全无保障、接单速度慢等弊端，需要B2B平台进行连接第三方社会化物流资源进行物流要素的合理分配及使用。

(资料来源：化工B2B电商分析：压力之下化工业何去何从. 亿邦动力网.)

 项目实施

1. 思考与练习
(1) 简述化工企业国际市场营销作用与方式。
(2) 影响化工企业进入国际市场的因素有哪些？
(3) 简述电子商务对社会带来的影响和变革表现在哪些方面。
(4) 结合实例分析化工企业应该如何实施数字化转型？
(5) 简述化工行业B2B电子商务平台的特点与典型代表。

2. 案例分析

开启智慧化采购新模式

在神木煤化工电化公司内部大市场平台上线运行期间，"购物车"逐步已经成为领料的日常方式。

"你好，我要10片DN100 PN16平焊法兰。"

"好的，安排。"

在接到计划需求后，公司从西煤云仓总库直接发起调拨，在内部大市场完成线上出库手续，货物随即就派送到使用现场。利用便捷的供应能力，在72小时内高效送达，使得过去的"备货"转变为即时"购物"，避免了资金浪费和库存占用。由于疫情管控，为了更加高效地保障生产需求，公司利用总库的寄售优势，大幅提高了抗风险保供能力，同时也逐步实现了物资采供和仓储管理"一张网、一套码、两集中、零库存"的发展目标。目前，物资采供部分已经实施"无计划采购"，集采目录基本实现"大宗物资、小型设备、备品配件"的全覆盖，集采率由2021年的24.7%上升至58.59%。逐步为物资供应"超市化"发展和实现陕煤集团化工板块的全覆盖积累了宝贵的经验。

(资料来源：神木煤化工电化公司：开启智慧化采购新模式. 中化新网.)

结合上述案例，分析：
(1) 电子商务给化工企业的生产经营带来了哪些改变？
(2) 传统企业应该如何更好地适应电子商务环境？

参考文献

[1] 王凯. 推销技巧. 北京：中国人民大学出版社，2020.
[2] 冯华亚. 推销技巧与实战. 北京：清华大学出版社，2012.
[3] 刘蓉. 商务谈判与推销技巧. 北京：机械工业出版社，2021.
[4] 郭国庆，陈凯. 市场营销学. 北京：中国人民大学出版社，2019.
[5] 郦瞻. 网络营销. 北京：清华大学出版社，2018.
[6] 王永贵. 市场营销学. 北京：中国人民大学出版社，2019.
[7] 黄敏学. 网络营销. 武汉：武汉大学出版社，2020.
[8] 刘新燕. 网络营销. 武汉：华中科技大学出版社，2020.
[9] 黎孝先，王健. 国际贸易实务. 北京：对外经济贸易大学出版社，2020.
[10] 加里·阿姆斯特朗，菲利普·科特勒. 市场营销学. 王永贵，译. 北京：中国人民大学出版社，2017.
[11] 王晓东. 国际市场营销. 北京：中国人民大学出版社，2019.
[12] 吴健安，钟育赣. 市场营销学. 北京：清华大学出版社，2018.
[13] 加里·阿姆斯特朗，菲利普·科特勒. 市场营销学. 赵占波，译. 北京：机械工业出版社，2019.
[14] 毕思勇. 市场营销. 第5版. 北京：高等教育出版社，2021.
[15] 王晟，唐细语. 市场营销理论与实务. 北京：北京理工大学出版社，2015.
[16] 胡启亮. 电子商务与网络营销. 北京：机械工业出版社，2021.
[17] 许以洪，李双玫. 市场营销学. 北京：机械工业出版社，2016.
[18] 吴健安，聂元昆. 市场营销学. 北京：高等教育出版社. 2017.
[19] 郭国庆. 市场营销通论. 北京：中国人民大学出版社，2021.
[20] 薛荣久. 国际贸易. 北京：对外经济贸易大学出版社，2020.
[21] 迈克尔·波特. 竞争战略. 陈丽芳译. 北京：中信出版社，2014.
[22] 乌尔瓦希·毛卡尔，哈林德尔·库马尔·毛卡尔. 客户关系管理. 马宝龙，姚卿，译. 北京：中国人民大学出版社，2014.
[23] 童孟良. 化工市场营销实务. 北京：化学工业出版社，2015.
[24] 熊远. 化工产品市场营销. 北京：化学工业出版社，2016.
[25] 干冀春，王子建. 电子商务理论与实务. 北京：北京理工大学出版社，2019.
[26] 崔平. 推销技巧与商务谈判. 北京：中国人民大学出版社，2019.
[27] 陈岩. 国际贸易理论与实务. 北京：清华大学出版社，2020.
[28] 李先国，杨晶. 渠道管理. 北京：中国人民大学出版社，2020.
[29] 郑锐洪. 营销渠道管理. 北京：机械工业出版社，2020.
[30] 赵宁. 化工产品营销实务. 北京：科学出版社，2019.